U0588937

公路设计理念与施工实践研究

孟 盛 杨 杰 冯瑶珲◎ 著

吉林科学技术出版社

图书在版编目（CIP）数据

公路设计理念与施工实践研究 / 孟盛，杨杰，冯瑶珲著. -- 长春 : 吉林科学技术出版社，2023.7
ISBN 978-7-5744-0752-7

Ⅰ．①公… Ⅱ．①孟… ②杨… ③冯… Ⅲ．①道路工程－设计－研究②道路施工－研究 Ⅳ．①U41

中国国家版本馆CIP数据核字(2023)第153192号

公路设计理念与施工实践研究

著　孟　盛　杨　杰　冯瑶珲
出 版 人　宛　霞
责任编辑　李永百
封面设计　金熙腾达
制　　版　金熙腾达
幅面尺寸　185mm×260mm
开　　本　16
字　　数　345千字
印　　张　15
印　　数　1-1500册
版　　次　2023年7月第1版
印　　次　2024年2月第1次印刷

出　　版　吉林科学技术出版社
发　　行　吉林科学技术出版社
地　　址　长春市福祉大路5788号
邮　　编　130118
发行部电话/传真　0431-81629529 81629530 81629531
　　　　　　　　　 81629532 81629533 81629534
储运部电话　0431-86059116
编辑部电话　0431-81629518
印　　刷　三河市嵩川印刷有限公司

书　　号　ISBN 978-7-5744-0752-7
定　　价　82.00元

前　言

近几十年，我国公路建设实现了跨越式发展，处理好公路发展与环境相和谐、资源有效利用的关系，是公路建设者面临的重要课题。同时，加强对公路桥梁的养护与管理，及时地对桥梁进行有效的日常养护、维修，对公路桥梁的正常且高效运行是很有意义且必要的，关注道路设计、施工等各个环节的安全保障技术，切实推广公路项目安全评价也很关键。随着我国经济的快速发展，交通运输行业的地位越来越重要，而道路桥梁等基础工程建设是交通运输行业的基本保障。作为我国一项基础设施建设工程，道路桥梁的施工技术已日益成熟，并伴随着科学技术的进步，越来越多的新设备被投入到道路桥梁的施工中来，道路桥梁的施工技术得到进一步发展。但是，由于道路与桥梁工程施工空间具有不确定性，外来影响因素较多，并且工程施工比较复杂，注意事项较多，因此，施工单位必须精确把握道路及桥梁工程的施工技术。

本书主要研究公路设计理念与施工实践，从公路设计理念基础介绍入手，针对公路安全设计、路基工程设计、路面工程设计以及桥梁工程设计进行了分析研究；另外，对路基工程施工、路面工程施工及桥梁工程施工做了一定的介绍；公路工程设计与施工直接影响整体公路工程质量，本书为高等工程院校土木工程领域中公路工程、城市道路工程、桥梁隧道工程、机场工程等课程的参考用书，也可供从事公路与城市道路建设及交通部门有关人员学习参考。希望能给公路工程建设者以借鉴和参考。

在本书的策划和编写过程中，曾参阅了有关的文献和资料，从其中得到启示；同时，也得到了有关领导、同事及朋友的大力支持与帮助。在此致以衷心的感谢！由于编者学识水平和时间所限，书中难免存在不足之处，敬请同行专家及读者指正，以便进一步完善提高。

目 录

第一章 公路设计理念 ……………………………………………………… 1

    第一节 公路景观与总体设计理论 ………………………………………… 1

    第二节 桥梁设计理念 ……………………………………………………… 15

第二章 公路安全设计 …………………………………………………… 33

    第一节 公路安全基础 ……………………………………………………… 33

    第二节 公路安全设计的基本理论 ………………………………………… 37

    第三节 安全设施设计 ……………………………………………………… 43

第三章 路基工程设计 …………………………………………………… 61

    第一节 路基的强度和稳定性 ……………………………………………… 61

    第二节 一般路基设计 ……………………………………………………… 65

    第三节 路基防护工程 ……………………………………………………… 72

第四章 路面工程设计 …………………………………………………… 77

    第一节 沥青路面设计 ……………………………………………………… 77

    第二节 水泥混凝土路面设计 ……………………………………………… 84

第五章 桥梁工程设计 …………………………………………………… 90

    第一节 道路桥梁基础 ……………………………………………………… 90

    第二节 桥梁施工设计 ……………………………………………………… 94

第六章　路基工程施工 ··· 99

　　第一节　土质路基施工 ··· 99

　　第二节　石质路基施工 ··· 106

　　第三节　路基的排水与防护工程施工 ······················· 114

第七章　路面工程施工 ··· 119

　　第一节　沥青路面施工技术 ··· 119

　　第二节　水泥混凝土路面施工技术 ······························· 138

第八章　桥梁工程施工 ··· 173

　　第一节　桥梁基础与墩台施工技术 ······························· 173

　　第二节　桥梁上部结构施工技术 ··································· 197

　　第三节　其他桥梁施工技术 ··· 215

参考文献 ·· 233

第一章 公路设计理念

第一节 公路景观与总体设计理论

一、公路景观绿化设计

公路绿化、美化是公路建设中不可分割的重要组成部分，绿化、美化的质量直接影响公路的功能与档次。公路绿化、美化是对公路绿化进行全方位、立体式、多功能的科学设计，将绿化、美化以及景观观赏和窗口示范等功能和谐优化，融为一体，创建一条景观环保型"绿色生态公路"，或者说是一种较高层次的绿化。因此，它是我们在实施公路绿化的过程中所追求的目标。

公路景观绿化设计属于景观设计学的范畴。景观设计学是一个庞大、复杂的综合学科，它融合了社会行为学、人类文化学、艺术、建筑学、历史学、心理学、地域学、风俗学、地理、当代科技等众多学科的理论，并且相互交叉渗透。

公路景观绿化设计是指在公路路域范围内利用植物及其他材料创造一个由形态、形式因素构成的较为独立的，具有一定社会文化内涵及审美价值并能满足公路交通功能要求的景物的过程。它必须具有以下三个属性：

1. 自然属性。它必须作为一个有光、形、色、体的可被人感知的因素，一定的空间形态，较为独立并易于从公路路域形态背景中分离出来的客体。

2. 社会属性。它必须有一定的社会文化内涵，有观赏功能和改善环境及使用功能，可以通过其内涵，引发公路使用者、公路管理养护人员等的情感、意趣、联想、移情等心理反应，即所谓的景观效应。

3. 特殊的功能性。这是公路景观绿化设计区别于一般景观设计的重要特征。公路景观绿化设计的依附主体是公路，在其具有上述两种属性的同时必须注意应满足公路在设计、施工、运营过程中的具体功能要求，如交通安全、防止水土流失、净化空气、降低交通噪声等。

（一）公路景观绿化的功能及作用

1. 改善道路景观

公路景观绿化是国土绿化的重要组成部分。公路绿化反映公路建设系统工程的水平，景观绿化能使本来生硬、单调的公路线形变得丰富多彩，创造出许多优美的景观；能使裸露的挖方路堑岩石边坡披上绿装，使新建公路对周围环境景观的负面影响降低；能使公路两侧的自然及人文景观资源与环境景观有机结合、协调，使公路构造物巧妙地融入周围的环境之中，给高速公路的使用者——司机及乘客提供优美宜人、舒适和谐的行车环境。

2. 吸尘防噪和净化空气

绿色植物体可以通过光合作用吸收二氧化碳，放出氧气，使高速公路沿线的空气保持清新。同时，植物的叶片还能吸收和阻滞在高速公路上行驶的车辆排放的尾气中所含的各种有害气体、烟尘、飘尘以及产生的交通噪声，减轻并防治污染、净化和改善大气的环境质量。

3. 固土护坡及防止水土流失

植物体通过根系对土壤的固着作用，以及植物枝叶和地被植物的有关作用达到涵养水源和防止水土流失的目的，并能阻止或减少地表径流，防止雨水冲刷路基、路堤、路堑、边沟、边坡，避免水土流失。

4. 诱导视线

如果公路旁过于单调而使驾驶者打瞌睡，那么，不管公路本身有多么好，都是危险的。公路绿化是司机和游客视野范围内的主要视觉对象，规整亮丽的树木花草，不仅可以给人以优美、舒适的享受，而且可以提示高速公路路线线形的变化，使行驶于高速公路上的车辆能更安全。

5. 降低路面温度

有关试验表明：夏季沥青混凝土路面，温度高达 40~50℃，比草地和林荫处的温度高 1~14℃，绿地气温较非绿地气温一般低 3~5℃。通过景观绿化美化，可以改善地温和气温，改善小气候，减轻路面老化，延长公路使用寿命。

（二）公路景观绿化设计的范围与内容

从严格意义上讲，高速公路征地范围之内的可绿化场地均属于景观绿化设计的范围，按其共同特点可分为以下几部分内容：公路沿线附属设施（服务区、停车区、管理所、养护工区、收费站等）；互通立交；公路边坡及路侧隔离栅以内区域（含边坡、土路肩、护坡道、隔离栅、隔离栅内侧绿带）；中央分隔带；特殊路段的绿化防护带（防噪降噪林带、污染气体超标防护林带、戈壁沙漠区公路防护林）；取弃土场的景观美化等。公路景观绿化工程的各部分的有关设计原则简述如下：

1. 服务区、停车区、管养工区等公路附属设施景观绿化工程

（1）功能

以美化为主，创造优美、舒适的工作和生活空间，以及适宜的游憩、休闲环境。

（2）设计要求

服务区与收费站区的建筑物及构造物一般都较新颖别致、外观美丽、设施先进，具有较强烈的现代感，视觉标志性极强，而且通常空间较大、绿化用地较充足，除周边的大块绿地需要与周围环境背景互相协调外，其建筑、广场、花坛、绿地主要采用庭院园林式绿化手法，加强美化效果，使整体环境舒适宜人，轻松活泼，达到良好的休闲目的。同时服务区亦可根据各自所处的地域特征，通过绿化加以表达，突出地方文化氛围。

2. 互通立交绿化美化工程

（1）功能

诱导视线，减少水土流失，绿化美化环境，丰富道路景观。

（2）设计要求

互通立交区绿化以地被植草为主，适量配置灌木、乔木，以既不影响视线又对视线有诱导作用为原则。图案的设计简洁明快，以形成大色块。依据互通立交区所处的地理位置、服务城镇性质、社会发展，结合当地历史典故、人文景观、民俗风情等决定表现形式和植物配置，可以将沿线互通分为三类：

①城郊型：地处城市近郊，或本身就是城市的组成部分。在吸纳当地人文历史等背景资料的前提下，可设计抽象或规则图案，表现此地区的综合文化内涵，同时注意城市建筑和公路绿化景观的统一与协调。

②田园型：地处农村郊野，距城镇较远。绿化形式以自然式为主，强调表现本地区的自然风光，突出绿化的层次感及立体效应，使互通景观充分融入周围原野中。

③中间型：距离大城镇较远，而又靠近小的乡镇，地处农田原野，是城郊型和田园型的中间类型。绿化应兼顾双重性，强调表现个性，给游客以深刻印象。

3. 边坡、土路肩、护坡道、隔离栅及内侧绿化带等的防护及绿化工程

（1）功能

保护路基边坡，稳定路基，减少水土流失，丰富公路景观，隔离外界干扰。

（2）设计要求

①土质边坡栽植多年生耐旱、耐瘠薄的草本植物与当地适应性强的低矮灌木相结合来固土护坡。

②挖方路堑路段的石质边坡采用垂直绿化材料加以覆盖，增加美观，可选用阳性、抗性强的攀缘植物。

③护坡道绿化以防护、美化环境为目的，栽植适应性强、管理粗放的低矮灌木。

④边沟外侧绿地的绿化以生态防护为主要目的，兼顾美化环境，可栽植浅根性的花灌木，种植间距可适当加大。

⑤隔离栅绿化以隔离保护、丰富路域景观为主要目的，选择当地适应性强的藤本植物对公路隔离栅进行垂直绿化。

4. 中央分隔带绿化美化工程

（1）功能

防眩为主，丰富公路景观。

（2）设计要求

树高不应低于 120 cm，以 120~180 cm 的高度为佳，而树木的分枝高度应在 50 cm 以内。过高的植物，由于路面风速大，树体摇晃剧烈，反而容易造成行车人员的心理紧张，不利于交通安全；植株过低，又起不到防眩作用，同样也不利于安全。中央隔离带绿篱栽植既有防眩作用又可以在有雾和降雪天气引导驾驶员视线。中央分隔带防眩遮光角控制在8°~15°之间。常见中央分隔带绿化栽植形式主要有三种：

①以常绿灌木为主的栽植。

②以花灌木为主的栽植。

③以常绿灌木与花灌木相结合的栽植。

5. 特殊路段的绿化防护带

（1）功能

减轻公路运营期所造成噪声及汽车排放的气体污染物超标造成的环境污染，保护公路免受不良环境条件影响。

（2）设计要求

特殊路段绿化防护林带设计应以环境保护及防护为主，设计前应详细查阅环境影响报告书、水土保持方案报告书、公路工程地质勘测报告书等相关资料，明确防护林带的位置、长度、宽度等事宜。同时在植物选择时应注意以下原则：

①以规则式栽植为主；

②以乔灌木栽植为主，结合植草，进行多层次防护；

③所选树种及草种应能对污染物有较强的抗性并有适应不良环境条件的能力。

6. 公路取弃土场绿化美化工程

（1）功能

减少水土流失，恢复自然景观。

（2）设计要求

取弃土场绿化设计应以防护为主，尽量降低工程造价，设计方法可参考边坡防护工程有关内容。同时在植物选择时应注意以下原则：

①以自然式栽植为主；

②以植草为主，结合栽植乔灌木；

③草种及树种选择遵循"适地适树"的原则。

7. 公路两侧绿化美化工程

（1）功能

美化环境，诱导视线，提高交通安全。

（2）设计要求

以当地树木为主，适量配置灌木、乔木，栽植高低有序，该挡时挡，该露时露，以既不影响视线又对视线有诱导作用为原则。

①平曲线路段。

为使车辆行驶在弯道处有良好的行车视距，应在外侧植树，显示线形变化。如果全部栽植高树，会对司机产生压迫感；因此，除栽植少量高树外，可栽一些低矮灌木，起到视觉缓冲作用。为保证视线，当弯道内侧半径小于100 m时不栽树。

②竖曲线路段。

峰形区间的栽植：线形如峰形的地方，其顶部种植低树，在稍低一点的地方种植高树，这样就可以从远处越过峰顶看见后面高树的顶端，使方向明确，起到视线诱导的作用。

谷形区间的栽植：线形为谷形的地方，植树最好避开谷形底部，在谷形区间排列种植高树时，使视野狭窄，更加突出了谷形，起到视线诱导作用。

二、公路总体设计要点

（一）公路总体设计思路和原则

高速公路勘察设计是一项技术活动。勘察设计产品是工程技术人员理念、思想、思维意识的结晶，是用数据和线条形态表达的思维意识和思想，具有一般产品的特性，又区别于一般产品。勘察设计产品的生产过程既有创造，又有发明。勘察设计管理和指导既是生产力，又是创造的领头羊。因此，高速公路勘察设计应根据所建公路的特点和难点，认真分析总结已建的高速公路勘察设计经验，根据总体设计思想和中心原则制定明确的主题，确定合理的建设目的，确立理性的设计目标。

1. 公路总体设计的指导思想

要做好总体设计，关键在于项目负责人。项目负责人必须通晓公路各专业及其他领域的相关知识。项目负责人要懂得工程经济，对工程经济学的透彻理解有助于在有限的资金条件下获得最佳效果；要懂得管理，就是把各个专业融合起来，有效地推进项目进程；还要懂得社会学，因为公路建设是为社会发展服务，社会学可以让其知道社会需求；还要了解历史，以防止其重犯错误；还要具有高超的协调能力，有能力修正或调整一些不完善的布局或规划，有能力说服影响项目实施的主管部门，而不是一味地迁就、被动地配合……只对某个狭窄领域非常专业的技术人员可以成为一名该专业领域的专家，但不是一名好的项目负责人。项目负责人需要深度，更需要广度，并能以此形成完整的总体设计思想，最终付诸实践。

以人为本，是公路科学发展的本质和核心。公路设计应采取一切有效措施，保障公路设施的自身安全和运营安全；应推行公路设计安全性评价，从根本上解决行车安全问题，为公路使用者提供安全保障和人性化服务，提高公路交通的安全水平和服务水准。公路设计必须将安全放在首位。

平原微丘区地形平坦，村镇密布，道路纵横，经济组团发达，产业布局密集，公路对区域经济的发展十分重要，要求路线短捷、顺直，强调线形舒展顺适、平纵组合协调合理，达到行车舒适、视觉良好及快速高效的目的。在强调公路的功能和用路者利益的同时，应正确处理好路线与环境的关系，高度重视环境保护设计和公路景观设计，使整条公路与周围自然环境相互交融，给公路使用者以独特的视觉感受。对于平原微丘区公路设计，舒适和环保应处于第二、三位。

山区沟壑交错，横坡陡峻，地形、地质、水文条件复杂，不良地质灾害多；生态环境脆弱，一旦破坏很难恢复。如果山区公路仍强调采用较高的技术标准，使得路基填挖高度增大，出现大量的高填深挖路段，不仅严重破坏区域的自然环境，影响公路景观，而且诱发大量的地质灾害，直接影响公路的正常运营。因此，山区公路应强调"环保优先"，坚持地形选线、地质选线、生态选线，合理、灵活地运用技术指标，并保证技术指标的连续与均衡；坚持最大限度的保护、最低程度的破坏、最强力度的恢复，实现环境保护与公路建设并举、公路发展与自然环境相和谐，达到可持续发展。

以"经济为主"的设计指导思想不利于公路交通的持续发展,已逐渐成为广大公路建设者的共识,但不等于公路设计不需要重视经济性。公路设计者不能仅仅考虑工程本身的造价,而应树立全寿命周期成本的理念,统筹考虑规划、建设、养护、运营的全过程,系统解决工程结构的耐久性、抗疲劳性、人车行驶的安全性、养护维修的可行性、防灾减灾的有效性,以及环境景观的协调性等问题,实现公路使用寿命更长、总体投资更省的目标。虽然技术标准与工程造价的矛盾已不突出,但经济因素仍是目前公路交通发展的瓶颈,公路设计者应坚持从国情出发,从实际需要出发,不盲目追求和攀比力所不能及的高指标、高要求,要增强成本意识,采用合理的工程规模、技术标准和建设方案,在确保安全和使用功能的前提下,努力降低工程造价,节约工程投资。

促进技术进步与技术创新,是公路持续发展的保证。没有技术创新做支撑,不论多好的设计思路和方案,只能是一纸空谈。应结合设计、施工实际对重大技术难点问题开展技术研究开发工作,实现勘测手段和设计方法的创新,广泛采用新技术、新材料、新工艺、新设备,提高公路的设计质量。

综上所述,平原微丘区公路的总体设计指导思想以"安全、舒适、环保、经济、创新"为宜,山区公路的总体设计指导思想则以"安全、环保、和谐、经济、创新"为好。

2. 路线三维立体空间勘察设计原则

所谓三维设计原则,具体表述为:线形顺滑连续,顺势贴切自然;指标均衡灵活,舒适安全;断面灵巧经济,交融自然,以新理念实现高速公路的巧妙布设,打造出人与自然和谐发展的景观。

三维立体空间勘察设计措施表现为:线形顺势利导、生态环保,避开环境敏感点、避让不良地质、避免高填深挖,减少社区阻隔;提高线形曲线比例,追求"理想"环保、经济线位,避免线形指标突变,减少填挖高边坡,消除交通安全黑点;路线填挖控制应遵循"宁隧勿挖、宁桥勿填"的原则;路线平面线位、纵面标高要做到精益求精。

按照平原微丘区公路和山区公路各自的总体设计指导思想,不同地形的公路应根据各自的特点制定相应的设计原则。

(1) 平原微丘区公路总体设计原则

平原微丘区地势平坦,城镇密布,人口众多,道路纵横,灌溉沟渠发达,土地肥沃,耕地资源紧张,软土等不良地质分布广泛。这类地形的公路总体设计一般应遵循以下原则:

①符合区域干线公路网规划总体布局的要求。路线总体方案布局应符合项目所在区域干线公路网规划总体布局的要求,处理好拟建项目与干线公路网及其规划的关系,合理选

择交通流集散点位置，充分发挥公路主干线为工程所在地区和沿线群众提供可持续发展条件和方便生产、生活环境的作用。

②正确处理好和沿线城镇规划与发展的关系。路线总体方案应努力做到与所经地区的城镇规划形成良好的结合，以"近而不进，远而不离"为原则，尽量不侵占城镇规划用地，给城镇发展留下足够空间；结合城镇规划及周边路网现状，合理布设出入口位置，发挥公路的最佳营运效益，促进沿线各地的经济发展。

③力求路线短捷、顺直。结合工程所在地区的自然地理环境，力求路线短捷、顺直，灵活选用规范所规定的各种指标，在合理的工程造价范围内，尽量选用较高指标，确保主干线的高水平、高效能和高质量，同时严格控制工程造价，做到安全、舒适、高效、经济。

④重视地质选线。尽可能将路线布设在建设条件较好的区域，尽量避绕工程地质、水文地质不良地带，尤其是严重液化土、软土地带、湖泽湿地、煤矿采空区等，以减少处理费用，降低工程造价。

⑤正确处理好路线与占地、拆迁的关系。平原微丘区人口密集，村庄星罗棋布，土地资源紧张。公路总体设计应尽量绕避电力、电信、国防光缆等重要设施和工厂、学校等公共设施，减少拆迁；应最大限度地降低土地征用规模，特别是高产田、经济作物田，以保护当地人民赖以生存但日益紧缺的土地资源。应合理确定取土坑占地和临时占地复耕以及居民搬迁的实施方案。

⑥综合考虑路线与农田水利布局的关系。平原微丘区地势平坦，土地肥沃，产量高，灌溉沟渠发达。在公路总体设计中，必须结合沿线实际情况，最大限度地保持原有灌溉环境和灌溉格局，合理布设桥梁、分离式立体交叉、通道、涵洞，为沿线居民生产、生活提供足够的互通条件。对于农田水利布局影响较大的路段，在路线方案总体布局时要与沿线乡镇政府和有关部门密切配合，做好水系和农田的规划和调整工作。

⑦有效降低路基填土高度。合理确定通道与分离式立体交叉的位置、数量及净空，对与地方道路的交叉做支线上跨和下穿的比较，选择最为合理的交叉方式，有效降低路基填土高度，降低工程造价。

⑧重视与周围环境的协调。注重与周围环境的协调，减少对生态环境、人文景观的破坏，注意路线指标的均衡、连续、协调，重视环保设计，防止水土流失和噪声扰民，加强路容美观，路基防护与路容美化、绿化有机结合。对环境敏感的重点工程、重要路段的线位应反复比选、深入研究、综合考虑，并充分征求地方政府意见。

（2）山区公路总体设计原则

山区山岭纵横、沟壑交错，横坡陡峻，地形复杂；地层岩性差异较大，地质构造复杂，断裂带、滑坡、坍塌、落石等不良地质灾害多；气候条件变化多端；生态环境脆弱，一旦破坏很难恢复；可耕种和适宜居住的土地少，在已有公路、铁路、电力、通信等通道和大型水电、水利设施的共同占用挤压下，公路路线走廊带稀缺。根据这些特点，山区公路总体设计原则一般可制定如下：

①坚持地形选线，做到地质选线，突出生态选线。山区地形、地质、水文条件复杂，路线布设应遵循地形选线、地质选线和生态选线相结合的原则。

地形选线：为避免大填大挖，有效控制工程规模，降低工程造价，保护区域的生态环境，必须使路线顺应地形。在保证行车安全的前提下，强调因地制宜，灵活和均衡地选用技术指标，坚持路线与地形条件相互协调的原则，不应片面追求高指标。灵活运用整体式、分离式、半路半桥等断面类型，减少对自然地形、地貌的破坏，使路线与周围环境融为一体。

地质选线：山区地质构造复杂，地质灾害的类型多，分布面广，且成因复杂。有些灾害具有极强的隐蔽性，在路线测设的某个阶段中有时不被人们所认识，这些灾害会对公路施工和运营带来不可估量的影响。同时，地质灾害的发生将直接影响区域的自然环境，造成水土流失，甚至会诱发其他新的灾害，形成连锁式的不良反应。在路线方案拟订过程中，往往由于地质灾害的可治理性及治理费用的原因，使得在其他方面表现较优的方案最终被舍弃。因此，在路线布线时，应首先研究路线走廊内的地质条件，合理布设路线，避开大型不良地质地带，从根本上提高公路抵御自然灾害的能力，保证施工和运营安全、降低工程风险。必须穿越时，应选择有利地带通过，并做好稳定技术措施。

生态选线：生态选线是公路建设与环境保护协调发展的有效途径，是可持续发展理论的具体体现，在地形、地质选线的基础上，更加注重生态保护。在路线方案进行多方案深入、细致的论证比选时，不仅要着眼于路线和工程方案本身，还应将生态环境保护列为重要的比选内容，使得拟订的方案兼有利于生态和环境保护、技术可行、经济合理的优点。

②以人为本，重视交通安全设计。山区地形复杂、地面起伏较大、重载交通较多，应重视交通安全设计，体现"以人为本，预防在先，容错与防护相结合"的原则。路线应选择纵坡平缓、线形均衡、行车安全的方案。线形设计应运用运行速度等设计方法加强检验，改善相邻路段指标的组合，降低相邻路段容许速度差，提高线形设计的连续性和一致性，消除安全隐患。连续上、下坡路段，既要考虑上坡方向的爬坡能力和道路通行能力，又要考虑载重车辆连续下坡刹车失效时的安全。要通过合理设置爬坡车道、避险车道及安全防护设施，提高交通行车安全。

③对典型工程方案加强综合比选。在山区公路设计中不可避免地会出现一些典型工程，一般有高路堤、高架桥、深路堑、隧道、高边坡、半边桥或纵向桥等。这些工程不仅对路线总体方案和工程造价有极强的控制作用，而且不同工程方案在山体开挖及土石方数

量方面有较大差异，从而严重影响区域的生态环境，同时还会影响道路的运营安全，因此在山区公路设计中必须强调对典型工程方案的综合比选。

④合理利用路线走廊资源。山区路线走廊资源十分贫乏，是铁路、公路、管线等线状工程争夺的对象，应把走廊带作为不可再生的资源，统筹规划、合理布局、近远结合、综合利用。由于地形、地质、区域经济布局、公路施工等方面的原因，拟建公路往往与既有的铁路、公路、管线等工程位于同一走廊带，对此资源空间各行业应互助协作、综合考虑、合理布局。公路与铁路交叉的上跨桥梁，除留有足够的净空外，还应考虑如电气化、复线等改扩建的需求；与管线交叉对应设置检修通道。既有公路是公路建设中各种物资十分重要的运输通道，也是公路建成后交通来源的路径，应注意保护。

⑤正确处理公路建设与自然景观、人文景观的关系。山区独特的自然条件往往是名胜、古迹的诞生地。优美的生态环境也会形成独特的自然景观，是人们休闲、度假、旅游的好去处。因此，公路总体设计应从自然景观和人文景观这一重要因素出发，不仅要做到与周围环境、景观的相互协调，讲求美感，还应结合沿线地形、地貌及周边环境，合理设置停车区、服务区、观景台等设施，有利于当地旅游资源的开发。

⑥正确处理公路建设与占地、拆迁的关系。虽然山区的土地资源较为丰富，但可用于农业耕作的土地十分贫乏，高产农作物耕地大多分布于山间平原或河谷阶地，同时居民的居住地也分布于此。而这些区域往往也是较为优越的路线走廊。因此，公路总体设计应尽量少占高产田、经济作物田或经济林园，以保护当地人民赖以生存的土地资源，并应综合考虑占地、拆迁与路线绕避及增加结构物的比选方案，合理确定造地还田和居民搬迁的实施方案。

⑦综合考虑路线与水源地的关系。山区独特的地形和生态环境形成了丰富的水资源，往往是下游居民赖以生存的水源地，公路设计必须重视保护，避免污染，并做好水土保持工作。

⑧充分考虑土石方平衡，减少土石方数量，做好土地复垦、弃方造地和恢复植被设计。山区公路建设中的最大问题是土石方工程数量较大，往往出现挖方大于填方的情况，从而导致大量弃方。挖方和弃方不仅直接破坏山体植被，影响区域生态环境，而且极易造成水土流失，因此，在设计时要重点寻求土石方利用的路径和途径，讲求土石方平衡。除合理布设路线方案、恰当运用技术指标外，还要全面地评价比选"以桥代路、以隧代路"以及为减小边坡开挖率所采取的工程措施，从各个角度出发，综合寻求减少土石方数量的途径。对于取土场，应做好土地复垦和植被恢复设计；对于弃土场，首先应做好防洪设计，防止水土流失，进而做好造地工作，进行植被种植设计，并将由此而发生的工程全部计入公路工程中，进行综合造价比选。

⑨充分进行分期修建的论证。拟建的山区公路近期交通量不大时，经过充分分析论证，可以按照一次设计、分期实施的原则，合理安排建设计划。分期修建分为纵向分期修

建和横向分期修建两种。纵向分期修建主要根据交通增长的需求予以确定。即分析各个路段现有道路的通行能力，按此路段交通量的增长情况计算分期修建的实施年限。整体式路基不得采用分幅分期修建方案。分离式路基的分幅分期修建应在一次设计的基础上，提出便于与二期工程衔接的配套措施，保证项目一期工程的有效利用和整体功能的实现。同时，在充分研究地形、地质等自然条件的基础上，应分析二期工程的实施对一期工程的影响以及对自然环境造成的新的破坏程度及其恢复环境的代价。

（二）公路设计应重视的几点问题

1. 控制点和走廊带是一个项目的基础。一旦发生变化，不但影响项目的工程规模和投资，而且影响路网结构、路网整体功能，甚至影响区域路网的社会经济效益。因此，可行性研究阶段对控制点和走廊带的选择要慎之又慎，应深入研究，多方案比选。

2. 应以区域经济社会发展情况确定路线走廊带。当区域经济欠发达或交通基础设施不完善时，路线走廊应选择在具有一定经济基础的区域和经济带上，以刺激和带动当地经济社会发展；当区域经济高度发达或交通基础设施相对完善时，路线走廊带应侧重选择在区域经济社会不均衡的走廊带内，以避免重复布线，同时有利于促进协调发展。

3. 以运行车速理论指导路线方案选择和线形设计，从根本上解决安全问题。公路相邻路段线形指标不均衡、衔接不合理，会使车辆行驶速度出现较大差别，从而导致交通事故。以运行车速理论指导线形设计是改善线形安全的有效方法。山区高速公路长陡纵坡的安全问题比较突出，路线走廊选择时也应予以特别重视。

4. 项目所在区域的工程地质灾害评价和环境影响评价应在路线走廊选择前完成，路线走廊选择应绕避活动断裂带、大型滑坡、泥石流等重大地质灾害多发区，绕避环境敏感点。

5. 路线走廊选择要从建设、养护、运营、管理等各阶段进行全面经济比较，树立全寿命周期成本的理念。统筹考虑规划、建设、养护、运营的全过程，系统解决工程结构的耐久性、抗疲劳性，人车行驶的安全性，养护维修的可行性，防灾减灾的有效性，以及环境景观的协调性等问题，实现公路使用寿命更长、环境更美、行车更舒适、投资更节省的总体目标。

（三）公路设计服务社会的几点考虑

回顾多年来的公路建设历程，人们通常比较重视公路工程初期建设成本，把它作为方案取舍的第一考虑因素，而对立足于国家总体可持续发展的环境保护和土地资源利用等问题关注不够；较重视公路直接使用者的安全和利益，常忽视路外居民和公众的感受；较重视地面以上可见地形、地物的控制，而对地面以下的地质、文物、矿藏等建设条件考虑不足；较重视公路自身各专业间的协调设计，而对公路与沿线自然、生态、社会、人文等周边环境的协调研究不够。

从坚持"以人为本，树立全面、协调、可持续的科学发展观"角度，从贯彻公路勘察设计新理念角度，在总体设计和路线方案选择时，需要开拓新的思路，探索新的方法。

1. 对占用耕地的考虑

公路建设不可避免地占用土地，但占用何种类型的土地与公路设计者选定的路线方案有直接关系。耕地是不可再生资源，在偏僻的山区，几亩耕地可能就是居民祖辈生存的唯一手段，一旦被占用，他们就将被迫改变生存方式；有些经济发达地区，由于赔偿标准较高，拆迁占地工作难度不大，业主和公路设计者往往就放松对占用耕地的控制，这种做法也是狭隘的和不负责任的。

作为有责任心的设计者，在路线方案布设时必须时刻考率尽量少占耕地，需要不辞辛劳地反复优化路线方案，尽量在山坡或坡脚布线，避免在耕地中部穿过；不可避免时，尽量降低填土高度或者布设桥梁；同样是耕地也有贫瘠和肥沃之分，若必须占用，也应尽量占用贫瘠耕地。

分离式路基一般情况下占地多、工程量大，且分离路段较长时，事故抢险或道路维修难度较大，原则上不宜长距离采用。隧道、桥梁方案造价较高，但对于地形、地质条件复杂或土地昂贵的路段，却不失为一种好的选择。长隧道一般采用分离式，其进出口路基不必太长（线形指标不必太高），保证100～300 m即可；短隧道可采用小净距隧道或联拱式。高架桥虽造价高，但在地价很高而高架路桥下空间又可开发利用的高度城市化地段也常会成为合理可行的方案。

公路建设必然占用一定数量的土地，包括永久占地及施工期的临时占地。在项目决策上，一定要根据规划认真研究，避免因工程重复建设或前、后期工程衔接不合理成土地资源的浪费。公路技术标准的采用，不但要考虑交通需求及资金等方面的因素，更应当从项目的路网功能，充分利用"线位资源"的角度考虑。对近期交通量较小，但路网功能比较明确的项目，标准选择上应适当超前。对采用分期建设的项目，在近远期标准、线位选择上要统筹考虑。

2. 对于灯光扰民问题的考虑

曲线路段的路线布设除通常考虑的因素外，还须注意夜间行车对路侧居民的灯光干扰问题。应通过调整路线纵断面设计或者采用在曲线外侧设置防眩林带等措施，消除或减轻夜间灯光扰民问题。

3. 对村镇生产生活环境影响的考虑

在公路建设中，应充分考虑区域社会经济的发展要求，降低对村镇等生活环境的影响、减小对农民生产出行等的干扰。公路选线应尽量避开村镇；尽量避免由于公路阻隔影响两侧居民往来、农耕；尽量避免大规模的拆迁安置，并要充分体现国家安置补助政策；农用通道要保证排水通畅、使用方便。

4. 对水资源保护的考虑

路线方案布设时，时常遇到水库、湖泊、水产养殖区等。有些水体往往是附近城镇居民的饮用水源地。公路排水属污染水，直接排入上述水体是对水资源的一种破坏，因此路线布设时，应优先考虑在水体下游布线，不得已必须在上游布线或以桥梁跨越水体时，应进行专项排水设计，做到路面积水独立排除，避免对水资源的污染。

5. 对里程节约的考虑

在路线方案比选过程中，经常遇到造价低但路线须绕行一定长度、造价高但路线顺直两种方案比选的情况，设计者难于把握是绕行而节约直接建设成本的方案好，还是初期建设成本高一些但顺直的方案好。在其他建设条件基本相同的前提下，掌握这一定量关系对科学决策路线方案是有帮助的。

工程造价和节约里程实际上是统筹考虑建设成本和运营成本的问题。为保持路线顺直、减短路线里程，可能须设置隧道或桥梁工程，这样势必增加初期建设成本；而绕行方案虽初期建设成本低，但由于公路运行里程增长，运行成本（如燃油消耗、时间损失、轮胎和机械损耗等）较高。分别计算一定评价期内绕行长度的运行成本并予以折现比较，即可形成建设成本和运营成本直接比较的定量关系。

（四）公路设计的整体协调

1. 分段遴选设计主题

设计主题是一个项目的核心，它把握项目朝着特定方向发展。公路设计由各专业组成，各专业相互独立又相互联系。为达到共同的设计目标，总体设计中须将所有专业进行统一考虑，使各专业设计成为完整理念的一部分，设计主题的确定反过来也有助于项目的总体设计。利用周围环境来引导设计主题的形成，有助于该项目与周围环境的融合，也有助于该项目各专业相互间的协调统一。

（1）设计主题的确定不应求"新"，而应求"融"

公路自身景观应以融入沿线景观特征为主要目的，任何"别出心裁""喧宾夺主"突出公路自身景观的设计都不可取。任何路段设计主题的确定必须以原生景观为主旨，任何非原生景观或创造景观均会对自然主旨造成破坏，形成视觉、心理污染。

在人迹罕至、自然景观原始的路段，设计中应尽量避免人工痕迹，以追求自然、和谐为主要目的，不应也不必耗费大量的人力、物力和财力去再造景观；隧道洞门、桥梁等结构物的设计应尽可能简洁、朴素。同时，公路为人所用的性质使其不可避免地要通过人类居住区，多年的人类活动使这些区域富于人文色彩，应充分结合当地人文特征，设置数量和位置适宜的、可以引导驾乘人员兴致的、充分展现这一区域特点的人工构造物，这对于丰富公路景观、赋予公路文化气息、展现地区特性、营造公路动感行驶环境也是必要的。

（2）进行适当的"强化""发掘"和"修饰"

公路是线性和带状构造物，公路所通过的大量景观空间为公路使用者提供了丰富的景观资源，然而，受自然原生性质的限制，这种"展现"有时特点不够鲜明，有时"展现"和"再展现"的变化过于单调或频繁（频繁变化也会导致观赏者因目不暇接而疲倦）。因此，有必要通过遴选主题，对景观环境进行适当的"强化""发掘"和"修饰"。基于景观特色带和景观过渡带的原生分布，以适宜驾乘人员观赏的合适间距或比例来确定保留（必要时加以强化）、发掘（原有景观特色不够鲜明）、修饰（原有景观特色过于鲜明，导致景观变化过于频繁）景观，使景观过渡带和景观特色带以合适的比例相互配合、和谐变换，形成有张有弛的景观节奏，创造真正宜人的公路景观。

2. 体现多学科"创作"艺术

（1）多学科创作

公路所处的外部景观环境是一个系统，景观因组成多，涉及领域广泛。与此对应，公路设计过程是一个跨学科的精细的"艺术创作"过程，而不是从公路专业角度对以往设计的复制。这一创作过程是以对公路沿线自然和社会环境充分调查评价为基础，创作人员对公路专业、美学、生态学、建筑学、园林学、社会学、人类文化学、历史学、心理学以及民间风俗等相关学科的综合能力为条件，对公路所处的自然和社会环境所进行的一个再造（新建项目）或再融合（改扩建项目）过程。

（2）细节艺术

设计主题一旦确定，各专业的诸多设计、创作过程均应围绕设计主题展开。不同路段如果设计主体不同（一般可分为自然景观主题、半自然景观主题、村落景观主题、田野景观主题、城镇景观主题、城市景观主题等），各专业、各细节的表现手法就可以各异；但是对于具有特定主题的某一路段，各专业、各细节设计的手法和目的均应体现共同主题、追求共同效果。

第二节 桥梁设计理念

在公路建筑中，桥梁是路线的重要组成部分。就桥梁数量来说，即使地形不复杂的地段，每千米路线上一般也有 2~3 座桥涵。

桥梁等构造物在塑造公路的风格中扮演着重要角色。它们对所经地区的环境、景观、历史及文化等产生影响。事实上，桥梁已经成为许多大城市的标志性建筑，是重要的旅游景点。与此同时，桥梁在设计过程中越来越多地注意到了美学元素。同时，桥梁是路网建设中的关键节点。由于其独特的材料组成和结构构成，桥梁工程造价远远高于道路路基工程。特别是高速公路向山区发展后，出现了大量的桥涵构造物，使得高速公路的造价越来越高。如何合理设置桥涵构造物，有效控制投资规模，就显得十分必要和迫切。当今许多世界著名的桥梁建筑均是兼顾了经济与美观的景观桥梁。在 21 世纪我国的桥梁建设工作者也正向建造经济美观的桥梁进行着不懈的努力和探索。

一、桥梁设计的美学理念

桥梁建筑不同于一般其他建筑的最大特点就是它的造型必须满足静力平衡的要求，设计过程也必须以不同体系的受力分析为中心。现代化的桥梁需要既重视内在的东西，又要充分重视外在的表现，要求设计师们在完善结构分析的同时，将涉及自然、社会和人的心理感受等要素融合到桥梁设计中去，以提高桥梁建筑的景观艺术的表现力。桥梁建筑中的艺术品，在具有使用功能之外，还能带给人们视觉的冲击与美的享受。

此外，在景观桥梁的设计过程中，艺术与技术是不可分割的，要设计美的桥梁，就必须使科学与艺术密切结合。这便对桥梁的设计师们提出了很高的要求，他们所要精通的知识体系不单需要包括对结构受力有精深的研究，还应包括力学与美学关系的研究、桥式方案设计构思及比选的理论研究等内容。在具体的桥梁设计过程中，设计师们需要注意避免"重艺术、轻技术"的一般建筑师倾向，同时也要纠正"重技术、轻艺术"的一般工程师倾向，从科学出发做设计，达到艺术的目的。

（一）桥梁的美学体现

1. 桥梁功能与形式的和谐统一

桥梁设计应该谋求工程方面和美学方面的统一。桥梁的技术美产生于桥梁设计过程中。桥梁最基本的使用功能是通车、行人、通航、行洪。在进行桥梁美学设计时，首先注意的是不能影响结构的承载能力和使用功能，形式服从功能，功能与形式要和谐统一。梁、拱、悬、浮四大基本结构体系均有其内在的优势，相互结合可以形成更多不同的桥型。为获得较好的外观，在桥梁设计中应注意尺寸的比例。

2. 桥梁与环境协调的美学考虑

（1）桥梁形态与周围环境的协调

桥梁固定于一个地点。它和周围空间环境一起处在人们生活空间之中，构成整体景观。桥梁设计者最初的设计目标是桥梁与其所处的环境相适应，与周围的建筑色彩相协调，并且不影响将来该地区的发展。桥梁建设在一定的环境中，不仅应保护现有的景观，而且应与特定的环境互补，并为之增色。桥梁结构的设计目的、桥梁的特定位置、桥头接线的地形、地面和地下设施、周围建筑物，这些都是选择桥梁类型的决定性因素。桥梁设计不能对桥梁所在地的景观、城市风景、城市空间、环境、风景区有负面影响。在桥梁空间形式的实际设计中也应考虑桥梁作为地方文化因素的独特性。

根据环境条件和桥梁规模的不同可进行相应的美学处理，主要有以下三种情况：

①特大桥梁。由于它本身规模宏大、气势磅礴，自然而然地就成为独立的景观，从而成为环境的主要景观。这时，桥梁美学设计就可以对桥梁本身美进行处理，使桥梁成为环境美的主体，也就是采用强调法。

②桥梁规模不大。当地环境景观已经形成，宜不再突出桥梁，以免影响环境协调，只能使桥从属于已有景观，并互相呼应，也就是采用消去法。

③较为普遍的情况是需要做到桥梁与环境融为一体，自然和谐，也就是采用融合法。有效地利用自然和社会环境条件，使桥梁成为构成新环境的一个要素组合于周围总体景观和环境的画面中。

（2）桥梁与桥梁之间的协调

根据相邻桥梁间的距离，桥梁间的协调一般有两种处理方法。

①若桥梁间隔较大，则可采用多样而统一的方法。

②对于相距较近的桥，如采用不同的形式，必然会引起视觉混乱，而采用相同的形式，则能以复调的韵律引起人们的注意。

（3）桥梁景观与人的协调

桥梁结构不同于其他结构，其三维空间特点全部在人的视觉之内，没有什么隔断和封盖。人们视觉移动过程中，必然引起桥梁各结构部分空间关系形象的变化。所以，桥梁景观研究的是人对桥的视觉感受，而这种感受与人对桥的动态关系与距离有密切的关系。

①人与桥的动态关系。无论乘车过桥、步行渡桥还是在桥上眺望，路面、栏杆、灯

柱、塔等结构设施均带给人们视觉上的变化。远视时，桥梁给人们以整体形态的轻巧、纤细、优美；近看时，桥梁上优美的栏杆造型、精巧的施工、宽阔的桥面等又给人亲切的感受。当人们置身于动态的桥梁之上，不仅使人感到振奋与生动，并且使人感到安全、便利、舒适和优美。眺望桥梁时，桥梁与环境的整体形象映入我们的眼帘，这时视域内的整体景观成为心理感受的重点，不论视点是静止的还是运动的，只有桥梁形态美与周围环境的协调才能给观者带来美的享受。

②人与桥的距离关系。桥梁景观感受与人相对桥梁的距离有很大关系。按距离不同，景色可分为远景、中景、近景和可触摸景。其对桥梁的美学效果有不同的要求。远景中的桥梁形态轮廓应与背景中河（海、湖）岸线及建筑群相协调，远望如浮在水面或空中的彩虹。中景应呈现桥梁的宏伟壮观及主构要素间的统一和谐，进而展示桥梁形态美、功能美与色彩美。近景时人们心理感受的重点是桥梁部分构件的造型、尺寸、材质及表面处理，应使人置身于舒适、优美、亲切的空间中。可触摸景是指人体可触摸的结构设施，通过栏杆、灯柱、铺装、标志、踏步、隔音墙等的精心构思、细致周到的考虑和精巧的施工给使用者带来心理上的愉悦与满足。因此，桥梁结构造型必须考虑空间关系。空间形象必须是虚实相宜，线条简洁流畅。

（二）桥梁美学设计的标准

桥梁必须同环境相容；其本身作为一个整体，在视觉上也要使人愉快。

环境可以理解为空间和时间，这是评价桥梁与环境是否和谐的两个基本因素。

1. 空间因素

①自然风光及地形的规模和特点；

②人工环境的规模和特点。

2. 时间因素

①当地桥梁建设的历史和传统；

②技术和文化水平。

在桥梁本身的设计中，必须考虑下面两点：

（1）技术效应的景观化

①透明；

②柔细；

③结构体系的空间与稳定的发展；

④整体结构作用。

（2）整个结构的条理和一体化

①结构体系的简单组合；

②所有结构构件截面形状的连贯和统一；

③艺术外形。

（三）桥梁美学设计的法则

1. 多样和统一

中国的美学理论中有"同"与"和"的论述，实质上讲的是"同"与"异"的对立统一关系。美学要求在多样性中求统一，也就是"异中有同"。一座桥梁由各部分组成，美学要求使之统一成为有机联系的统一体。一座桥中的各部分，或一组桥梁中的各座桥，宜是多样的，才更加美观，但不应使各组成部分呈现出离散、混乱、毫无秩序、没有互相呼应的状态，或呈现多中心的局面。美学中还要求统一中求多样，使"同中有异"。

2. 协调与和谐

协调是一种手段，和谐则是其效果和目的。美学要求把众多的"异（多样）"的部分协调起来，使之达到"和"，即和谐的目的。桥梁美学中的协调处理分为本身的协调（即个体协调）和桥梁与环境的协调（即公共协调）两类。本身协调是最重要的协调。主体美不需要靠不必要的装饰，而是靠主体形成自然的美。本身协调是要求整齐而有秩序，在这一基础上再使之表现出参差错落、富有韵律的变化。环境协调是指桥梁与周围的自然环境、城镇环境、邻近建筑物及附近其他桥梁的相互协调关系。例如，著名的澳大利亚悉尼歌剧院与在其之前建成的悉尼港钢拱桥就是建筑物与已建桥梁相互协调成功的一个例子。

3. 比例

建筑与桥梁美学中的比例是指以一定的比率在建筑中寓有韵律地重复出现。一般包括三个方面：一是桥梁结构整体或局部的二维尺寸的关系；二是桥梁结构整体与局部或局部与局部之间的二维尺寸关系；三是桥梁结构实体部分与空间部分的比例关系。桥梁在三维空间中具有和谐的比例关系，是桥梁美必不可少的重要特性。现代桥梁建筑如此多姿多彩，取决于设计者选择的良好比例。

4. 对称

为使比率在桥梁中有秩序和富于韵律地出现，对称是所采用的一类具体方法。对称分为镜面对称、平移对称、旋转对称、结晶对称和体量对称。这些对称可以是完整的或不完整的，因为美学不是精确的数学，些许不完整性是允许的，有时还是显示其变化、活泼所必需的。

5. 韵律

韵律是艺术的精髓，是美的最高标准，也是最难用文字阐述和表达的。桥梁韵律可以这样表达：桥梁形式的韵律是美学中诸相对面范畴间的关系，在整体中做有规律的变化或重复以得到动人的美感。

（四）桥梁美学设计的切入点

桥梁主要用于交通负荷、跨越障碍，这是它的基本功能；同时，如单纯地把装饰当作美的法宝而不注重其实用价值，也算不上真正的美。正确的桥梁审美观是功能、技术、经济与美观融合一体，共同作用，美寓其中。桥梁美学设计应从以下几个方面着手：

1. 桥梁各部形象构造

桥梁本身各部构造的形象宜简洁纤细、流畅明快，以使快速运动着的人们在瞬间的最初一瞥中得到"明确"的印象，否则，将是一团模糊或令人眼花缭乱。所以，简洁纤细、流畅明快应当作为现代桥梁美学设计的一项原则，它既适用于主体造型，也适用于细部构造和各种设施，如栏杆等。

2. 桥梁与周围环境的协调

环境协调是指桥梁与其周围自然环境、城镇环境、邻近建筑物及附近其他桥梁的相互协调。桥梁作为环境的一部分，除了自身的形式美外，与周围环境的协调是桥梁美因素中很重要的问题。

3. 绿化环境等景观设计

桥梁景观设计是随着高速公路美学设计而诞生的。通过景观设计，对桥梁周围景观进行保护、利用或改善，从而使环境适应现代化的生产和生活需要。对于现代城市桥梁或城市附近的桥梁，采用人工绿化措施是可行的。

（五）桥梁美学设计的一般程序

工程设计的全过程可以归结为不断建立各种模型，并不断进行综合和分析的过程，即反复地创造模型和评价模型的过程。工程设计的内容大致可分为两类：一类是数值计算型的工作，包括大量的计算、分析、绘图、编写说明书和填写各种表格；另一类是符号推理性的工作，主要是方案设计工作。在设计方法学中，前者称之为"细节设计"，后者称之为"概念设计"。概念设计主要包括功能设计和结构设计两大部分。其作用主要体现在设计的早期阶段，把主设计师根据功能的需求而萌发出来的原始构思和冲动形成主体框架，以及应包括的各主要模块和组件，以完成整体布局和外形的初步设计。然后通过进行评估和优化，确定整体的设计方案。再由各责任设计师把总设计师的设计思想落实到具体设计中去，实现细节设计。可见概念设计是个创造性过程，要求设计者能综合运用许多学科的专门知识和具有丰富的实践经验，并通过广泛的调查研究而占有大量的信息资料，再经过反复思考、推理和决策，才能创造出与众不同的、满足要求的设计方案。

1. 桥梁的概念设计

桥梁建筑是建筑工程中一类特殊的产品。概念设计在它设计的前期阶段的应用也具有十分重大的意义。桥梁建筑的概念设计符合一般工业产品的概念设计的概念，同时也具备自身的特点。它是一个多方面因素的统一体。

桥梁的概念设计是主要研究桥梁建筑如何通过其造型及其他方面的处理，与桥位周边的环境共同构成景观，使得桥梁具有较高的审美价值，即从景观环境的角度出发进行桥梁的美学设计。建桥环境对于桥梁许多组成方面必然会提出特殊的要求。概念设计时就应对这些要求进行仔细的分析，从而达成适用、安全、经济、美观的目标。桥梁概念设计阶段一般应包含下列内容：

①资料收集；

②构思；

③文字及图纸说明；

④透视图。

2. 桥梁的细节设计

在桥梁的方案设计经过评议修改之后，便要进入画图和规范的细节设计的程序，这必须有详细规范，系统才能建立起来。在这个阶段，各细部构件都可能需要某些详细的图形，在具体确定某些参数时，可能还要进行某些设计阶段的实验、测试和分析来解决问题，预测各子系统或构件的性能指标。

景观桥梁的细节设计除了包含一般桥梁细节设计的所有工作之外，还需要对于景观方面进行详细的分析和设计，从而达到景观桥梁的要求：

①首先需要进行环境调查，分析建造环境的特点。一般景观环境可以分为自然景观环境、城市景观环境、园林景观环境和历史文化环境等几大类型。它们的构成元素有很大的差别，在不同环境中建造景观桥梁要充分地考虑这些差别和特点，才能获得整体的美感。

②其次需要进行满足功能要求和观赏要求的桥型比选设计，分析各种桥型的优缺点及与环境的融合程度，在综合了社会效益和经济效益的基础上选定最佳的桥型设计方案。

③然后还要对桥梁的造型及表面处理进行构思。同一桥型会因为构造上的处理呈现不同的造型，这就要求充分分析桥梁的功能及在景观环境中的意义来确定最终造型，往往要

涉及当地的风俗等地域特点。表面处理对桥梁景观的影响也是不容忽视的。饰面的材质和色彩将会直接影响桥梁与周围环境的融合程度和人们对桥梁的整体印象。表面处理所用的材料，应能使桥梁的形式、技术质量、经济与环境相协调等方面取得最佳的效果。

④另外要做的还有桥梁照明设计。设计好桥梁夜景照明，无疑会对城市面貌起着美化的作用。五光十色的艺术照明能充分表现桥梁夜间景观的魅力，使景观桥梁能够展示全天候的美学效应，创造出丰富多彩、神秘美妙、流动变化的夜空世界，给人们带来无限的遐想与憧憬。

⑤在概念设计的最后阶段还需要对桥梁景观效果进行预测。设计者要对桥梁设计构图的效果有充分的预见，力求像看到建成后的形象那样，并做出视觉效果的恰当评价，以利后期的修改和进一步的优化设计。如果设计者在概念设计阶段对视觉效果预计不足，那么在后期的设计工作中也不容易觉察，很容易使建成的桥梁形象不完善，留下遗憾。

桥梁景观设计是一个创作过程，必须注重细节设计，要将一个项目总的设计理念贯穿到该项目的每个细节设计的各个步骤之中。同时，"以人为本"的理念的提出，更要求设计必须注重细节，于细微处给人以体贴和关怀。另外，注重细节也是精心设计的体现，是"设计就是创作"的具体要求。

要达到景观桥梁的设计目标，实现人与自然的和谐统一，就必须做到从总体设计到各个细节设计，都要有一种宽容和谦逊的作风。这里的宽容和谦逊是指设计的事物对总的自然和环境的态度，不狭隘、不突兀、不粗暴，不自以为是、不喧宾夺主。这就如涓涓细流，流入江河，汇入大海，是有了一种向下的态度，才有大海的浩渺。桥梁的景观设计也是一样，要主动去适应自然、适应环境，融入自然、融入环境，只有这样，才能享受到自然和地域所提供的得天独厚的景观元素，否则，就违背了景观桥梁的本质，也就根本谈不上人与自然的和谐统一。

（六）桥梁的美学设计要素

除桥梁几何尺寸外，设计者还必须考虑其他设计要素。人们一般主要从两个角度欣赏桥梁。当在桥面行驶时，驾驶人可看到桥面、护栏及两侧风景；如果从桥侧观察，可看到桥侧及桥下的土地、水体等。因此，桥梁设计人员必须从这两个角度来综合考虑桥梁美学处理。

桥面设计时考虑的主要元素包括行车道、路肩宽度，以及行人及非机动车的使用问题等，除此之外，还包括护栏、照明设施及其他的一些细节设计。桥侧设计考虑的主要元素包括桥墩、桥台、翼墙等；此外，还包括桥梁护栏以及用于桥顶的其他设施。桥梁护栏及桥顶其他设施的设计同样影响桥侧观察的视觉效果。

（七）桥梁美学的设计要点

1. 拱桥

拱是桥梁最强的表现形式。它的外形就张扬着跨越河流、山谷或峡谷的能力。拱桥以其极具张力的外形使人感到美，而且这一点与拱桥的大小无关。

（1）圬工拱桥

如果拱桥与侧墙连成一个整体，则能体现出石料圬工的天然美。小型涵洞也可选用半圆拱或圆弧拱。对于边坡为 1∶2 的土堤，选用长翼墙时须充分注意美学上的平衡。拱圈的拱顶不宜太薄。

当拱跨较大时，如公路通道，采用罗马式半圆拱似嫌僵硬呆板，可选用符合自重压力线的抛物线拱代替。翼墙与拱上的道路平行。

当地质条件较好，能够承受矢高较小的坦拱产生的强大推力时，可大胆采用单孔薄的坦拱。如果道路设有竖曲线，可通过拱顶以上设置悬挑的装饰带以突出桥面的曲率。

为了给人稳定的印象，连拱布置必须将拱圈之间的桥墩做得厚实一些，但相对于拱跨和拱矢来说，桥墩不要太高（合理比例）。特别要注意坦拱圈的拱顶不要太薄，以免使人对拱产生不够稳定的印象，同时还会造成与侧墙不平衡的感觉。

在次要道路上，为了使坡道之间的竖曲线能够非常突出，将跨径逐渐增大是较好的解决办法。老桥常看起来很有魅力其原因就在于此。这些连拱的拱顶厚度应保持一致。

（2）钢筋混凝土拱桥

对于陡拱，空敞式支承的桥面板可以连续不断跨过拱顶，而在拱顶必须设置一个跨间。采用的支承可以是横墙，也可以是立柱。横墙看上去比立柱稳重，较好的横墙可将其两端加厚以保证墙身的压屈稳定，并避免看上去有太纤细的感觉。如果横向只采用 2~3 根立柱，或者横向立柱范围内的总宽度不超过纵向跨间长度时，这样的立柱布置外表比较好看。如果纵向跨间长度与横墙厚度，或立柱宽度自拱顶向拱脚方向，随着高度的增加而增加，而且横墙厚度微带倾斜，则拱桥的外表可得到改善。在拱脚附近横墙之间的空间应呈竖向的长方形，以便突出主拱的高大矢高。就比例而言，主拱圈应明显比横墙及桥面都更强一些。在林木茂盛的山谷中，连续陡拱能给人以美感。

对于坦拱，桥面在拱顶处与主拱相连。拱圈厚度仍应保持明显可见，通过拱顶部分微做突出，使拱圈更加突出。

2. 梁桥

（1）等高度梁的比例

确定梁桥外观最重要的准则是梁的长细比。梁长细比不同，梁桥给人的感受也不同，或笨重压抑，或轻巧优美。梁的长细比变化在 5～30 之间，对于连续梁，其长细比可达 45。

对于小跨径的地道桥，当桥台翼墙较大时，梁宜选用较小的长细比：当桥孔跨径约等于桥孔净高时，其长细比采用 5 可取得较好效果；当桥孔跨径大于桥孔净高时，桥孔呈狭长的长方形时，可选用纤细一点的梁，其长细比采用 10 较为合适。同样，如果桥台翼墙较小，梁的长细比采用 10 时，梁看起来显得笨重，此时若其采用 20，则取得引人注目的效果。

在桥台垂直翼墙的竖直面内设有实体栏杆的桥梁，作为城市道路上的地道桥看上去相当难看。但这种形式的梁桥可用于小孔径，如涵洞。

梁桥比例协调程度取决于结构构件的体量与立面上镂空部分大小的关系。

如果一座梁桥有薄的饰带而主梁只支承在薄的桥墩上，主梁的长细比采用 15 时，则看上去就感到笨重。这样细弱的桥墩虽然经过计算证明是安全的，但使人看上去总担心它是否能承受那么沉重的主梁。如果主梁做得更纤细一些，同时桥墩也放宽一点，则同一座梁桥看上去就令人较满意。主梁做得较纤细则其造价会略高一些，但是这额外增加的造价是值得的。

在立面上采用饰带来突出桥面线的做法已应用得相当广泛。这条饰带从一端桥台到另一端桥台把路堤连接起来，使全桥连成一个整体。如果在边梁的外缘同一立面内建造钢筋混凝土实体栏杆，以代替镂空栏杆，则桥梁的外貌会显得十分难看，同时与周围环境的尺度也不协调。

对于较长的高架城市道路梁桥或洪水淹没区的高架路桥，采用等高度的梁是较好的解决方式。对于桥墩，可选用墙式或柱式桥墩。

如果梁桥立面线形呈斜线或曲线，则梁底线应与桥面线保持平行。

（2）加腋梁

当桥面是水平或微倾斜直线时，采用直线加腋梁比较美观。加腋梁长度不要大于 0.2，而加腋梁的倾斜度不大于 1.8。较陡较长的加腋梁会影响梁桥的有力感与纤细感。

加腋梁桥的边孔一般为主孔尺寸的 0.6～0.8，这样使边孔的正弯矩不至于大于主孔的正弯矩。按这样选择的孔径既考虑了力学因素，又使桥梁的外观有所改善。

如果梁桥的竖向线形呈曲线，则宜采用曲线加腋梁。当布置跨河桥时，采用中间一孔跨径较大，两边跨径较小曲线的加腋梁是合适的。

加腋梁可采用抛物线形，其曲率向主孔跨中逐渐减小。梁底曲线应与桥面悬臂饰带线相平行的线相切，尤其在边跨的末端更应如此。更为重要的是，在加腋梁下面立面线形的桥墩要强而有力，以便看上去感到能与加腋梁所集中的荷载和作用力相适应。当加腋梁桥的梁的长细比接近限值，且其横断面与饰带比例良好时，按照上述准则进行加腋桥梁设计，可使设计的梁桥表现得强有力且形象优美。

如果梁桥离地面不高而桥下空间呈扁平形状时，多跨桥中重复采用同一形式的加腋梁一般可取得视觉良好的效果。这种情况下，梁底即使采用圆弧线看上去也能感受到美。梁底呈曲线形的连续梁桥比等高度梁桥在美学上能更令人满意。等高度梁桥的直线条因外形略显刻板而不自然。

（3）高架桥的梁

连续梁桥也是高架桥常采用的形式之一。高架桥最好的设计布置取决于山谷的形状。V 形山谷两边山坡很陡时，建议选用较小的跨径布置以使桥下形成窄而高的空间，突出桥梁的高耸。这种布置适用于山坡地带的基础条件较好，桥墩虽多但基础工程施工并不困难的条件。桥墩间距较小就要求选用较窄的桥墩，这样从斜方向看去，山谷不会严重受阻挡。如果基础条件不理想，则可采用 3~5 个较大的跨径跨越 V 形山谷，尽可能不要在山谷的最低点布置桥墩。桥孔数以采用奇数布置比偶数布置为好，这是建筑学方面一条古老而为人们乐于接受的法则。

在宽阔山谷中，桥孔在水平方向的长细比大于等于 1.5 时，比在竖直方向的长细比大于等于 1.5 更加悦目。当跨径向山坡方向逐渐减少并按同一比例重复时，全桥曲线、比例可变得和谐。

若桥孔跨径至少为桥高的 1.5 倍时，在平坦的山谷中选用等跨径的布置可得到令人满意的桥形。

（4）高架桥的桥墩

实践经验表明，高架桥的桥墩不宜过于庞大，从斜向看去，桥下的视野仍应保持开阔。桥墩不应形成一堵墙遮挡山谷。因此，桥墩在横桥向的宽度不要大于跨长的 1/8，如果桥跨宽度大于 10 m 时，桥墩宽度最好不大于其跨径的 1/8。

当采用多柱排架时，要认真考虑排架柱的间距，保证桥的透明度。柱子数目尽量少点，两根比较适宜，它们之间的纵向间距至少要三倍于它们的横向空间。

如果对排架中柱的位置考虑不周，会导致"混乱的景象——柱林"，当桥梁位于曲线段时更是如此。

应尽可能对桥墩等下部结构进行美学设计。单柱不适合用于又矮又宽、桥面宽度大于 12 m 的桥梁。对于这种桥梁，可以采用一对细长的圆柱来提高美学效果。

（5）桥梁的横断面

未经修饰的平坦的边梁外侧表面不仅在力学上不尽合理，而且破坏桥梁外貌，使桥梁变得笨重和呆板。如果在边梁外侧再设封闭的实体栏杆，将加剧这种笨重感。毫无疑问，纤细的桥梁看上去比笨重的桥梁悦目。所以，桥梁设计应尽力做到使桥梁有纤细感。

（八）桥梁线形

除特殊的桥型外，一般来说，桥梁线形服从于道路线形。只要线形美，桥梁工程师就要明智地接受这种从属关系，以满足公路的总体要求。

1. 立面与竖向

对于平原地区跨越公路的高架桥来说，其竖曲线应伸进引道连接坡道内。对平原地区跨越河流的桥梁来说，即使其曲率半径很大，满意的竖曲线也应伸展于桥梁两段引道。

如果公路上升到高河岸上，那么，桥梁应沿着公路线形在坡度的最低处和最高处设置竖曲线以顺接桥梁。

对跨越峡谷的桥梁来说，沿桥向的线形是以不大的坡度连续过去，还是以较大的纵坡从高处下降越过峡谷后再上升，要取决于道路的线形。

2. 平面布置

人们力图使新建公路与跨越的某一交通线，或河流及峡谷尽可能正交，以使桥梁最短、最便宜。但是，在人口稠密地区或者在山区，因为条件的限制，不可避免地要采用斜交。

对窄桥来说，借助于设置小型矩形桥台和将中间支墩做成纤细墩柱，可使斜角降到60°左右。斜交桥是宽桥时，只有一个好的解决办法，即所有的横向构件的线和面必须与河流或峡谷平行。

鉴于水力学的缘故，河中桥墩在任何情况下都应尽量与水流方向平行，以减少冲刷作用和阻水作用。在河岸，桥台也要与河流平行，这样看上去比桥台与公路正交布置要好。

在峡谷的陡坡上，宽桥墩如果设计成与路线正交，则可能与斜坡斜交，会出现削进陡坡现象。这不仅外表难看，而且给基础工程增加了困难。当然，如果沿桥轴向做成柱式墩，而且将桥台抬高到堤岸顶部，以减少桥台尺寸，那么，跨河桥或高架桥的结构可以设计成正交。

如果一个好的线形需要一座弯桥——部分弯曲或全部弯曲，那么，桥梁的所有外边线和纵轴线与弯曲轴线平行，这一点也是按照好的序列准则而来的。

桥墩或墩柱群的横向轴线应垂直于弯曲轴线，除非跨越道路或河流的斜交结构迫使它转到其他方向。

如果路基宽度需要在桥上变化，就不能使所有的线条都平行。那么，对于宽箱梁或悬臂梁，就需要设置一条平缓而稳定变化的曲线，并避免任何突然变化。

二、桥梁设计的经济性理念

影响桥梁造价的因素较多，包括人文、社会、技术、环境及经济发展等诸方面。但从设计角度而言，它主要涉及桥位选择、桥型方案、孔跨布置、技术、施工的可实施性及环境协调性等方面。总之，一个优秀的桥梁设计必须满足"安全、舒适、经济、美观、便于施工及养护"的总原则。

（一）桥梁设计对工程造价影响的主要因素

1. 工程可行性研究

工程可行性研究是工程立项、标准选用、投资控制的重要环节。工程规模大小的确定是工程可行性研究的主要内容，会直接影响到项目的投资。而决定工程规模大小的直接因素是交通量，交通量预测的偏离会造成工程费用的浪费。这表现在人为和技术两个方面：人为因素的影响主要受经济发展的制约，在经济欠发达地区，为了搞一些形象工程，脱离实际交通量预测值，将车道数提高一级执行导致了工程规模的增加；技术因素的影响主要是由于可行性研究编制单位的资质不满足要求、人员经验不足、收集资料不全面、研究方法落后，进而导致交通量预测不准，其直接结果是工程规模增加和不满足交通量实际发展的要求。前者造成现有资源浪费，后者导致工程扩建，费用增加。因此，在工程建设前期阶段一定要避免人为因素的干扰，还要选择经验丰富、有资质的单位进行工程可行性研究，使工程规模符合客观实际要求。

2. 桥位选择

（1）路线走向对桥梁方案的影响

特大、大桥的桥位是路线布设的重要控制点，路线布设直接影响桥梁方案的选择及工程规模。在实际工作中，有时会出现路线布设与桥梁设计相互脱节的现象，片面强调了"桥位选择应服从于路线走向"的原则，缺乏就桥位选择而进行的路线多方案比选，往往是仅就已确定的桥位进行桥型方案比选，工作广度不够，从而出现了大量的高墩大跨及弯坡斜桥，增大了桥梁工程规模及技术难度，使桥梁造价上升，因此必须强调桥梁设计人员与路线设计人员紧密配合，将路线布置与桥梁设计方案有机地结合起来，进行多方案的综合比选。

（2）基础资料对桥位选择的影响

路线中桥梁桥位选择不当往往导致桥梁结构需要重新设计，而桥梁工程规模发生变化，便会引起桥梁工程费用急剧增加。影响桥位选择的基础资料较多，但较为突出的是工程地质资料调查不足、勘察成果资料滞后。

工程地质资料是桥位选择的最基本的基础资料之一，也是容易出现影响桥位问题的最主要因素之一。因此，在桥位方案选择前期，应认真仔细地分析各种不利工程地质状况，特别是对工程地质灾害要认真对待，对于滑坡体、大型岩溶区域、地质断层和其他影响桥梁结构安全的地质灾害要合理避让。

3. 桥型方案选择

桥型方案选择包括不同结构体系的选择、下部基础的选择、桥梁孔跨布置及施工方案的选择等方面。这些方面对整个桥梁的工程造价都有非常明显的影响。

（1）桥梁设计理念

正确的设计理念应是在提倡"以人为本"的同时，坚持前述的设计总原则。这是降低工程造价的有效手段之一。但目前的设计状况是：①设计者出现"跟风"现象——今天流行拱桥，大家就上拱桥；明天流行斜拉桥，大家就会又蜂拥而上斜拉桥。②脱离桥位区的实际情况，盲目追求复杂性结构体系、填补空白和创纪录、创国内第一、创世界第一，把简单问题复杂化，从而使设计、施工难度急剧增加，工程规模和费用也相应加大。

（2）桥型方案比选

独立大桥和路线中的特殊大跨桥梁，桥型方案的比选应不少于三个方案。而目前的设计文件状况是，大多采用两种方案，更有甚者仅有一个方案，由于桥型方案设计不足，使各方案的比选缺乏真实性，往往可能遗漏最佳方案。有的比较方案不具备可比性，而采用不同条件进行方案比选也时有发生，为了推荐某一桥型而选择另一种结构复杂、实施困难的更大跨径的方案进行对比，从而使推荐方案的合理性和经济性受到了较大的影响。

针对这些现象，要求设计者能够经过大量的实际调查和对各种勘测成果进行仔细研究，对适合桥位区地形、地貌条件的桥型进行不同结构类型、不同布孔方式和不同下部结构形式的同程度比选分析，最终推荐出结构安全、经济适用的最优方案。

（3）桥梁布孔

桥梁布孔不合理也会造成桥梁工程费用的增大。它表现在以下几个方面：①设计者盲目追求大跨径，认为跨径越大对河流的干扰就越小，而忽视了桥梁在该地区的最基本通航要求。本来通航净空要求较小，地形条件较为平缓，但设计跨径远大于实际需要，完全不顾桥位上、下游现有桥梁的孔跨布置，从而使跨径选择脱离了实际，确定跨径的依据不足。②设计者过于追求等跨径的预制结构，忽视了地形起伏较大的实际情况，从而导致桥梁跨径与桥墩高度的比例失调，桥梁下部工程数量远远大于桥梁上部结构工程量，桥墩林立，高度远大于跨径，自然地形破坏严重。综合经济指标差。③在设计时为图方便，采用同一跨径适应不同地形条件，设计上省事了，但不合理的跨径布置也会造成桥梁工程费用的增加。

为防止上述弊病引起的桥梁工程费用增加，要求设计者必须充分调查桥位区域的各种基本资料及地形环境因素，因地制宜，合理布控。

（4）结构体系选择

根据不同的地形、地貌，桥型选择得恰当与否也会对桥梁工程费用产生较为明显的影响。钢筋混凝土拱式结构要比预应力混凝土连续结构在造价上节省得多，但目前山区的大跨径拱式结构都被大跨径连续钢结构或连续梁结构体系所代替，其桥梁工程费用相应增加不少，其原因是对大跨径拱桥的施工方法重视不够，在设计时仅考虑了支架法施工。支架法施工难度较大。其实，拱桥的施工方法较多，就无支架法施工来讲，就有许多方法，且施工方便和便于实施，应大力提倡和推广。

（5）结构设计

结构设计的不合理往往造成结构不安全，或结构尺寸偏大，桥梁工程量增加。常见的情况有结构尺寸设计不在合理的范围内，而是采用别处现有桥梁的设计图纸进行套图，不是按实际需要进行的创新设计。这样往往出现小跨径套用了大跨径的尺寸。跨径布置也不能与实际地形、地貌相吻合，造成了结构尺寸的无形增大和桥梁工程量的额外增加。

另外，在配筋方面，原本采用的普通钢筋结构已能满足结构的受力要求，但还要在其上施加预应力钢筋，造成普通钢筋的大量浪费。构造设计分布钢筋直径用到了 20 mm，不但不利于分布钢筋的受力性能发挥，而且浪费了材料。

所以，设计者在进行结构设计时，应具有扎实的基础理论知识和一定的工程设计经验，树立良好的职业道德和精品意识，抱着对工程设计负责的态度，精心设计好结构的每一细节。

4. 特大型桥梁设计

特大型桥梁一般均属生命线工程，工程规模浩大，投资费用高。它除了具有一般桥梁设计的全过程外，其特点是：结构体系为缆索承重结构；主梁以钢构结构为主；具有常规桥梁所不涉及的众多专题研究项目和科研实验；结构尺寸的选择往往要由试验来修正。对于有锚碇基础的设计要充分利用勘察成果资料，因地制宜地选择结构形式，能用隧道锚碇的就应避免大型开挖基础，一方面是隧道锚碇基础工程量少，费用节约；另一方面避免了大型开挖对山体的破坏。自然地貌与植被破坏后难以恢复，且其损失是难以挽回的。

①索塔基础的设计以摩擦桩和嵌岩桩为主，其特点是基桩直径一般在 2.0 ~ 3.5 m 范围内。摩擦桩的设计应按结构受力情况进行分段配筋，并且在桩底留足素混凝土段；对于嵌岩桩，其嵌入强风化基岩内的深度要合理，不宜嵌入太深，以免增加工程规模和施工难度。

②基础承台均为大体积混凝土，设计和施工应满足结构受力的要求，施工过程中的水

化热对混凝土喷量的影响较大，施工时要认真对待。设计上要配筋合理，充分满足构造要求，不宜过多配置钢筋。

③索塔设计以混凝土结构为主，国内成熟经验较多，宜大力推广。钢塔费用昂贵，加工精度要求高，施工架设难度大，设备投入费用高，后期养护成本高，且结构自身刚度小，在经济条件限制较大的情况下，宜少采用。

④特大型桥梁的主梁均以钢结构为主，因此在主梁截面尺寸的选择时，应视结构的受力情况，合理确定其尺寸，不应以最大值控制全桥主梁采用同一断面形式，更不应套用既有桥梁的原截面进行设计，以致截面尺寸选择偏大，造成不必要的工程费用增加。

⑤缆索设计是结构受力的关键部分，应选择耐久性好、使用寿命长、施工容易操作的结构合理设计，避免在较短的时间内就更换索体，造成养护成本的增加。

⑥防腐系统的选择应充分论证，尽量采用新技术、新材料，延长养护周期和防腐年限。

⑦结构设计时还应注意主要构件的安全系数取值，做到合理适度，小则影响到结构的安全，大则造成工程费用的无形增加。

⑧特大型桥梁的施工方案应充分论证，进行优化比较，施工与设计应紧密结合，以确保用合理的设备投入，取得良好的实施效果，否则采用超常规的架设机具，靠高昂的进口器材来实现，将导致得不偿失的结果。

⑨特大型桥梁的健康监测及监控系统的建设要经济实用，要能反映出结构的主要受力状态，点位布置合理，检测部位容易到达。设备选型合理，实用耐久，避免扩大系统建设，造成费用增加。

总之，特大型桥梁的设计，在技术上可优化的内容较多，无论是哪部分细小的节约，都会给工程带来较好的经济效益，所以要求设计者要做到精心设计、多方案论证，最终选择合理的方案。

（二）桥梁设计所遵循的原则和思路

1. 桥位选择

桥位是控制桥梁工程规模及桥长的关键因素，也是控制桥梁总造价的主要因素之一。桥位选择总的指导思想是根据地形、地质及水文情况，尽量选择在河道顺直、地形条件好、岸线稳定且最窄处，以使工程规模最小化。

①城、镇桥位选择必须有利于城、镇规划和总体布局的需要，充分考虑征地拆迁费用和人民群众的切身利益，尽量少拆迁、少占地。

②大江、大河及跨海大桥的桥位选择在遵循前述桥位选择总的指导思想的同时，还要充分利用江心洲、沙洲及岛屿的有利条件，尽量做到桥梁工程规模最小。

③独立大桥的桥位选择应以最优化为原则，充分考虑桥位选择的各种影响因素。桥梁两端的引线应服从桥位选择的需要。

④高速公路中的大、中、小桥，桥位选择的总原则是服从路线走向。但在路线布设过程中如遇特大型桥梁，则应与绕行路线进行同程度比较，或对桥位进行多方案论证分析，局部调整线形方案，以获取最佳的经济性。

2. 桥型方案选择

在桥位方案确定后，必须根据桥位区的地形、地貌、通航净空、防洪要求，合理确定主桥跨径。引桥跨径必须与主桥顺接且过渡顺畅，力求做到主桥、引桥孔径搭配合理，尽量选择经济跨径，减少大型深水基础施工。

①平原区的大、中、小桥梁，在没有特殊要求的前提下，只要桥梁能够满足功能要求，力求选择结构受力明确和外形简洁、便于施工的简支桥面连续或简支连续结构体系。根据不同河流及地质情况，合理选择桥梁下部结构类型，同时要方便施工。

②对于有特殊要求的桥梁，特别是城市桥梁景观要求较高时，在满足功能要求的前提下，对主桥进行同跨径不同结构体系的桥型方案比较，选择结构新颖、技术先进、环境协调、造价适中及施工技术成熟的桥梁方案，避免走极端，而扩大工程造价，一定要满足当地的人文、社会及经济发展的要求，且能达到景观与环境的协调统一。

③山区高速公路中的桥梁设计方案必须充分根据山区的自然地理环境和地形条件，合理布控。山区桥梁跨越沟壑，水位及通航往往不是桥梁孔径选择的控制因素，而地形、地貌上升为主要因素。所以山区桥梁的方案设计，首先要做到满足地形要求，保护自然环境，合理设墩，避免布孔不合理造成大填大挖和对自然地形原貌的破坏。桥型方案选择还要力求能适应山区的恶劣环境及交通运输条件的限制，合理选择桥梁上部结构形式，能采用预制结构就不采用现浇结构。尽量采用简单及经济性最省的桥型方案。

④山区桥梁的工程地质，在一定程度上较平原区好，在基础形式的选择上，能设计成扩大基础的就不应采用其他形式的基础。尽量采用工程量小的轻型桥台或桥墩，在减少对自然破坏程度的基础上，使工程量达到最省。

⑤桥型方案的选择还应充分考虑我国施工技术水平的发展状况和施工单位的实际能力，避免增加施工难度而导致施工费用的急剧增加。

⑥桥型方案设计时要充分利用不同材料的特性，最大限度地发挥材料各自的长处和力学性能，从而达到节省材料、减轻上部结构自重和下部结构工程量。因此，在桥型方案设

计时应根据不同自然环境尽量采用一些组合结构体系。从材料上讲，有钢混凝土组合体系；从结构体系组合来讲，有不同桥型组成的组合结构形式。通过这些组合体系的采用，力求达到结构受力性能好、结构刚度大、材料节省、工程费用较低。钢混组合与体外预应力体系是桥梁设计的发展方向，有利于降低桥梁的维修养护成本。

⑦桥型方案设计，不但要结构受力明确、造型简洁、造价最省，而且还要充分考虑结构的耐久性和运营期间的养护费用。所以，桥型方案宜选择结构耐久且易于养护的结构形式，以使桥梁工程费用达到最佳。

⑧环境是桥型方案选择必须考虑的主要因素之一。它包括自然地理环境和人文社会环境。在方案设计时要充分考虑对环境的保护。即使是最省的桥型方案，如果对自然环境有较大的破坏，那么由此引起的环境保护费用增加及不可恢复性将是难以弥补的。

总之，桥型方案的设计要根据影响方案设计的各种因素，进行综合比较分析，从而推荐出一个结构安全、可靠、行车舒适、经济性好、施工和养护容易且与自然环境能协调一致的最佳方案。最终使桥梁设计工程费用控制在较为合理的范围内。

3. 景观设计与施工

随着国民经济的快速发展，人们对桥梁景观的要求越来越高，桥梁景观设计也成为一个热门专业。桥梁景观效果的实现是要靠经济基础来支撑的，因此要处理好两者的关系，避免不顾自然环境因素，为了"景观"而"景观"的单纯设计思想，使景观设计走入误区，以致造成不必要的工程费用增加。

①对于"桥梁景观"与"桥梁美学"的具体内涵和定义在有关书籍中已有明确的论述，在此不予涉及，但对桥梁景观设计的指导思想要有一个明确的认识，即桥梁景观设计必须保证结构安全、受力明确、造型简洁，与所处的自然环境相协调。

②桥梁结构体系繁多，不同的桥型代表着不同的力学美和造型美，而且不同的结构体系可以组合出各种不同的组合结构，因此桥梁的景观设计在充分展现力学美的同时，要充分考虑当地的自然环境，力求达到与自然的和谐统一。同时，使桥梁景观设计与结构受力充分结合起来，展现桥梁的美学效果，使景观设计费用降至最低。

③对于高速公路跨线桥的景观设计，力求简洁，不可标新立异，不可进行多体系特殊组合设计以求得景观效果。这种做法往往增加了结构受力的复杂性，可能导致施工上的无法实现。为了体现桥梁的景观效果，一定要从实际情况出发，结合桥址区的自然环境状况，采用技术成熟，且受力简单的桥型，做到所选桥型既满足结构美学要求，又能与自然环境融合为一体，施工方便、养护容易、造价最省。

④山区高速公路桥梁的景观设计要充分考虑山区的自然地理环境，以保护环境和尽量

减少对自然环境的破坏为出发点，使桥梁较好地与其周围环境协调统一。对于一些有特殊要求的自然风景区，要重视景观设计，从不同的桥梁结构类型进行多方案比选，然后结合人文、环境等综合因素，确定景观设计的主要指导思想，最终达到桥梁景观与自然景色的完美统一。

⑤桥梁设计阶段就应对其施工方案进行充分的论证及优化，施工单位应根据桥位处的建设环境对设计单位所提供的施工方案进行细化分析，提出详尽的实施步骤。同一桥型往往因施工方案的不同而导致施工费用差别较大，因此，桥梁施工方案的设计一定要结合国内的实际施工能力及所处的环境条件，因地制宜，充分利用新技术、新方法，以较少的设备投入及方便的施工方法取得良好的经济效果。

（三）节省投资桥梁设计要点

节省投资桥梁设计要点为：

①特大、大桥的桥位是路线布设的重要控制点，桥位布设不宜过分强调"桥位选择应服从于路线走向"的原则，尽量避免出现大量高墩、大跨及弯坡斜桥，以减小桥梁工程规模及技术难度。

②桥型方案选择要坚持"安全、适用、经济、美观、便于施工及养护"的设计原则，应进行多方案比选。

③结构设计采用的计算方法要可靠，尺寸选择要合理，钢筋直径的选择及间距布置要充分满足结构受力的要求。

④特大型桥梁的设计，不论是结构选型还是施工方案，都要符合国内的实际情况和技术发展水平，不可盲目引进和追求过高过大。

⑤桥梁景观设计必须保证结构安全、造型简洁，与所处的自然环境相协调。景观设计还应避免为了"景观"而过分人为造景的设计思想，不可标新立异地进行多体系特殊组合设计。

⑥应重视施工方案的设计及桥梁方案与施工方案的结合，避免因施工方案选择不合理造成的施工费用增加。

⑦注重桥梁标准化工作，保证施工质量和加快施工进度，有效降低工程费用。

第二章 公路安全设计

第一节 公路安全基础

一、公路因素对交通安全的影响

公路交通的安全和效率是交通工作的重点。经过近几十年公路的发展，我国的公路基础设施日趋完善，公路运输量迅猛发展，公路运输以其快捷、便利、灵活的特点，成为我国经济发展的重要支撑。在公路交通安全方面，我国也经历了由事故高发到公路安全形势逐渐好转的过程。

虽然近几年交通安全情况有了较大改善，但同交通发达国家相比，我国的交通事故发生率、交通事故伤亡率仍然很高。在全社会强调以人为本的今天，必须采取有力的措施进一步降低交通事故带来的人员和财产损失。

导致交通事故的原因是多方面的。人、车、路、环境是公路运输系统的重要组成部分，这四大因素直接影响着公路运输的安全性，而交通事故从根本上说是由人、车、路、环境要素组成的系统失衡所引起的。

（一）人的因素

人是公路安全系统中最活跃的因素，具体又包括公路规划设计者、驾驶人及其他公路使用者和公路交通运营管理者。人的因素渗透在整个系统的各个方面，影响着其他因素的作用发挥。因此，解决公路安全问题的根本指导思想是以人为本。

1. 公路规划设计者

公路规划设计者的专业技术水平、社会责任感和公路安全意识直接影响到道路设施的质量，是公路安全的内部潜在因素。

2. 驾驶人和其他公路使用者

道路使用者是公路运输活动的直接参与者，绝大多数的交通事故都与道路使用者有关。小机动车骑乘人员和行人缺乏交通安全意识、自我防范意识差、无视交通规则也往往会导致交通事故。

3. 公路营运和管理者

公路营运和管理者的职业道德和执法管理水平在一定程度上影响着人们的交通行为，并直接关系到整条公路的交通安全运营状况。

（二）车的因素

车辆技术状况不良是导致恶性交通事故的重要诱因之一。车辆技术状况不良主要指车辆制动和转向装置、前后桥、车轮、灯光、喇叭、仪表等有故障以及漏油、漏气、漏水，使车辆的技术性能变差，影响行车安全。提高车辆安全技术标准，加强车辆信息智能化，对改善公路安全状况意义重大。

（三）路的因素

道路是公路运输的载体，道路等级、路面状况、平纵线形及组合、交叉口、互通、构造物、路侧净空以及交通工程设施在客观上都是影响公路交通安全的因素，须综合合理设计各种因素才能消除其对安全的潜在影响。

（四）环境的因素

人、车、路存在周边环境中，与环境共同构成公路运输系统。环境的概念是广义的，它包括：

1. 交通环境

在道路因素和交通管制相同的条件下，车辆在道路上运行的交通环境对安全有很大影响：通常交通事故数随交通量增加而增加，在同一路段和时间段运行的车辆类型多、速度差别大，会导致交通流的紊乱，发生交通事故的概率增大；道路上车辆分合流频繁的地区也往往是事故多发段。

2. 气候环境

天气也对交通安全有重要影响。气候条件往往会影响路面状况，影响驾驶人正确判断的能力，增加驾驶难度，比如在雨雪天、雾天等恶劣天气条件下行车安全系数会随之下降。

3. 管理环境

有关交通管理的法律法规及安全体制是否健全且能被有效执行直接影响着公路交通安

全。有些现行的法律法规相对滞后，管理条块分割和冲突现象仍然存在；道路交通管理和路政管理人员思想素质和业务素质参差不齐，这些社会现象也在一定程度上影响交通安全水平提高。交通安全教育缺少全面系统性，目前尚局限于交通管理部门。全民交通安全教育的局面尚未形成也是影响我国公路安全问题的因素之一。

二、公路安全问题的指导思想

（一）可持续安全的理念

可持续安全的理念的核心思想是在公路的规划、设计、运营等各个阶段，通过科学的预测和评价，有预见性地消除公路交通系统中可能存在的安全隐患。以可持续安全理念为指导解决公路安全问题的方法与以往方法相比其特点如下：

1. 综合性

在很多国家，公路安全政策都具有较强针对性。它是以选择和分析事故黑点、特别关注弱势公路使用者或主要事故类型等为基础的。一些国家的实践证明，这种针对由于基础设施不完善等原因造成的高事故率情况的安全政策，在减少事故和死亡人数方面取得了显著成果，能产生效益投资比最大的效果。

然而，对于另外一些国家来说，已经采用了基本的、有针对性的措施，并取得了成效，伤亡人数正持续下降，要想获得进一步的持续性安全，就必须以人、车和基础设施之间的相互作用为基础，建立一套更综合的方法。

2. 主动性

促进公路安全应该是每个公路管理机构首先需要解决的问题。一般情况下，事故或死亡人数相对多的情况容易成为焦点，因此通常的交通安全策略是根据以往的经验和道路交通事故的统计数据，对于建成道路，找到交通事故频繁发生的地点，进行事故规律和原因分析，进而通过工程和管理手段实施改善。这是典型的被动安全的策略，尽管实践证明被动安全策略能显著地降低交通事故数量和事故死亡人数，产生效益投资比最大的效果，但它也存在着一定的局限性，很难从根本上消除安全隐患。

可持续安全理念解决安全问题的方法是主动的，其核心思想是预防优于改造。通过各种手段有效避免交通事故的发生，而不是在交通事故发生了以后才采取工程补救措施，真正做到防患于未然。在"可持续的安全交通"理念下，道路安全应成为建设道路基础设施中的优先指标，这样一方面由于设计原因而产生的事故概率会大幅度降低；另一方面即使事故仍然发生，产生严重或死亡事故的概率将会降为最低。

（二）解决公路安全问题的流程

解决公路安全问题的方法主要有针对未营运公路的主动安全法和针对运营公路的被动安全法。两者的区别在于，被动安全方法是从事故记录入手，发现问题并分析找到问题的原因，进而采取措施改善；主动安全则是在问题出现前就预料到问题，提前采取措施，做到防患于未然。

（三）解决公路安全问题的措施

在可持续安全的理念下，解决公路交通安全问题是以人、车和基础设施之间的相互作用为基础，从人、车、路方面入手，采取综合措施打造可持续的交通安全环境。

1. 人的方面

人是公路安全运输系统中的主导和核心。解决安全问题应当以人为本，从人的利益出发，发挥人的积极性、能动性。

对公路规划设计者，应当给予安全规划设计教育，以加强其安全意识、提高规划设计安全水平，严把规划设计技术质量关，避免公路因人为设计不合理而带来的安全隐患。

对各种道路使用者，应当加强安全法规教育，使其增强安全意识和社会责任感，减少交通违法行为；还应规范驾驶人培训市场，加强驾驶人从业资格管理，提高驾驶人素质和技术水平。

对公路营运管理和执法者，也应当加强管理，使其增强安全意识，提高管理和执法水平，从而保证正常的交通秩序。

2. 车的方面

提高车辆技术状况和安全技术标准是解决公路安全的重要措施，在"智能运输系统"技术发展的背景下，提高车辆的智能化也备受关注。未来的汽年将成为各种尖端电子技术的载体，安全技术将成为ITS的关键组成部分，汽车的"主动"与"被动"安全项目会不断增加。目前，除了应用防抱死制动装置、安全气囊、高位示警停车灯、CSR大灯、转弯指示灯、防水玻璃、四轮转向、车速及牵引力控制装置、无线电呼救信号系统和吸能车身结构等技术外，主要围绕下面三个领域进行开发：一是信息安全技术，该技术将向驾驶人提示潜在的危险；二是控制安全技术，该技术将帮助驾驶人减少事故机会，使汽车听从驾驶人的指挥；三是冲撞安全技术，该技术将减少事故发生后的人员伤害率。

3. 路的方面

公路规划阶段，对交通安全影响最大的是土地利用规划能否和公路规划性质及功能保持一致。目前，我国一些公路城镇街道化现象严重，道路功能不明确，给交通安全留下了隐患。再者，正确合理预测交通量也是保证未来交通安全的重要因素。我国很多公路实际运行的交通流量往往是设计通行能力的几倍。

在公路设计阶段，技术指标设计得合理与否会影响行车安全。安全应当作为公路设计的因素。设计人员在规划设计中始终要贯彻以人为本的理念，为道路使用者提供安全、快速、便捷、舒适的公路交通基础设施。

在安全审查、评价阶段，要从用户的角度出发，寻找公路设计本身潜在的安全隐患。追根溯源，防患于未然。

在公路运营阶段，要加强公路养护和维修，加强对超重车辆的治理，保持良好的路况，以利于公路安全行车。

第二节　公路安全设计的基本理论

可持续发展是当今世界备受关注的发展理念。可持续安全理念的根本出发点是通过减少可避免的交通事故带来的损失，以避免或减少随着机动车交通需求的增长而带来的交通事故的不良影响。

一、可持续安全的公路设计理念

可持续公路安全设计理念的出发点是以人为本，通过改进基础设施的设计来大幅度降低交通事故发生的可能性。此外，在交通事故发生时，应尽可能地使交通事故的严重程度降至最低，可持续公路安全设计的基本理念是公路设计应当以"人"的生理、心理特性和需要作为参考标准，考虑到各个层次不同的群体、充分体现人性化。一个可持续的、安全的公路运营环境应具有下列特点：

1. 公路设施应通过合理的设计来适应人的驾驶能力；

2. 车辆装备有简化人员操作的设施，并尽可能对交通弱势群体提供保护；

3. 公路使用者应当受到充分的教育、能得到准确的信息，能力应达到一个规定标准，在任何情况下都要意识到公路交通安全的重要。

以人为本，应充分考虑到公路使用者的生理和心理方面的局限性。在可持续安全的公路交通环境下，整个交通运输系统的设计都要以公路使用者的局限性和能力为根本出发点，以达到预防交通事故的发生，并使交通事故的后果降至最低的目的。

二、公路安全设计基本原则

可持续安全的基础是系统化的方法论，公路运输系统被认为是交通参与者、道路设施、车辆和环境构成的一个复杂系统，而交通参与者是其中的主导因素。其各组成要素应当满足下述条件：

1. 公路设施：基础设施应适应公路使用者的生理和心理局限性要求。

2. 车辆：装备技术应能简化驾驶任务。

3. 公路使用者：能获得良好的信息并受过适当的教育。

4. 立法和执法环境：可以保障安全的驾驶行为。

公路安全的所有要素和运输系统之间相互作用实现了公路运输系统功能。这种相互作用宏观层次是人、车、基础设施和法律之间的相互协调，微观层次是功能、形式和用途之间的统一和相互协调。

功能：公路管理部门规划设计规定的公路设施的等级和作用。

形式：公路设施的物理设计和分布特点。

用途：基础设施在实际使用中的作用和用户使用基础设施时应遵守的法规要求。

在系统的观点下，这些要素必须按可持续安全的框架进行调整，在性能、形式、法规和用途之间寻求协调。采用每类公路的形式需要与其功能相一致的设计，以保证最佳安全性。为满足安全需求，应使所有种类的公路能满足功能性、协调性和可预测性的要求：

1. 功能性：交通量将按照设想分配到公路网络上，在实际使用中各类公路应和其所设计的交通功能相符。

2. 一致性：应避免在速度、行车方向和车辆质量方面的巨大变化，在同一时间使用同一路线或路线交叉口的各运输形式之间的速度差、车辆质量差应减至最低。

3. 可预知性：应避免公路使用者之间的不确定性，交通状况应可以预知，公路使用者应能正确预知公路环境条件和线形变化。

（一）功能性

公路系统的功能性非常重要。公路的实际使用功能应与公路管理部门的规划和设计相一致。公路网内部的各条公路各有不同的功能，按其各自等级和职能划分应具有三大交通功能：

1. 直达功能：车辆能快速、不中断地移动。

2. 集散功能：交通流能到达或离开不同区域和居民区。

3. 支线功能：提供入口，在保证街区道路安全的同时，车辆能到达和驶离居民区、商业区、车场等。

对应这三种功能的公路分别是干线公路、集散公路和支线公路或地方公路，这三类公路构成了整个公路网络体系。其中，平面交叉是实现路线转换的设施，公路连接线用来实现交通流的畅通，允许车辆停靠和转向。直达公路一般不应有平面交叉口，而应设置互通立体交叉来保证交通流的连续畅通。

公路网络中公路的职能应清晰划分。换言之，"直达交通量"或长途交通量不应出现在支路上，本地交通量也不应出现在具有干线功能的公路上。这种要求应体现在公路的具体规划设计中。支路不应成为直达交通量节约时间的可选路线，而具有干线功能的公路也不应提供直达居民区、学校、工厂和体育设施等处的通路。

然而，在我国目前实际情况中公路的功能往往不止一个，设计功能和实际使用用途不符，造成了不少安全隐患。如我国现有一些公路的部分路段城镇街道化严重，使这些公路具有了居住区街道功能，功能不再单一。行人、玩耍的儿童、骑自行车者、停靠的车辆以及通过的车辆都在同一区域出现，不利于交通组织和交通安全管理。因此，在空间规划时就要尽可能将很多居民区联系起来，使居民区不被干线公路分开。

（二）一致性

公路事故的严重程度通常是由速度、方向和车辆的质量决定的。从世界范围讲，如果将每公里的伤亡人数作为指标，那么高速公路是最安全的公路，因为尽管运行速度最高，但其相对均衡，行车方向和车辆的质量变化很小。在速度小于 30 km/h 公路和居民街区，尽管交通参与者的方向和车辆质量变化较大，但相对也比较安全，这是因为车辆的行驶速度较低、不同的公路使用者之间的速度差变化较小。

速度是公路安全中的核心问题。行驶速度高，将导致较大的碰撞速度，因而产生更严重的伤害。行驶速度过高，提供给驾驶人处理信息的时间和反应时间减少。而制动距离变短，因而避免事故的可能性减少。简言之，速度过快会导致较多的事故发生，并伴随着更严重的后果。然而，速度的高低并不是公路交通安全的单变量诱因，交通安全还受交通环境中车速之间的差异影响。速度之所以导致事故是因为它大于限速值，或高于当时与环境相适应的速度，而这种速度的差异是很难客观量化的。

介于干线公路和支路之间的公路须引起规划及设计人员特别注意，因为它们是最危险的。这些公路具有集散功能，而车辆运行速度很高，有很多交织点。在这些公路上实施安全改善时，要求将机动车和非机动车区分开来。这就减少了交通速度和质量方面的差距。在机动车和非机动车交会处，应采取较低的限速值，或对交通流的行驶进行控制。

交通一致性要求的提出主要缘于事故分析的结果。避免某些冲突、分离不同的车型可防止很多事故的发生。随着车速的降低和路侧的无障碍化，事故严重程度会大为降低。

交通一致性要求主要包括：

1. 应避免与迎面交通流的冲突。

2. 应避免与横穿交通流的冲突，特别是在平面交叉口处的慢速移动车辆。

3. 分离车型。

4. 降低潜在冲突点处的速度。

5. 避免沿行车道存在障碍物。

（三）预知性

为防止公路使用者之间的不确定性，公路在建设、设置标志和标线时应使公路使用者明确公路上会发生哪些行为。换言之，公路必须具有"自我识别性"。为便于清晰地区分各公路类别，公路等级的数量应受到限制。同一类型公路的设计和设置标准应尽可能统一。这样公路使用者就会明确他们行驶在这样的公路上应采取哪些驾驶行为，也能更好地预测其他公路使用后的驾驶行为。对于具有"自我识别性"的公路，使用者将知道以多高的速度驾驶、如何预测来自其他公路的交通流、在公路上是否有骑自行车者等慢速交通对象。

1. 可识别性和可预知性要求

①通过清晰的线形设计和标志、标线的设置避免不可预测的行为；

②使公路类型能够被识别；

③限制每一类公路设计要素的数量并使其保持统一。

协调性要求的目的是使交通环境秩序化：统一措施、统一标志和标线的设置。对可持续安全来说，限制公路种类的数量非常有利于公路的种类识别，这样可以使不同种类的公路之间区别很大，而同一种公路内部之间区别很小。在可持续安全的交通系统中，人处于核心位置。人的行为（大部分）是不能预测的，对其行为的影响不能长期保持。因此在可持续安全系统下，以人作为参考对象，来考查其他的系统要素。

2. 可识别的公路类型

可识别的公路类型是指在可持续安全的交通系统中，公路使用者知道针对所在的公路应采取什么交通行为，从其他公路使用者处期望能获得什么信息，强调每种公路的可识别性可增加其可预测性。为保证正确的预知水平，应采取两个步骤：

①公路使用者必须能通过少量的设计要素来认识公路类型；

②根据所受教育和经验，公路使用者应该清楚与目前公路类型相联系的交通状况，满足公路的功能、形式、用途的协调统一，即使公路设计满足功能性、一致性和可预知性的要求，以降低驾驶人的工作强度，对驾驶行为产生积极的影响，对运营方面少量的要求就能保证交通情况的可预见性，这里包括连续的纵向公路要素：

a. 纵向路面标线。

b. 行车方向的分离。

c. 清晰的路面材料。

d. 设置车辆故障区域或无障碍物区域。

e. 在同一公路类型内良好的交叉口类型。

上述情况是一种理想情况，是交通管理部门持之以恒的追求。在安全方面获得的一些实施经验也需要持续的评估和调整。公路管理部门应当认识到，树立"可持续安全"理念的过程是渐变的过程，上述理想情况需要很长时间的持续改造才能实现，这可能需要一两代公路人的持续努力。

三、公路分类

公路的设计应与其功能相适应，目前的高速公路和城市支路是很明确的。不过，集散公路的设计通常有很大的差异。在农村地区的直达公路上，高速行车是可能的；在连接公路上，限速值较低；在支路上，限速值甚至更低。公路的设计应能使公路"自动"在规定的理想速度下运行。

目前，公路分为直达公路、集散公路、支路三类。

（一）直达公路

直达公路可分为两类，一类是高速公路，另一类是快速干线公路。

（二）集散公路

集散公路也分为两类，一类是双向双车道公路；另一类是双向单车道公路。

（三）支线公路

支线公路的路面宽度为 2.5～6.00 m。机动车辆的车道宽度为 2.50～3.50 m。支线公路分为两类，一类是车辆的车道与自行车道分开，有些有优先通行的交叉口；另一类是所有公路使用者使用同一车道，无优先通行的交叉公路。

四、公路路网分类

在几乎所有的国家，现有公路网络都是逐步形成的。在很多情况下，村庄之间的连接公路变成了新城镇的一部分，而其原始功能并未丧失。在设计新路或改建现有公路时，公路安全是一个重要方面；此外还有公路线位走向、预算、公路功能、通行能力、环境等因素。通过对公路网络进行分类来实现可持续安全的想法可以一步一步地来实现。

当每一步中并非所有的情况都能完成时，这种阶梯式的计划可以认为是交互式的。可以再返回到上一步骤。这样，分类化的公路网络就形成了。在建立了总的网络后，就可以做出选择，并投入到运输计划或设计中。

依可持续安全理论建立最高层次的基础设施网络后，其中的每个公路网络必须实现三个基本功能，并允许每个公路使用者：

1. 能从起点到达终点。
2. 能到达并驶离有多个目的地的地区。
3. 能到达公路或街道旁边的居民区。

这样，一个公路网络就具有了如下三个功能：

1. 直达公路：能保证长途交通的高速运转，通常交通费很高。
2. 集散公路：服务于含有分散目的地的地区和区域。
3. 支线公路：能直接到达目的地或街道沿线的居民区。

一般情况下，公路和街道具有一个以上的功能，这种功能的组合使事故率上升。这也就是为什么在可持续安全的公路网络下每条公路只应拥有一个功能的原因。

在公路的施工图设计阶段，公路的各路段与路线交叉相比，要实现不同的目的。平面交叉口用于交通流的转换，而公路路段主要是便于交通流的通畅。例外情况是支线公路，交通方式没有分离。速度较低，各类型的公路使用者都使用这些道路。具有直达功能的主要公路没有平面交叉口，但为实现交通流转换，采用了互通式立交的形式。

路网改造第一步是将公路加以分类。即每条公路必须只能实现一种功能。然后，根据设计标准来确定适当的设计。当给一条公路确定功能时，应根据三类公路来建立一个逻辑公路网络：交通流功能、集散功能和支路功能。

可持续安全，首先从负责公路施工和养护的管理部门制订分类计划开始。第一步是就各公路的功能达成一致意见。这些分类计划的目的是将路网层次中公路等级的数量减少到3个和2个。这些公路的设置最终必须能使其很独特并便于公路使用者识别。

不同种类专家的意见必须综合起来，以便能建立一个框架，对未来建设的每条公路的功能进行规定。在这个计划中，一个区域内的每条公路只能指定一个功能。且这个功能要求已经确定。公路和街道的设计能满足相应的功能要求，这是一个关键步骤。

五、公路安全性能预测理论及方法

公路交通事故数预测是从"最"的角度描述交通事故发生次数与影响因素之间的相互关系，从而揭示事故总体在一定条件下的数量特征和数量关系。

（一）路段划分

通常路段划分采用定长形式，每一个路段长度为 lkm。

（二）事故数预测

根据预测交通量、交通组成、平纵线形数据，利用预测模型预测交通事故总体情况。

（三）总体安全性分析

根据预测事故数情况，从以下方面分析路线设计安全性的空间差异。

1. 根据预测事故方差值，分析事故次数离散性，从而得出安全水平总体空间差异。

2. 通常根据预测事故数，按 85% 标准提取事故相对较多路段。

3. 分析事故相对多发路段平纵线形设计情况和可能存在的不利交通安全因素，提出安全改善措施。

第三节　安全设施设计

一、交通标志

（一）一般性规定

1. 交通标志的要求

交通标志的分类、颜色、形状、字符、尺寸、图形等一般要求，以及设计、制造、设置、施工的要求应符合相关标准规范的规定。

2. 公路交通标志

公路交通标志的设置应与实际的交通运行状况相匹配。在进行交通标志设计之前，应对设计路段周边路网及交通运行情况进行详细的调研与资料收集，分析、弄清道路基础条件、交通运行特征、存在的主要问题，以及周边路段交通标志和标线设置情况，综合分析，确定方案。

3. 公路交通标志有效性

设置公路交通标志时，应以路段排查发现的主要风险因素分析为基础，针对性地设置相应的交通标志。交通标志应向驾驶人传达明确的交通信息，设置参数选择合理，驾驶人有足够的识认标志、实施驾驶行为的时间。宜综合采取多种手段提供警告与诱导信息，避免因公路沿线标志林立而降低交通标志的有效性。

4. 事故多发或交通运行条件复杂的路段标志

事故多发或交通运行条件复杂的路段，可通过增加交通标志尺寸、提升夜间识认性等手段提高其警示、诱导和信息传递效果。具体措施包括：

1. 夜间事故多发路段，在综合分析风险因素的基础上，可通过提升反光膜反光等级、应用外部照明或采用主动发光标志等手段提升交通标志的夜间识认性。

2. 人流量较大的行人密集区域、学校及周边区域设置的注意行人标志、注意儿童标志的尺寸可在标准要求的基础上上调一档，并宜采用荧光黄绿色反光膜。

5. 三、四级公路交通标志

三、四级公路交通标志设置应注意以下几点：

1. 承担旅游、客运功能的三、四级公路宜设置齐全的交通标志。

2. 主要为沿线村民服务、未通客运的三、四级公路，可仅在高风险路段设置交通标志。

3. 标志材料、结构形式可因地制宜、灵活应用。标志材料可合理采用铝合金、钢材、合成树脂、石材、木材等多种材料；标志结构除采用常见的单柱、单悬、双柱等形式外，条件受限时也可将标志内容施画于山体、石块等结构物上。

4. 交通量较小的路段，可将警告或禁令标志板面施画为路面标记。

（二）标志设置要素

1. 前置距离

需要驾驶人根据信息采取相应行动的，例如变换车道、改变行驶方向、减速或停车等情况，在标志设置时，除确保驾驶人在动态条件下能读完标志信息外，还应预留一定的前置距离，给驾驶人采取相应行动提供时间和空间。这类标志主要是警告标志，设置前置距离应符合有关规定。

2. 标志尺寸

一、二、三、四级公路按照设计速度选择标志字高，应符合规定。车辆运行速度大于设计速度的，可按实际调查或观测的运行速度确定标志字符高度。

3. 标志结构和形式

标志支撑结构宜选择单柱和悬臂，也可使用双柱结构。路侧条件允许时，宜采用单柱式，也可在保证结构稳定安全的前提下，将标志附着于路侧山石上。

路侧柱式、附着式标志安装高度在 100~250 cm 之间。悬臂式、门架式、高架附着式标志安装高度应符合公路建筑限界的净高要求。路侧安装的标志板下缘至路面的高度，可根据是否妨碍行人活动、板面信息是否被遮挡而进行调整，无行人活动的路侧标志可取下限。柱式标志板的内缘、悬臂标志和门架标志的立柱内边缘距土路肩边缘的距离不应小于 25 cm。设置于桥梁上的交通标志，受空间或力学条件限制时，立柱基础可与混凝土护栏成为一体，但须做特殊处理。

（三）交通标志和标线的配合

1. 如果条件具备，宜同时设置交通标志和标线。

2. 路面未硬化铺装的公路，可只设置标志。其他公路上，因空间受限无法设标志时，应设置标线。

3. 只设标线的路段，宜考虑积雪等的影响确定是否设标志。只设标志的路段，宜考虑车辆遮挡等影响确定是否设标线。

4. 禁止超车路段，应设置禁止超车标线，可在禁止超车路段的起点和终点配套设置禁止超车标志。

5. 设置停车让行和减速让行标志的路段，除路面未铺装硬化、经常积雪等情况外，应配合设置相应的停车让行和减速让行标线。

（四）限速标志的设置

路段限速值可以取自由流状态下第 85 个百分位上的车速 V85，并在一定范围内调整。设置限速标志时还须考虑以下因素：

1. 公路等级、特征、线形和视距情况。

2. 路侧土地使用和环境情况。

3. 停车需求和行人活动情况。

4. 历史事故记录情况。

设置限速标志时，可以分车型分别限速，如客车、货车分别限速，也可以分时间或天气分别限速，如专门的夜间限速等。公路特征或周围土地使用情况发生了较大变化的路段，宜对限速标志进行再评估。

（五）指路标志的设置

1. 指路标志设置原则

①一、二、三、四级公路指路标志按功能分为交叉路口预告标志、交叉路口告知标志、确认标志、地点指引标志、沿线设施指引标志和其他道路信息指引标志六类。交叉路口预告、告知和确认标志统称路径指引标志，一般设置在公路交叉口前后，其他类型指路标志设置在公路路段上。

②公路指路标志的服务对象是对路网不熟悉但对出行有所规划的公路使用者。指路标志应兼顾近途与远途公路使用者需求，提供去往目的地所经过的道路、沿途相关城镇、重要公共设施、服务设施、地点、距离和行车方向等信息。合理设置的公路指路标志应相互关联，并构成完整指路系统，使公路使用者在指路标志的指引下，配合交通地网等辅助手段顺利到达目的地。

③指路标志应当提供系统、全面的信息，同时避免信息过载。指路标志应提供前方到达地点或交叉线路的信息、所在地的信息，从充分发挥路网功能和方便公路使用者的角度考虑，还可提供公路编号的信息和"东、西、南、北"方向信息。为避免一块标志板面发布过多信息，可参照已有经验，将平面交叉指路信息、路线编号指示信息、方向指示信息及地点距离确认信息分设于不同的板面，并按照一定的距离间隔分布于平面交叉周围。

④在一条公路上不同时期先后设置的标志，应注意信息连贯；公路沿途的地名指示应层次分明，地名、路名、路线编号相互呼应。

⑤同一条公路标志设计的标准、设置原则、风格、规格应保持一致。分段设计的公路，应保持标志设置原则的统一和协调，避免标志指示的路名、地点、趋向、距离等信息的不统一。

⑥本地区行政区域范围内不以本行政区域名为指路信息。

2. 指路信息分级体系

①公路指路标志的信息包括路线名称和编号信息、地区名称和地点名称信息、行政区划分界信息、地理方位信息、距离信息、安全行车的指引信息等几大类别。

路线名称和编号信息包括当前所在公路路线名称、编号信息和前方公路路线名称、编号信息。

地区名称信息分为重要地区、主要地区和一般地区信息三类。

著名地点和主要地点名称信息包括交通设施、文化设施、旅游设施和其他公用设施等以及交通量较大的交叉路口、国道或省道的分支点等信息。

地理方位信息包括东、南、西、北四个地理方位信息。

距离信息指当前位置和前方重要公路、省市、城镇、立体交叉等的距离。

②公路指路标志的信息应综合考虑重要程度、公路等级、服务功能等因素进行分层，按层级选用。

路线名称信息：高速公路、城市快速路、国道编号、城市主干道及城市环线省道编号、城市次干道县、乡道编号和名称，城市支路地区名称信息重要地区、地级市、县、大型经济开发区、著名地点、公路沿线设施、港口乡镇、重要集镇、著名村庄、旅游景区、国家级旅游景点、自然保护区、国家级大型文体设施市级旅游景点、自然保护区、博物馆县级旅游景点、博物馆、纪念馆。

交通枢纽信息：飞机场、特等或一等火车站、二等或三等火车站、长途汽车总站、大型环岛、大型立交桥重要路口。

重要地物信息：国家级产业基地、所在省或直辖市标志性建筑物市级产业基地、市级文体场馆、科技园县级产业基地和企业、县级文体中心。

3. 指路标志设置方法

可按如下四步进行指路标志设计：

第一步，确定指路标志信息分层。深入了解该路段所处路网情况，熟悉路网内各重要公路情况、公路交叉情况以及路网内主要节点情况。

第二步，布设交叉口指路标志。根据交叉口各交叉公路的等级，按有关标准规范的规定配置交叉口指路标志，根据指路信息分层情况，选取适当信息写入指路标志，根据信息进行标志的板面设计。

第三步，布设路段指路标志。针对除交叉口以外的路段上存在的需要指示的地点信息、沿线设施信息以及其他道路信息，选择相应标志，根据有关标准规范的规定设置指路标志。

第四步，统筹检查。初步设计完成后，应统筹检查指路标志的设置是否科学、合理。检查的内容宜包括以下几个方面：

①检查指路标志的信息分层与选取是否合理。检查路网内信息分层是否合理，是否存在疏漏、分层错误的情况。检查路网指路标志是否存在漏选或错选信息的情况。检查路网指路标志的信息是否连续、呼应，是否存在信息中断的情况。检查路网中对同一信息的距离指示标准是否统一，距离的数值是否准确，是否存在前后矛盾之处。

②检查交叉口路径指引标志设置的情况。检查交叉口路径指引标志的配置是否合理，包括：是否根据有关规定配置了相应的路径指引标志，不同路径指引标志的设置位置、间距是否合理，交叉口各入口方向路径指引标志的信息是否对应，地点距离标志的设置位置和信息选取是否合理等。进行交叉口路径指引标志的优化设置，包括：设置了指路标志后，当有多条路径通向同一地点时，指路标志是否指引了最佳路线。指路标志信息存在多种选取可能时，是否选择了最重要的信息，是否与当地的社会与经济发展相联系。指路标志的设置是否便于识认，板面布置是否准确且不易被误解。

③检查路段上指路标志设置的情况。是否对沿线设施或道路信息进行了相应的指引；相关标志的设置位置是否符合标准规范要求；标志设置是否便于识认；当沿线设施较密或道路信息较密时，是否采取了相应的技术手段对信息进行合并处理，是否因此产生了标志的相互遮挡等。

二、交通标线

（一）交通标线一般规定

1. 交通标线的颜色、形状、字符、尺寸、图形等一般要求，以及设计、制造、设置、施工的要求应符合相关标准规范的规定。

2. 标线设置应与道路交通运行情况相匹配。进行标线设计之前，需要首先对所设计道路的基础条件、实际交通组成、交通流运行的特点有详细的了解，依据实际交通需要设置标线。

3. 路面标线作为信息传递的手段，所能够传递的信息量是有限的，如果期望通过标线传递的信息过多，反而可能导致混乱，妨碍正确信息的传递。

4. 交通标线设计不应拘泥于形式上的统一，一切以道路资源有效利用及交通运行更加顺畅安全为目的，在此基础之上依据道路交通条件灵活处理各种标线的设置。

5. 同一地点设置的交通标志、标线等交通设施，所传递的交通信息不能相互矛盾，不能给交通参与者造成困惑。

（二）交叉路口及其附近公路交通标线设计

交叉路口及其附近的交通标线，主要是为保障交叉路口的交通能够平稳有序和安全。按照设置位置的不同，又包括如下的内容：

1. 交叉路口出入部分的标线：在交叉路口出入部分，根据车行道功能划分，分别设置车行道分界线、导向箭头、导流线等标线。这些标线的设置是为了指明驶入、驶出交叉路口交通流的行驶位置和前进方向。

2. 交叉路口内的标线：在交叉路口停止线内侧设置停止线、人行横道线、导向线、导流线、非机动车禁驶区线、中心圈等标线，目的是指示交叉路口内交通流的交叉规则、左右拐弯的方法以及行驶方向等。

交叉路口及其附近交通标线的一般设计顺序为：

第一步，车道功能划分。根据交叉路口出入部分的道路横断面构成，确定车行道数量、车行道宽、非机动车道宽度等参数，由此可以确定车行道边缘线的大体位置。

第二步，确定人行横道线的设置位置。根据第一步中确定的车行道边缘线的延长线，综合考虑横穿道路的行人和非机动车的安全及便利而确定。

第三步，确定停止线或让行线的位置。由第二步中确定的人行横道线的位置直接确定停止线或让行线的位置，但停止线或让行线的位置，还需要依据左右转弯车辆的行驶轨迹线进行确认和调整，以保证车辆停止操作的顺畅、自然及车辆停止后驾驶人能够清楚地看到交叉路口内的交通情况或清楚地看到其他的交通管制措施。

第四步，以上述一、二、三步结果为基础，结合道路实际情况和交通组成情况，对车辆在交叉口及其附近道路的行驶轨迹进行分析，一般应形成车辆行驶轨迹图。

第五、六步，由上述工作的结果，分别设计左右转弯专用道标线的有关参数及导流相关的标线。

第七步，最后完成车行道分界线、车行道边缘线、导向箭头或禁止左右转弯标志等的设置。

（三）路段交通标线设计

1. 公路中心线

年平均日交通量大于或等于 300 辆/ d，且路面宽度大于等于 6 m 的双向行驶的公路，及路面宽度大于或等于 6 m 的公路城镇段，应设置公路中心线。公路中心线宜设置在公路的中线上，但不限于一定设在公路的几何中心线上。如公路几何中心线位置为水泥混凝土路面的接缝或其他原因无法施画中心线时，单黄实线或单黄虚线中心线可偏离几何中心线设置，偏离距离应取能够进行标线施画作业的最小值，并保证偏离后车行道宽度符合标准规范的要求。

2. 车行道分界线

同一行驶方向有两条或以上的车行道时，应设置同向车行道分界线。同向车行道分界线的设置位置，应按照车行道宽度和公路横断面实际布置情况确定。

3. 车行道边缘线

设置在公路两侧紧靠车行道的硬路肩或非机动车道内，不得侵入车行道内。双向四车道及以上公路除出入口、交叉口及允许路边停车的特殊路段外，所有车行道边缘上应设置车行道边缘白色实线，双向三车道及以下公路可不设置，但下列情况下应在车行道边缘施画白色实线：

①窄桥及其上下游路段。

②采用设计极限指标的曲线段及其上下游路段。

③交通流发生合流或分流的路段。

④路面宽度发生变化的路段。

⑤路侧障碍物距车行道较近的路段。

⑥经常出现大雾等影响安全行车天气的路段。

⑦非机动车或行人较多的机非混行路段。

4. 其他路段标线

路段中的人行横道线、出入口标线、公路条件或车行道宽度变化段标线、接近障碍物段标线、曲线段及视距不良段标线、停靠站相关标线、实施禁令管制路段标线、中央分隔带相关标线、收费站相关标线等特殊路段标线，应按照相关标准规范的要求，有针对性地设计。

（四）减速丘标线及减速标线

①设置减速丘的路段，应在减速丘前设置减速丘标线。减速丘标线由设置在减速丘上的标记和设置在减速丘上游的前置标线组成。减速丘与人行横道联合设置时，可省略减速丘上的标记部分，但应标示出减速丘的边缘。减速丘标线应用反光标线。

②各类收费站、超限超载检测站进口端宜设置减速标线。下列条件下宜在需要减速的路段前及路段中设置车行道减速标线：

车行道曲线半径小于 300 m，停车视距小于 75 m 的弯路前。

反向弯路、连续弯路、相邻反向平曲线间距小于 100 m 的弯路，宜连续设置。

车辆经平路段或上坡路段后进入下坡路段，当下坡坡度大于 3.5%时，在坡顶前设置。

事故多发地点前。为提高设置效果，可根据实际情况延伸到事故多发地点内。

车辆平均运行速度低于 80 km/h 的路段，可选择车行道横向减速标线。车行道横向减速标线的设置间隔应使车辆通过各标线间隔的时间大致相等，以利于行驶速度逐步降低，减速度一般设计为 1.8 m/s。路段车辆平均运行速度较高，大车混入率相对较低时，可采用车行道纵向减速标线。

设置减速标线时，应注意标线的排水和防滑。车行道横向减速标线可用振动标线的形式。视需要，减速标线可与限速标志或其他警告标志相互配合使用。

（五）立面标记和实体标记

①立面标记用以提醒驾驶人注意，在车行道或近旁有高出路面的构造物。可设在靠近公路净空范围的跨线桥、渡槽等的墩柱立面、隧道洞口侧墙端面及其他障碍物立面上，一般应涂至距路面 2.5 m 以上的高度。标线为黄黑相间的倾斜线条，斜线倾角为 45°，线宽均为 15 cm。设置时应把向下倾斜的一边朝向车行道。

②实体标记用以给出公路净空范围内实体构造物的轮廓，提醒驾驶人注意。可设在靠近公路净空范围的上跨桥梁的桥墩、中央分隔墩、收费岛、实体安全岛或导流岛、灯座、标志基座及其他可能对行车安全构成威胁的立体实物表面上，一般应涂至距路面 2.5 m 以上的高度。标线为黄黑相间的倾斜线条，线宽均为 15 cm，由实体中间以 45° 角向两边施画，向下倾斜的一边朝向车行道。

三、防护设施

（一）防护设施一般规定

1. 一、二、三、四级公路上用的防护设施包括护栏、护栏端头、防撞垫、护栏过渡段和中央分隔带活动护栏等几种。各种防护设施的设计和设置应遵循有关标准规范的规定。

2. 应根据路段主要风险因素、路侧危险程度、交通事故情况、行车速度和交通流组成等因素确定是否需要设置防护设施，合理选择设的防护等级和形式。

3. 防护设施形式宜与周边景观相协调，还要考虑当地的养护条件、环境和气候因素。如在北方积雪地区宜采用波形梁或缆索护栏，便于清除积雪。选用连续混凝土护栏的路段，还要考虑清扫、排水等的便利。

4. 护栏设计宜与路面大中修计划相匹配，考虑路面加铺、罩面等因素对护栏设置高度的影响。

5. 一、二、三、四级公路上应用的护栏标准段、护栏过渡段和中央分隔带开口护栏的防护等级按设计能量分为八级。

6. 一、二、三、四级公路上应用的护栏端头和防撞垫的防护等级按设计防护速度划分为三级。

（二）防护设施设置原则

1. 护栏设置原则

除应结合具体的道路条件，还应兼顾或参考以下原则确定是否设置护栏以及所设置护栏的防护等级。

①在发生过车辆驶出路外交通事故的地方，宜进行公路线形、交通环境、气象环境等的综合分析，找到主要风险因素，采取针对性措施。需要设置防护设施时，可考虑设置防护等级高一些的路侧护栏。

②急弯或连续急弯，特别是连续下坡路段小半径曲线的外侧，宜设置路侧护栏，急弯或连续急弯的弯道内侧，路侧危险程度不高时，可不设置路侧护栏，宜适当修整边坡、边沟或改善视距。

③在长直线尽头的小半径曲线外侧，尤其是路面抗滑性能不足的小半径曲线外侧，宜设置路侧护栏。

④陡坡路段平曲线外侧，尤其是长下坡直线路段尽头、急弯路段的外侧，宜设置路侧护栏。

⑤曲线外侧距离路肩较近范围内有民居，宜设置护栏。

⑥路侧有一定宽度的净区，边坡坡度较缓，车辆驶出路外后可以自行驶回公路，或即使不能驶回公路，一般不会产生严重事故的，可以不设路侧护栏。

⑦路侧净区宽度较小，边坡坡度较陡，车辆驶出以后不能驶回公路，会产生事故，事故严重程度较轻，可以结合公路线形和运行速度设置 B 级或 A 级路侧护栏，三、四级公路还可设置 C 级护栏。

⑧路侧净区宽度较小，边坡坡度较陡，车辆驶出以后不能驶回公路，事故严重程度较重，可以结合公路线形和运行速度设置 B 级、A 级或更高等级的路侧护栏。

⑨公路上跨铁路，应在公路桥梁上设置钢筋混凝土护栏和防护网。护栏防护等级应在有关标准规范规定的基础上，提高一个等级或设置更高等级的护栏。公路与铁路平行，距离较近时，公路侧护栏宜在标准规范规定等级的基础上提高一级或设置更高等级的护栏。公路上跨干线公路、高速公路，可以结合公路线形和运行速度设置 SA 级路侧护栏，必要时可以设置更高等级的护栏。

⑩一级公路中央分隔带护栏开口处的活动护栏可以结合公路线形和运行速度选用防护等级 B 级或 A 级；运营公路曾发生过车辆穿越中央分隔带开口护栏事故的路段，宜进行活动护栏改造，改用防护等级更高一级的活动护栏。

⑪相邻路段相同防护等级的护栏结构宜尽可能采用统一的结构形式，以减少过渡段的设计和使用。现有公路曾发生过车辆穿越护栏过渡段处事故的路段，宜进行过渡段改造，采用满足防护等级要求的过渡段结构。

2. 护栏端头设置原则

除应满足相关规定以外，对于双向行驶且无中央分隔带护栏的公路，在设计路侧护栏上下游端头时，均须考虑车辆碰撞时避免端头刺穿车体的安全性要求。宜综合考虑线形、运行速度、历史事故等因素进行端头结构改造，将端头外展隐藏或采用防撞消能端头。所采用消能端头的防护等级应根据具体路段的运行速度确定。

3. 防撞垫设置原则

除应满足相关规定以外，防撞垫设置还可考虑以下原则：

①运营公路的交通分流处或收费岛头、上跨桥桥墩处等障碍物前端曾发生过因缺少有效缓冲设施而导致严重事故的路段，宜设置经实车碰撞试验验证的防撞垫。所采用防撞垫的防护等级应根据具体路段的运行速度确定。

②一级公路中央分隔带护栏起始端部、交通分流处和上跨桥桥墩处宜设置防撞垫。长下坡路段坡底的收费岛头处宜设置防撞垫。

（三）结构形式及选择应用

1. 结构形式

公路安全生命防护工程实施采用规定的护栏结构，达到规定的防护性能要求的护栏结构。

护栏过渡段设置于两种不同结构形式或不同防护等级的护栏之间，以实现结构和刚度的平稳过渡。

防撞垫是设置于公路交通分流处或收费岛头、上跨桥桥墩处等障碍物前端的一种吸能结构，车辆碰撞时通过自体变形吸收碰撞能量，降低伤害程度。防撞垫按照是否具备侧碰时的导向功能分为可导向防撞垫和非导向防撞垫两类。防撞桶是典型的非导向防撞垫。

2. 选择应用

选择防护设施形式时，宜综合考虑所在位置的公路条件、实车碰撞试验测得的防护设施变形指标、环境条件、不同防护设施的协调性等因素，选择安全、适用、经济的结构形式。除满足相关的规定以外，还可参考以下原则：

①波形梁护栏刚柔相兼，吸收碰撞能量的能力较强，有较好的视线诱导功能，能与公路线形相协调，外形美观，损坏处容易更换，较混凝土护栏具有一定的通透性，视情况可

用于美观性要求较高的一般路段和沙漠、积雪地区等。

②混凝土护栏防止车辆越出路（桥）外的效果好，而且混凝土护栏几乎不变形，维修费用很低。视情况可用于山区公路急弯路段外侧、路侧为深沟陡崖、车辆冲出将导致严重伤亡事故的路段。

③缆索护栏属柔性结构，车辆碰撞时缆索在弹性范围内工作，可以重复使用。缆索护栏立柱间距比较灵活，受不均匀沉陷的影响较小。积雪地区缆索护栏对扫雪的障碍少。但缆索护栏施工复杂，端部立柱损坏修理困难，不适合在小半径曲线路段使用。缆索护栏视线诱导性较差，架设长度短时经济性不好，视情况可在风景区公路等采用。

④山岭重丘区公路护栏的施工、材料运输、维修等困难时，可考虑就地取材，采用砌石护栏和混凝土护栏。

⑤在满足安全和使用功能的前提下，可因地制宜地采用新型安全防护设施，但其防护能力必须经过实车碰撞试验验证。

（四）桥梁护栏改造

1. 桥梁护栏改造一般规定

桥梁护栏的防护等级应满足相关的规定，若防护等级不满足该要求或曾发生过车辆碰撞桥梁护栏后的坠桥事故，应对原有桥梁护栏进行改造。桥梁主体结构改建时，应结合桥梁结构的形式设计建造新的桥梁护栏。

桥梁护栏改造时应充分考虑桥梁的上部结构形式，改造方案必须针对桥梁护栏新增加的恒载以及车辆碰撞荷载对桥梁主体结构进行验算，确保不会对桥梁结构的安全造成影响。

桥梁护栏与桥梁主体结构之间的连接设计应充分考虑新桥梁护栏的结构形式、原桥梁护栏或栏杆的设置以及原桥梁上部结构，连接设计必须针对车辆碰撞荷载进行验算，以保证连接受力安全可靠。

2. 护栏形式选择

桥梁护栏的上部结构可以采用混凝土护栏、钢管护栏以及波形梁护栏，具体结构形式及设计要求参照相关规定。新型桥梁护栏设计应进行实车碰撞试验验证防护等级。对于大桥以及可能的碰撞角度较大的桥梁护栏不推荐使用波形梁护栏。当新设混凝土护栏增加的恒载过大影响桥梁安全时，可选择波形梁护栏或梁柱式钢护栏。

3. 护栏与桥梁主体结构的连接设计

①圬工结构的拱桥，可采用嵌入式结构设置护栏的基础，有条件时，可以采用植入后固定钢筋的方法加强护栏基础与桥面系的连接。

②空心板桥的桥面系比较薄弱，护栏基础与桥梁结构之间可以采用较弱的浮置连接，但是护栏的基础应保证整体的连续性，并在桥头两侧设置坚固的锚固端。

③T形梁或箱形梁结构的桥梁，设计护栏基础与桥梁结构的连接时，应分析桥梁主体结构，优先考虑植入后固定钢筋的强连接方式；不具备条件时可参照空心板桥的弱连接方式。

④对于设置栏杆、未设人行道的桥梁，可将桥梁原有栏杆及安全带拆除，在原位置重新设置桥梁护栏。

⑤对于已经设置悬臂式人行道的桥梁，应对边梁进行检测、计算，根据检测、计算结果可将人行道外移，并设置混凝土护栏或波形梁钢护栏，下设托梁或斜撑，必要时应对桥梁进行局部加固处理。

⑥对已经设置非悬臂式人行道的桥梁，可将原桥梁栏杆、人行道板拆除，通过植筋的方式将混凝土护栏或波形梁钢护栏与梁连接在一起，并用混凝土找平。考虑行人安全，可在桥面用标线或栏杆将人行道和车行道分开。当桥面宽度富余较大时，可不拆除人行道及栏杆，直接在其内侧设置混凝土护栏或波形梁钢护栏。

四、视线诱导及警示设施

（一）视线诱导及警示设施一般规定

在视距不良、线形不良及其他公路风险较高的路段，宜针对主要风险因素，进行充分的诱导和警示。

（二）轮廓标

1. 在视线不良、急弯、车道数或车道宽度有变化及连续急弯陡坡等路段应设置轮廓标。

2. 在气候条件恶劣、线形条件差和事故多发地段应设置反光性能高的轮廓标或采用尺寸较大的反射器。

3. 轮廓标一般设置在公路的土路肩上或附着在路侧护栏上。轮廓标形式可根据公路是否设置护栏以及所设护栏的形式，选用附着式或柱式轮廓标。隧道内双向行车的洞壁上附着的轮廓标应为双向反光型。二、三、四级公路，路侧轮廓标宜应用双向反光型。

4. 轮廓标在道路左、右侧对称设置。轮廓标反射器分白色和黄色两种。设中央分隔带的整体式一级公路或分离式一级公路，按行车方向，左侧设置黄色轮廓标，右侧设置白色轮廓标；二级及二级以下等级公路，按行车方向左右两侧的轮廓标均为白色。

5. 轮廓标反射器的安装角度，应尽可能与驾驶人视线方向垂直。

（三）线形诱导标

在受山体、树木或房屋等阻挡，及其他使驾驶人难以明晰前方线形走向，易发生交通事故的小半径弯道外侧，可视具体情况设置一定数量的线形诱导标。

1. 当公路设计速度大于或等于 80 km/h 时，线形诱导标尺寸可选 600 mm×800 mm；当设计速度小于 80 km/h 时，可选用 400 mm×600 mm；最小不得小于 220 mm×400 mm。

2. 线形诱导标的设置应根据曲线半径、曲线长度、偏角大小确定。偏角较小的曲线路段，可在曲线中点位置设一块诱导标；偏角较大、曲线较长的弯道，可根据需要设置若干块诱导标，应保证驾驶人员在曲线范围内连续看到不少于三块诱导标。

3. 一般情况下，线形诱导标为蓝底白图案。设于中央隔离设施端部、渠化设施端部、桥头等的线形诱导标为红底白图案。

④线形诱导标板的下缘至路面的高度应为 120~200 cm，板面应尽可能垂直于驾驶人视线。

（四）道口标注

道口标注设在公路沿线较小平面交叉两侧，用来提醒主线车辆提高警觉，防范小支路车辆突然出现而造成意外。道口标注一般沿主线方向，埋设在距路缘石外缘 20 cm 处，没有路缘石的，应埋设在距土路肩内边缘 20 cm 处，不应埋设在路基边坡上。

为避免道口标注与路段示警桩混淆，在设置有道口标注的小型支路口前一定距离内，主路不宜设置示警桩。

（五）示警桩和示警墩

①示警桩设置间距 4~6 m，高度 120 cm，埋置深度 40 cm，露出地面高度 80 cm。采用钢筋混凝土示警桩时，横截面尺寸通常为 15 cm×15 cm。采用 PVC 管灌注混凝土示警桩时，PVC 管的管径通常为 160 mm，壁厚通常为 3 mm。可根据实际情况，采用其他新材料和新结构的示警桩。

②示警桩仅起警示诱导的作用，一般用于路侧危险程度不高的路段，不能将示警桩作为防护设施使用。

③示警墩不具有防撞能力，不能作为防护设施使用。公路上现有的断开式示警墩宜逐步改造为连续式水泥混凝土护栏，或改造为连续式示警墩。连续式示警墩由钢筋混凝土墙体与钢管组成。

五、减速丘及减速路面

（一）一般规定

减速丘及减速路面为物理性减速设施，用于限制机动车必须减速通过的路段。设置前宜充分论证，不但考虑对限制对象的作用，还应考虑对非限制对象的影响及其他可能的后果。不宜在主路和干线设置减速丘。

（二）设置原则

在支路与干线公路的交叉口前，视实际情况可设置减速丘或减速路面，控制支路汇入干线公路的车速。在进村镇前的路段、学校前的路段、进入交叉口的路段，可视需要设置减速丘或减速路面，限制过往车辆车速。设置时宜全断面铺设，并应设置相应的减速丘或减速路面标志和标线。可以根据过城镇、村庄路段的限制车速，在减速丘或减速路面前设置相应的限速标志。

（三）断面尺寸及纵向边缘处理

大型减速丘断面施工时应注意沿公路纵向的边缘处理。

小型减速丘有预制型和现浇型两种。为防止对路面损坏及对通过车辆冲击作用过于强烈，一般使用橡胶等柔性材料预制小型减速丘，也可采用铸铁及水泥材质。橡胶及铸铁预制减速丘一般宽 30~40 cm，高 3~5 cm，用沉孔膨胀螺钉固定在路面上，黑黄两色相间，表面有凹凸槽条纹。水泥预制型减速丘一般采用 C20 以上混凝土，高 2~4 cm，宽 50 cm 左右，截面一般采用弧形曲线平滑过渡。

六、避险车道

（一）一般规定

1. 避险车道是用于失控车辆自救的安全设施，设置前应充分论证，应根据连续长陡下坡路段货车失控事故情况、坡度、坡长、货车占交通量的百分比以及事故的严重程度等因素综合考虑是否需要设置避险车道。

2. 实际设置的避险车道应给出明确的使用条件。即可使用避险车道进行自救的失控车辆最大车重及车速组合。

（二）避险车道类型

避险车道应首选上坡制动床型避险车道。当因空间位置所限不能建造上坡制动床型避险车道时，可选择建造沙堆型避险车道，但应保持沙子松散、干燥。设置避险车道的空间比较充足时，可采用平坡制动床型避险车道、下坡制动床型避险车道以及配有阻尼装置的网索式避险车道。

（三）设置参数

1. 应根据计算车辆失控点距坡顶的距离、通行货车交通量及运行速度等参数来确定避险车道的设置位置及间距，还应考虑设置地点的具体地形条件。一般设置在连续长陡下坡路段的中、后段。陡坡接小半径曲线前设置避险车道时，宜设置在车辆驶入小半径曲线前沿缓和曲线切线方向，同时应考虑避险车道与主线的夹角不宜过大。

2. 一条完善的避险车道由避险车道引道、制动坡床、服务车道及配套交通设施组成。三、四级公路可视具体情况进行针对性设计。

避险车道引道连接着主线和避险车道，为主线和制动坡床之间提供一定的偏移量，避免制动坡床砂砾飞溅回主线，影响主线交通，并为驾驶人提供反应时间和空间，操纵车辆驶入避险车道。在引道上，驾驶人应能看清避险车道的全貌，引道的终点应设置为方形。避险车道引道长度应能保证失控车辆驾驶人有充分的反应时间、足够的空间操纵车辆驶入避险车道。

避险车道的平面线形应为直线，与主线的夹角即驶入角应尽可能小，以小于 5° 为宜，最大不宜超过 10°。制动坡床的纵断面线形宜为直线，即采用单一坡度，在空间受限时亦可采用变坡度设计。制动坡床的坡度主要根据地形所能提供的制动坡床长度来确定，但坡度不能过大，一般以不超过 20% 为宜。

避险车道因地形条件限制，不能提供足够的制动坡床长度时，应在制动坡床末端设置防撞消能设施。

一级公路失控车辆驶入避险车道的最小驶入速度宜取 130 km/h。二、三、四级公路可以适当降低，也可把观测到的以往失控车辆的最大速度作为驶入速度。

避险车道的宽度应足够容纳一辆车，如果考虑在一个较短的时间内有两辆或更多的车辆使用避险车道的需求，避险车道最小宽度可以取 8 m。在大型货车交通量不大的三、四级公路，避险车道制动坡床宽度可降为 4~6 m。

避险车道制动坡床材料应选用干净的、不易被压实的，且有较高滚动阻力的材料。当使用集料时，应选用圆形的、未被压碎的、单一尺寸占支配地位的材料。细砾是最常使用的材料。

避险车道制动坡床集料的厚度宜为 1.1 m，最小厚度不应小于 1 m，应在 30~60 m 长的距离内从制动坡床入口处的 7.5 cm 逐渐过渡到完整厚度。

避险车道地基宜硬化。为避免制动坡床冻结和制动坡床集料的污染，避险车道宜设置排水系统。可以通过使制动坡床横断面成一坡度阻止水源进入避险车道、设置横向排水管和纵向排水沟的方式实现排水。在地基和制动坡床材料之间铺设土工布或块石也可以阻止含水细小材料渗透。

服务车道应紧靠制动坡床，以便拖车和维护车辆使用。服务车道的宽度应大于 3 m，其表面应硬化，也可以用砾石铺砌。服务车道入口应设置隔离设施及禁止驶入的警告或禁令标志，以避免失控车辆的驾驶人误把服务车道作为避险车道使用。

为拖出失控车辆，应设置施救锚栓用于固定拖车。施救锚栓通常沿着制动坡床以 50~100 m 的间距设置，在制动坡床之前 30 m 也应设置一个施救锚栓。

如有条件，可提供照明，以便夜间的驾驶人可以更好地识别避险车道。如有条件，可布设一定的监控设备，以便失控车辆进入避险车道后及时得到救助，并加强对失控车辆驶入避险车道的入口速度、车辆驶入轨迹等情况的监测。如有条件，可在避险车道引道入口处设置信号指示灯，提示已有车辆进入避险车道，避免后车驶入而产生二次事故。

（四）避险车道交通安全设施

在坡顶宜提供连续长陡下坡路段的坡度、坡长、平面线形和避险车道位置等的信息提示。在避险车道之前至少设置两块避险车道预告标志，在避险车道引道入口前应设置避险车道标志，引导失控车辆驶入避险车道。在引道入口前可设置"禁止停车"标志，并设置"失控车辆专用"标志。路段内设置多处避险车道的，在引道入口前应设置下一避险车道位置的预告标志。在避险车道引道路面施画"失控车辆专用"路面标记，提示只有失控车辆才能使用避险车道。有服务车道的应在标志上标明，以区分避险车道。

在避险车道制动坡床两侧可以设置较高防护等级的护栏，并在两侧设置轮廓标，轮廓标的反光器颜色应为红色，以区别于主线。轮廓标的间距以 15 m 为宜。避险车道入口交通分流端部应设置碰撞消能设施，如橡胶轮胎或防撞垫。避险车道内宜设置紧急救援报警电话告示牌。

（五）避险车道的运行和养护

1. 加强宣传，使驾驶人了解避险车道的作用、怎样使用避险车道、使用避险车道将会发生什么、怎样从避险车道出来。可在坡顶设置制动检查站，确保制动合格的车辆才能下坡，并在下坡路段适当位置提供停车休息区与加水区，使驾驶人能够停车冷却制动器。在检查站、休息区和加水区提供下坡路段的坡度、坡长等信息，标明避险车道的数量和位置，并可向驾驶人推荐安全的下坡速度。

2. 在避险车道每次被使用、失控车辆被拖出避险车道制动坡床之后，宜尽快铺平制动坡床集料，定期清除车辆冲压产生的细小、尖锐碎集料。即使没有车辆驶入避险车道，也宜定期翻松集料，每次翻松至少60 cm深。冬季注意防止制动坡床集料冻结，易产生积雪地区应及时清除积雪。

第三章　路基工程设计

第一节　路基的强度和稳定性

一、路基土的分类及工程性质

（一）路基土的分类

世界各国公路用土的分类方法虽然不尽相同，但是分类的依据大致相近，一般都根据土颗粒的粒径组成、土颗粒的矿物成分或其余物质的含量及土的塑性指标进行区划。我国公路用土依据土的颗粒组成特征、土的塑性指标和土中有机质存在的情况，分为巨粒土、粗粒土、细粒土和特殊土四类。

（二）各类土地工程性质

不同类别的公路用土具有不同的工程性质。在选择路基填筑材料，以及修筑稳定土路面结构层时，应根据不同的土类分别采取不同的工程技术措施。

巨粒土包括漂石和卵石，有很高的强度和稳定性，用以填筑路基是良好的材料，也可用于砌筑边坡。

级配良好的砾石混合料，密实程度好，强度和稳定性均能满足要求。除了填筑路基之外，可以用于铺筑中级路面，经适当处理后，可以铺筑高级路面的基层、底基层。

砂土无塑性，透水性强，毛细上升高度小，具有较大的内摩擦系数，强度和水稳定性均好，但砂土黏结性小，易于松散，压实困难，但是经充分压实的砂土路基，压缩变形小，稳定性好。为了加强压实和提高稳定性，可以采用振动法压实，并可掺加少量黏土，以改善级配组成。

砂性土含有一定数量的粗颗粒，又含有一定数量的细颗粒，级配适宜，强度、稳定性等都能满足要求，是理想的路基填筑材料。如细粒土质砂土，其粒径组成接近最佳级配，遇水不黏着、不膨胀，雨天不泥泞，晴天不扬尘，便于施工。

粉性土含有较多的粉土颗粒，干时虽有黏性，但易于破碎，浸水时容易呈流动状。粉性土毛细作用强烈，毛细上升高度大，在季节性冰冻地区容易造成冻胀、翻浆等病害。粉性土属于不良的公路用土，如必须用粉性土填筑路基，则应采取技术措施改良土质，并加强排水、采取隔离水等措施。

黏性土中细颗粒含量多，土的内摩擦系数小而黏聚力大，透水性小而吸水能力强，毛细现象显著，有较大的可塑性。黏性土干燥时较坚硬，施工时不易破碎，浸湿后能长期保持水分，不易挥发，因而承载力小。对于黏性土如在适当含水量时加以充分压实和设置良好的排水设施，筑成的路基也能获得稳定。

重黏土工程性质与黏性土相似，但其含黏土矿物成分不同时，性质有很大差别。黏土矿物主要包括蒙脱土、高岭土、伊利土。蒙脱土主要分布在东北地区，其塑性大，吸湿后膨胀强烈，干燥时收缩大，透水性极低，压缩性大，抗剪强度低。高岭土分布在南方地区，其塑性较小，有较高的抗剪强度和透水性，吸水和膨胀量较小。伊利土分布在华中和华北地区，其性质介于上述两者之间。重黏土不透水，黏聚力特强，塑性很大，干燥时很坚硬，施工时难以挖掘与破碎。

土作为路基建筑材料，砂性土最优，黏性土次之，粉性土属不良材料，最容易引起路基病害。重黏土，特别是蒙脱土也是不良的路基土。此外，还有一些特殊土类，如有特殊结构的土、含有机质的土及含易溶盐的土等，用以填筑路基时必须采取相应技术措施。

二、路基水温状况及干湿类型

（一）路基湿度的来源

路基的强度与稳定性在很大程度上和路基的湿度及大气温度引起的路基的水温状况有密切的关系。路基在使用过程中，受到各种外界因素的影响，使湿度发生变化。路基湿度的水源可分为以下几个方面：

1. 大气降水。大气降水通过路面、路肩边坡和边沟渗入路基。

2. 地面水。边沟的流水、地表径流因排水不良，形成积水，渗入路基。

3. 地下水。路基下面一定范围内的地下水浸入路基。

4. 毛细水。路基下的地下水，通过毛细管作用，上升到路基。

5. 水蒸气凝结水。在土的空隙中流动的水蒸气，遇冷凝结成水。

6. 薄膜移动水。在土的结构中水以薄膜的形式从含水量较高处向较低处流动，或由温度较高处向冻结中心周围流动。

上述各种导致路基湿度变化的水源，其影响程度随当地自然条件和气候特点以及所采取的工程措施等的变化而不同。

（二）大气温度对路基水温状况的影响

路基湿度除了水的来源之外，另一个重要因素是受当地大地温度的影响。由于湿度与温度变化对路基产生的共同影响称为路基的水温状况。沿路基深度出现较大的温度梯度时，水分在温差的影响下以液态或气态由热处向冷处移动，并积聚在该处。这种现象特别是在季节性冰冻地区尤为严重。

（三）路基干湿类型

路基的强度与稳定性同路基的干湿状态有密切关系，并在很大程度上影响路面结构设计。

路基按其干湿状态不同，分为干燥、中湿、潮湿和过湿四类。为了保证路基路面结构的稳定性，一般要求路基处于干燥或中湿状态。过湿状态的路基必须经处理后方可铺筑路面。

土的稠度较准确地表示了土的各种形态与湿度的关系，稠度指标综合了土的塑性特性，包含了液限与塑限，全面直观地反映了土的硬软程度，物理概念明确。

以稠度作为路基干湿类型的划分标准是合理的，但是不同的自然区划、不同的土组的分界稠度是不同的。

在公路勘测设计中，确定路基的干湿类型需要在现场进行勘察，对于原有公路，按不利季节路槽底面以下 80 cm 深度内土的平均稠度确定。

为了保证路基的强度和稳定性不受地下水及地表积水的影响，在设计路基时，要求路基保持干燥或中湿状态，路槽底距地下水或地表积水的距离，要大于或等于干燥、中湿状态所对应的临界高度。

三、路基的强度与稳定性

（一）路基的受力状况与路基工作区

1. 路基的受力状况

路基在工作过程中，同时受到由路面上传递下来的车辆荷载以及路基和路面的自重作用。

2. 路基工作区

车辆荷载产生的垂直应力随深度的增加而减小，自重应力则随深度的增加而增大。把车辆荷载在土基中产生应力作用的这一深度范围称为路基工作区。

(二) 路基土的强度指标

路基是路面结构的支撑体，车轮荷载通过路面传到路基。因此路基的强度和变形特性对路面结构的整体强度和刚度有很大影响。在路面结构的总变形中，土基的变形占很大部分，为70%~95%。路面结构的破坏，除其本身原因外，也主要是路基过大变形所引起的。因此，研究路基的强度和变形特性对路面设计具有重要意义。

1. 土基的应力-应变特性

在一定应力范围内，理想线弹性体的应力与应变关系呈线性特性。当应力消失时，应变也随之消失，恢复到初始状态。由于路基土的内部结构非常复杂，包括固相、液相和气相，固相又由不同成分、不同粒径的颗粒组成，因此路基土在应力作用下的变形特性同理想线弹性体有很大区别。

土基在外力作用下表现出的应力应变特性称为土基的非线性弹性。非线弹性体的土基的弹性模量并不是一个常数。在重复荷载作用下土基将产生变形累积，使路面产生变形和破坏。

2. 表征路基土强度

路基在外力作用下，将产生变形，路基强度是指路基抵抗外力作用的能力，亦即抵抗变形的能力。在一定应力作用下，变形越大，土基强度越低；反之，则表明路基强度越高。

(三) 保证路基强度与稳定性的措施

路基的强度与稳定性受水、温度、土质等的影响，在一年内出现显著的季节性变化。在季节性冰冻地区，由于负温差的影响，土基下层较暖的水分向上层较冷的土层移动，产生水分积聚和冻结，引起冻胀；春融时，土基又因过湿而发生翻浆。在非冰冻地区，雨季时，会造成土基过分湿软，强度与稳定性降低。因此，为保证路基的强度与稳定性，必须深入进行调查研究，仔细分析各种自然因素与路基的关系，抓住主要问题，采取有效措施。保证路基稳定性的措施一般有下列几种：

1. 正确设计路基横断面；

2. 选用工程性质良好的土填筑路基；

3. 适当提高路基高度，保证要求的最小填土高度；

4. 充分压实土基，保证达到规定的压实度；

5. 正确地进行地面和地下的排水设计；

6. 设置隔离层，用以隔绝毛细水上升；

7. 设置防冻层，减小土基冻结深度，减轻土基冻胀；

8. 采取边坡加固与防护措施，以及修筑挡土结构物。

四、路基土的回弹模量值

路基的强度指标值按不同的土质类别主要取决于土的密实度。对黏性土来说，在相当程度上受其含水率的影响。路基含水率随所处的地区条件不同，受各种自然因素的影响，常发生年循环变化，不同年度又略有不同。因此，在确定路基的强度指标值时，应考虑不利季节和不利年度的影响。常采用的方法主要有现场实测法、室内实验法、换算法和查表法等。

第二节　一般路基设计

一、路基特殊设计

公路路基是按照路线位置和一定技术要求修筑的带状构造物，是路面的基础，承受由路面传来的行车荷载并将其扩散至地基，是公路的承重主体。一般路基是指在一般（正常）工程地质条件下修筑填挖高度不超过设计规范或技术手册所允许的范围，其设计可直接参照现行规范规定或标准图，结合当地实际条件进行，而不必个别论证和详细验算。而对超过规定范围的高填路堤或深挖路堑，以及特殊地质和水文等条件，为保证路基具有足够的强度和稳定性，以及合理、经济的横断面形式，须进行个别特殊设计。

二、路基的类型与构造

通常根据公路路线设计确定的路基高程与天然地面高程是不同的，路基设计高程低于天然地面高程时，须进行挖掘；路基设计高程高于天然地面高程时，须进行填筑。由于填挖情况的不同，路基横断面的典型形式可归纳为路堤、路堑和半填半挖路基三种类型。路堤是指全部用岩土填筑而成的路基；路堑是指全部在天然地面开挖而成的路基，此两者是路基的基本类型。当天然地面横坡较大，且路基较宽，需要一侧开挖而另一侧填筑时，为半填半挖路基，也称为填挖结合路基。在丘陵或山区公路上，填挖结合是路基横断面的主要形式。

（一）路堤

按路堤的填土高度不同，可分为矮路堤、高路堤和一般路堤。填土高度小于 1.5 m 者，属于矮路堤；填土高度大于 18 m 的路堤属于高路堤；填土高度在 1.5~18 m 的路堤为普通路堤。随其所处的条件和加固类型不同，还有浸水路堤、护脚路堤及挖沟填筑路堤等形式。

矮路堤常在平坦地区取土困难时选用。平坦地区地势低，水文条件较差，易受地表水和地下水的影响，设计时应注意满足最小填土高度的要求，力求不低于规定的临界高度，使路基处于干燥或中湿状态。路基两侧均应设边沟。

矮路堤的高度通常接近或小于路基工作区的深度，除填方路堤本身要求满足规定的施工要求外，天然地面也应按规定进行压实，达到规定的压实度，必要时进行换土或加固处理，以保证路基路面的强度和稳定性。

填方高度不大时，填方数量较少，全部或部分填方可以在路基两侧设置取土坑，使之与排水沟渠结合。为保护填方坡脚不受流水侵害，保证边坡稳定，可在坡脚与沟渠之间预留 1~2 m 甚至大于 4 m 宽度的护坡道。地面横坡较陡时，为防止填方路堤沿山坡向下滑动，应将天然地面挖成台阶，或设置石砌护脚。

高路堤的填方数量大、占地多，为使路基稳定和横断面经济合理，须进行个别设计，高路堤和浸水路堤的边坡可采用上陡下缓的折线形式或台阶形式，也可在边坡中部设置护坡道。为防止水流侵蚀和冲刷坡面及高路堤或浸水路堤的边坡，须采取适当的坡面防护和加固措施，如铺草皮、砌石等。

（二）路堑

路堑的几种常见横断面形式有全挖路基、台口式路基及半山洞路基。挖方边坡可视高度和岩土层情况设置成直线或折线。挖方边坡的坡脚处设置边沟，以汇集和排除路基范围内的地表径流。路堑的上方应设置截水沟，以拦截和排除流向路基的地表径流。挖方弃土可堆放在路堑的下方。边坡坡面易风化时，在坡脚处设置 0.5~1.0 m 的碎落台，坡面可采用防护措施。

陡峻山坡上的半路堑，路中线宜向内侧移动，尽量采用台口式路基，避免路基外侧的少量填方。遇有整体性的坚硬岩层，为节省石方工程，可采用半山洞路基。

挖方路基处土层地下水文状况不良时，可能导致路面的破坏，所以对路堑以下的天然地基，要人工压实至规定的压实度，必要时还应超挖，重新分层填筑、换土或进行加固处理，加铺隔离层，设置必要的排水设施。

（三）半填半挖路基

位于山坡上的路基，通常取路中心的标高接近原地面的标高，以便减少土石方数量，保持土石方数量横向平衡，形成半填半挖路基。若处理得当，路基稳定可靠，是比较经济的断面形式。

半填半挖路基兼有路堤和路堑两者的特点，上述对路堤和路堑的要求均应满足。填方部分的局部路段，如遇原地面的短缺口，可采用砌石、护肩。如果填方量较大，也可就近利用废石方，砌筑护坡或护墙，砌石护坡和护墙相当于简易式挡土墙，承受一定的侧向压力。有时填方部分需要设置路肩式挡土墙，以确保路基稳定，进一步压缩用地宽度。砌石、护肩、护坡与护墙，以及挡土墙支撑等路基。如果填方部分悬空，而纵向又有适当的基岩时，则可以沿路基纵向建成半山桥路基。

上述路基横断面形式，各具特点，分别在一定条件下也使用。由于地形、地质、水文等自然条件差异性很大，且路基位置、横断面尺寸及要求等也应服从于路线、路面及沿线结构物的要求，所以路基横断面类型的选择，必须因地制宜、综合设计。

三、路基设计

在工程地质和水文地质条件良好地段的路基设计包括以下内容：选择路基断面形式，确定路基宽度与路基高度；确定边坡形状与坡度；选择路堤填料与压实标准；路基排水系统布置和排水结构设计；坡面防护与加固设计；附属设施设计等。

路基尺寸由宽度、高度和边坡坡度三者构成。路基宽度取决于设计通行能力及交通量大小；路基高度取决于纵坡设计、地形、地质及水文等条件；路基的边坡坡度则取决于地质、水文条件、填料性质等，并由边坡稳定性及横断面经济性分析比较确定。

（一）路基宽度

路基宽度为行车道路面及其两侧路肩宽度之和。技术等级高的公路，设有中间带、路缘带、变速车道、爬坡车道、紧急停车带等，这些均应包括在路基宽度范围内。路面宽度根据设计通行能力及交通量大小而定，一般每个车道宽度为 3.50~3.75 m，技术等级高的公路及城镇近郊的一般公路，路肩宽度尽可能增大，一般取 1~3 m，并铺筑硬质路肩，以保证路面行车不受干扰。各级公路路基宽度按相关的规定进行设计。

路基占用土地是公路通过农田或用地受限制地区时的突出问题。建路占地必须综合规划、统筹兼顾、讲究经济效益，农业与交通相互促进。公路建设应尽可能利用非农业用地，少占农田。高速公路局部路段可选用高架道路，以桥代路。山坡路基应尽量使填挖平衡，扩大和改善林业用地，保护林区牧地，防止水土流失，维护生态平衡，减少高填深挖，利用植物防护，绿化与美化路基。所有这些在路基设计与施工过程中，也应予以综合考虑。

（二）路基高度

路基高度是指路堤的填筑高度和路堑的开挖深度，是路基设计高程和地面高程之差。由于原地面沿横断面方向往往是倾斜的，因此在路基宽度范围内，两侧的高差常有差别。路基高度是指路基中心线处设计高程与原地面高程之差，而路基两侧边坡的高度是指填方坡脚或挖方坡顶与路基边缘的相对高差，所以路基高度有中心高度与边坡高度之分。

路基的填挖高度，是在路线纵断面设计时，综合考虑路线纵坡要求、路基稳定性和工程经济等因素确定的。从路基的强度和稳定性要求出发，路基上部土层应处于干燥或中湿状态，路基高度应根据临界高度并结合公路沿线具体条件和排水及防护措施确定路堤的最小填土高度。

路基填土的高矮和路堑挖方的深浅，可按相关的规定，使用常规的边坡高度值，作为划分高矮深浅的依据。通常将大于 18 m 的土质路堤和大于 20 m 的石质路堤视为高路堤，将大于 20 m 的路堑视为深路堑。

高路堤和深路堑的土石方数量大、占地多，施工困难，边坡稳定性差，行车不利，应尽量避免使用，当不得已而一定要用时，应进行个别特殊设计。

为保证路基稳定，应尽量满足路基最小填土高度的要求，若路基高度低于按地下水位或地面水位计算的最小填土高度，可视为矮路堤。矮路堤通常处于行车荷载应力作用区范围内，同时经受着地面和地下水不利水温状况的影响。有时为了增强路基路面的综合强度与稳定性，需要另外增加投资加强路面结构或增设地下排水设施。究竟如何合理确定路基的高度，需要进行综合比较后才可择优取用。

对于沿河及受水浸淹的路基，其高度应根据技术标准所规定的设计洪水频率，求得设计水位，再增加 0.5 m 的余量。如果河道因设置路堤而压缩过水面积，致使上游有壅水，或河面宽阔而有风浪，就应增加壅水高度和波浪冲上路堤的高度。所以沿河浸水路堤的高度，应高出上述各值之和，以保证路基不致淹没，并据此进行路基的防护与加固。

（三）路基边坡坡度

路基边坡坡度对路基稳定十分重要，确定路基边坡坡度是路基设计的重要任务。公路路基的边坡坡度，可用边坡高度 H 与边坡宽度 b 之比值表示，并取 H＝1，H∶b＝1∶0.5 或 1∶1.5，通常用 1∶n（路堑）或 1∶m（路堤）表示其坡率，称为边坡坡率。

路基边坡坡度的大小，取决于边坡的土质、岩石的性质及水文地质条件等自然因素和边坡的高度。在陡坡或填挖较大的路段，边坡坡度不仅影响到土石方工程量和施工的难易，而且是路基整体稳定性的关键。因此，确定边坡坡度对路基的稳定性和工程的经济合理性至关重要。一般路基的边坡坡度可根据多年工程实践经验和设计规范推荐的数值采用。

1. 路堤边坡

一般路堤边坡坡率可根据填料种类和边坡高度按相关坡度选用。

高路堤应进行单独设计。

当公路沿线有大量天然石料或路堑开挖的废石方时，可用于填筑路堤。填石路堤应由不易风化的较大石块砌筑，边坡坡度一般可用 1∶1。

陡坡上的路基填方可采用砌石护坡，砌石应用当地不易风化的开山片石砌筑。

砌石顶宽一律采用 0.8 m，基底面以 1∶5 的坡率向路基内侧倾斜，砌石高度一般为 2～15 m，墙的内外坡依砌石高度。

在地震地区，应参照有关规定：公路路堤或路堑高度大于规定高度时，应采取放缓边坡坡度或加固等措施。

2. 路堑边坡

路堑是从天然地层中开挖出来的路基结构物，设计路堑边坡时，首先应从地貌和地质构造上判断其整体稳定性。当遇到工程地质或水文地质条件不良的地层时，应尽量使路线避绕它；对于稳定的地层，则应考虑开挖后是否会由于减少支承及坡面风化加剧而引起失稳。

影响路堑边坡稳定的因素较为复杂，除了路堑深度和坡体土石的性质之外，地质构造特征、岩石的风化和破碎程度、土层的成因类型、地表水和地下水的影响、坡面的朝向及当地的气候条件等都会影响路堑边坡的稳定性，在边坡设计时必须综合考虑。

土质（包括粗粒土）路堑边坡，应根据边坡高度、土的密实程度、地下水和地面水的情况、土的成因及生成时代等因素设计。

（四）路基填料

填筑路基的理想材料应当是稳定性好、压缩性小、便于施工压实及运距短的土、石材料。

1. 填料的分类

根据填料的性质和适用性可分为如下几种：

①砾石、不易风化的石块。渗水性强，水稳定性极好，强度高，为良好的填料，石块空隙间用小石料充填密实并经充分压实后，路堤残余下沉量小，车辆荷载作用下的塑性变形小。

②碎石土、卵石土、砾石土、粗砂、中砂。渗水性强、水稳性好。属施工性能良好的填料，但其中黏性土含量过高时，水稳性能下降较多。

③砂性土。既含有一定数量的粗颗粒，使之具有足够的强度和水稳定性，又含有一定数量的细颗粒，从而把粗颗粒黏结在一起，为填筑路堤的良好材料。

④黏性土。渗水性很差，干燥时强度高而不易挖掘，浸水后水稳定性差，强度下降，变形大，在充分碾压和有良好排水设施情况下，筑成的路基也能获得稳定。

⑤粉性土。含有较多的粉土粒，干时有一定黏结性，但易被压碎，浸水时很快被湿透，毛细现象严重，在季节性冰冻地区易产生湿度积聚，造成冻胀翻浆，水饱和时有振动液化问题，是最差的一种筑路材料。

⑥重黏土。渗水性极差，塑性指数和液限都很高，干时坚硬，难挖掘，湿时膨胀性和塑性都很大，不宜用作路基填料。

2. 路基填料设计

在设计路基填料时，要注意以下事项：

①填方路基宜选用级配较好的粗粒土作为填料。

②砾（角砾）类土、砂类土应优先选作路床填料，土质较差的细粒土可填于路堤底部。用不同填料填筑路基时，应分层填筑，每一水平层均应采用同类填料。

③泥炭、淤泥、冻土、强膨胀土及易溶盐超过允许限量的土，不得直接用于填筑路基。

④冰冻地区路床及浸水部分的路堤不应直接采用粉质土填筑。

⑤强风化岩石及浸水后容易崩解的岩石不宜作为浸水部分路堤填料。

⑥细粒土做填料，当土的含量超过最佳含水率两个百分点以上时，应采取晾晒或掺入石灰、固化材料等技术措施进行处理。

⑦桥涵台背和挡土墙墙背填料，应优先选用内摩擦角值较大的砾（角砾）类土、砂类土填筑。

四、路基的附属设施

为了确保路基的强度、稳定性和行车安全，与一般路基工程有关的附属设施主要有取土坑、弃土堆、护坡道、碎落台、堆料坪及错车道等。这些设施是路基设计的组成部分，正确合理地设置是十分重要的。

（一）取土坑与弃土堆

路基土石方的挖填平衡是公路路线设计的基本原则，但往往难以做到完全平衡。土石方数量经过合理调配后，仍然会有部分借方和弃方，路基土石方的借弃，首先要合理选择地点，即确定取土坑或弃土堆的位置。选点时要兼顾土质、数量、用地及运输条件等因素，还必须结合沿线区域规划、因地制宜，综合考虑，维护自然平衡，防止水土流失，做到借之有利、弃之无害。借弃所形成的坑或堆，要求尽量结合当地地形，充分加以利用，并达到外形规整、弃堆稳固。对高等级公路或位于城郊附近的干线公路，尤应注意。

平坦地区，如果用土量较少，可以沿路两侧设置取土坑，与路基排水和农田灌溉相结合。路旁取土坑，深度约 1 m 或稍大一些，宽度依用土数量和用地允许而定。为防止坑内积水危害路基，当堤顶与坑底高差不足 2 m 时，在路基坡脚与坑之间须设宽度不大于 1 m 的护坡平台，坑底设纵横排水坡及相应设施。

路基开挖的废方，应尽量加以利用，如用以加宽路基或加固路堤，填补坑洞或路旁洼地，也可兼顾农田水利或基建等所需，做到变废为用、弃而不乱。

废方一般应选择路旁低洼地，就近弃堆。原地面倾斜坡度小于 1：5 时，路旁两侧均可设弃土堆，地面较陡时，宜设在路基下方。沿河路基爆破后的废石方，往往难以远运，条件许可时可以部分占用河道，但要注意河道压缩后，不致壅水危及上游路基及附近农田等。

（二）护坡道与碎落台

护坡道是保护路基边坡稳定性的措施之一，设置的目的是加宽边坡横向距离，减小边坡平均坡度。护坡越宽，越有利于边坡稳定，但最少为 1 m。宽度大，则工程数量也随之增加，要兼顾边坡稳定性与经济合理性。通常护坡道宽度视边坡高度而定。

护坡道一般设在挖方坡脚处，边坡较高时也可设在边坡上方及挖方边坡的边坡处。浸水路基的护坡道，可设在浸水线以上的边坡上。

碎落台设于土质或石质土的挖方边坡坡脚处，主要供零星土石碎块下落时临时堆积，以保护边沟不致阻塞，也有护坡道的作用。碎落台宽度一般为 1.0~1.5 m，如兼有护坡作用，可适当放宽。碎落台上的堆积物应定期清理。

（三）堆料坪与错车道

路面养护用矿质材料，可就近选择路旁合适地点堆置备用，也可在路肩外缘设堆料坪，其面积可结合地形与材料数量而定。高级路面或采用机械化养路的路段可以不设，或另设集中备用料场，以维护公路外形的视觉平顺和景观优美。

单车道公路，由于双向行车会车和相互避让的需要，通常应每隔200~500 m设置错车道一处。按规定错车道的长度不得短于30 m，两端各有长度为10 m的出入过渡段，中间10 m供停车用。单车道的路基宽度为4.5 m，而错车道地段的路基宽度为6.5 m。错车道是单车道路基的一个组成部分，应与路基同时设计与施工。

第三节　路基防护工程

一、坡面防护

路基坡面防护主要是针对受自然因素作用易产生不利于稳定及环境保护等问题的边坡坡面采取适当的防护措施，达到保持边坡的长期稳定和安全，防止水土流失，保护环境的目的。

坡面变形的严重程度与边坡的岩土性质、地质构造、水文条件，当地的气候环境，边坡方位、坡度和高度等密切相关，必须综合考虑这些因素，选择适宜的防护类型。

（一）植物防护

植物防护是一种简便、经济和有效的坡面防护措施。植物能覆盖表土，防止雨水冲刷；调节土壤湿度，防止裂缝产生；固结土壤，防止坡面风化剥落；同时，还能起到绿化、美化环境的作用。为防止采用植物防护的路堑边坡坡脚因振动和雨水冲蚀作用首先被破坏，从而导致整个防护工程的垮塌或出现边坡坍塌，一般宜在坡脚处设1~2 m高的浆砌片石护坡或护墙。

1. 种草

边坡坡度不宜陡于1:1的土质边坡，不浸水或短期浸水但地面径流速度不超过0.6 m/s的路基边坡可以选择种草防护。草的品种应适应当地土壤和气候条件，通常用易生长、根系发达、茎叶低矮或有匍匐茎的多年生长的草种，也可用几种草籽混种。对不宜种草的边坡，可以先铺5~10 cm厚的种植土层，土层与原坡面结合稳固。

2. 铺草皮

铺草皮的防护措施适用于需要快速绿化、边坡较陡、冲刷严重的土质边坡和严重风化的软质岩石边坡。草皮应选择根系发达、茎矮叶茂、耐旱草种，不宜采用喜水草种，严禁采用生长在沼泽地的草皮。草皮规格以不过于损坏根系，便于成活及运输而定，一般面积为 20 cm×40 cm，厚 6~10 cm。铺草皮前应将坡面整平，必要时可加 6~10 cm 种植土层。草皮铺砌形式可根据边坡坡度与水流流速等，选用平铺、水平叠铺、方格式、卵石方格、垂直叠铺、倾斜叠铺和网格式铺砌等方式。铺砌时草皮端应斜切，形成平行四边形，自下而上用竹木小桩将草皮钉在坡面上，使其稳固。草皮应随挖随铺，注意相互贴紧。

3. 植树

植树主要用在堤岸边的河滩上，用以降低流速，促使泥沙淤积，防止水直接冲刷路堤。把树栽种成多行并与水流方向斜交，还可起挑水、促进泥沙淤积作用。植树应以根系发达、枝叶茂盛、生长迅速的树种为主。当防冲刷时宜选用杨树、柳树或不怕水淹的灌木。城市或风景区的植物防护应与有关部门协调配合。公路弯道内侧为保证视距，边坡严禁种植高大树木。

（二）砌石防护

为防止地面径流、雨雪水或河水冲刷、侵蚀路基，公路填方边坡、沿河路堤边坡、土质路堑边坡下部的局部，以及桥涵附近坡面，可采用砌石防护。砌石防护可分为干砌和浆砌两种。

干砌片石护坡适用于易遭受雨雪水侵蚀的较缓土质边坡，风化较重的软质岩石边坡，周期受水流冲刷但冲刷程度较轻、流速小于 4 m/s 的河岸和路基边坡。边坡应符合路基边坡稳定性要求，坡度一般为 1:2~1:1.5。干砌片石防护一般有单层铺砌、双层铺砌两种，单层铺砌厚度为 0.25~0.35 m；双层铺砌时，上层厚度为 0.25~0.35 m，下层厚度为 0.15~0.25 m。

当水流流速较大，波浪作用较强，有漂浮物等冲击，不适宜采用干砌片石护坡或护坡效果不好时，可采用浆砌片石护坡。浆砌片石护坡厚度一般为 0.20~0.50 m，用于冲刷防护时最小厚度一般不小于 0.35 m。浆砌片石防护较长时，应每隔 10~15 m 设置伸缩沉降缝，缝宽约 2 cm，内填沥青麻筋或沥青木板；护坡的中、下部设 10 cm×10 cm 的方形或直径为 10 cm 的圆形泄水孔。

不论是干砌还是浆砌，都应先在片石下面设置 0.10~0.15 m 厚的碎（砾）石或砂砾混合物垫层，以起到整平、反滤的作用，并可增加抗冲击能力；然后由下而上平整铺砌片石，要错缝嵌紧，并用砂浆勾缝，以防渗水。石砌护坡坡脚处应设置墁石基础。在无河水冲刷时，基础埋置深度一般为护坡厚度的 1.5 倍；当受水流冲刷时，基础应埋置在冲刷线以下 0.5~10 m 处，或采用石砌深基础。

（三）坡面处置

当不宜采用植物防护或考虑就地取材时，可采用碎（砾）石、沙、水泥、石灰、工业废渣等无机物或沥青类有机材料，进行坡面处置，将边坡上的岩石裂隙、缝穴、风化层及坡面予以堵塞或封闭，以防止进一步风化或地表水下渗。常用方法有圬工防护及封面、捶面等。圬工防护包括喷护、锚杆挂网喷浆护坡、护面墙等。

1. 抹面、捶面与勾缝

抹面适用于易风化而表面平整、尚未剥落的岩石边坡，如页岩、泥岩、泥灰岩、千枚岩等软质岩层。对易受冲刷的土质边坡和易风化岩石边坡可用捶面，一般选用三合土、四合土或水泥砂浆等复合材料。抹面、捶面的周边与未防护坡面衔接处应严格封闭，必要时坡顶设截水沟，并用相同材料对沟底、沟壁抹面。

勾缝适用于质地坚硬、不易风化但节理裂隙多而细的岩石边坡，以防止水分下渗进入岩层内造成坡面病害。

2. 灌浆与喷浆

灌浆适用于质地坚硬、局部有较大较深的缝隙或洞穴，并有扩展的趋势，从而影响边坡稳定性的岩石路堑边坡。主要是借助灌入浆液的黏结力，把不稳定地裂开的岩层黏成整体，防止进一步风化而引起更大破坏，保证路基边坡的稳定。

对边坡坡度小于 1：0.5、易风化的新鲜平整的岩石边坡，可用喷浆的形式加以防护。通过喷涂厚度为 5~10 cm 的砂浆，在边坡表面形成保护层，达到阻止面层风化，防止边坡剥落与碎落的目的。砂浆可用水泥浆或水泥砂浆，也可用水泥石灰砂浆。喷护前应将坡面整平，去除已经风化的表层，洒水湿润，一次喷成。为增强与坡面的黏结，可采用锚喷的方法。

3. 锚杆挂网喷护

对于岩层较陡、坡面为易风化的碎裂结构的硬质岩石或层状不连续地层，以及坡面岩石与基岩分开并有可能下滑的挖方边坡，可采用锚杆挂网喷浆的形式防护。为了防止碎裂的岩层脱落或剥落，施工时可先在清挖出的坡面上钻孔、安装锚杆，然后挂上纤维网柱或钢丝网柱，最后用高压泵喷射水泥砂浆或细石混凝土。

4. 护面墙

护面墙适用于易风化或严重风化破碎、容易塌方的岩石路堑边坡或易受冲刷、膨胀性较大的不良土质路堑边坡。为覆盖各种软质岩层和较破碎岩石的挖方边坡，使其免受自然因素影响，防止雨水渗入而修建护面墙，护面墙应紧贴边坡坡面修建，只承受自重，不承受墙背土侧压力。墙基要求设置在可靠地基上，在底面做成向内斜的反坡。冰冻地区墙基应埋置在冰冻线 0.25 m 以下。

护面墙较高时，应分级修筑，每级高 5~10 m，每一分级设宽度不小于 1 m 的平台，墙背每 3~6 m 高设耳墙，耳墙一般宽 0.5~10 m。沿墙长每 10~15 m 设一条伸缩缝，缝宽 2 cm，填以沥青麻筋。墙身应预留 6 cm×6 cm 或 10 cm×10 cm 的泄水孔，并在其后做反滤层。

二、冲刷防护

（一）直接防护

直接防护是指直接加固稳定边坡的措施，其特点是很少干扰或不干扰原来水流的性质。直接防护包括植物防护、砌石防护或抛石与石笼防护，以及必要时设置的支挡结构。植物防护与砌石防护的措施，与坡面防护所述相近，只是要求更高。

1. 抛石防护

抛石防护是指为防止河岸或构造物受水流冲刷而抛填较大石块的防护措施。临河路基经常浸水但水流方向平顺且河床承载力较好，无严重冲刷时，在盛产石料的地区，宜采用抛石防护。抛石垛的边坡坡度，不应陡于抛石浸水后的天然休止角；石料粒径视水深与流速而定，一般为 0.30~0.50 cm。抛石顶宽，不应小于所用最小石料粒径的两倍。

2. 石笼防护

石笼防护是指为防止河岸或构造物受水流冲刷而设置的装填石块的笼子。石笼是用铁丝编织成的框架，内填石料，设在坡脚处，以防急流和大风浪破坏堤岸，也可用来加固河床，防止淘刷。铁丝框架可以是箱形或圆形。笼内填石最好为密度大、坚硬未风化的石块，最小粒径不小于 4 cm，一般为 5~20 cm。外层应用大石块并使棱角突出网孔，内层用较小石块填充。石笼应平铺并与坡脚线垂直，必要时底层各角应用钢棒固定于基底土中。

（二）间接防护

间接防护主要是指设置导治结构物，如丁坝、顺坝、防洪堤、拦水坝等各种坝体，必要时进行疏浚河床、改变河道，以改变流水方向，消除或减缓水流对路基边坡的直接冲刷。导治结构物是桥涵和路基的重要附属工程，由于涉及水丁坝又称挑水坝，其轴线与导治线垂直或斜交，起到将水流挑离堤岸的作用。丁坝由坝头、坝身、坝根三部分组成。断面形状为梯形，坝身顶宽 2~3 m，坝头顶宽 3~4 m，迎面边坡坡度为 1：3~1：2，背面边坡坡度为 1：2~1：0.5。丁坝往往多个成群布置。

顺坝又称导流坝，坝轴线基本沿导治线边缘布置，使水流平缓地改变流向，主要起调整水流曲线作用。顺坝坝长与被防护段长度基本相同，一般采用石砌或混凝土结构，横断面多为梯形。当顺坝为漫溢式时，应在其与堤岸间设置格坝。格坝一端与顺坝相连，另一端嵌入河岸，形如勾头丁坝，在平面上呈网格状，防止高水位时水流溢入冲刷坝内边坡和堤岸，并促进泥沙淤积。改移河道工程，一般限于小型工程，如裁弯取直、挖滩改道、清除孤石等，可在小河的局部段落上进行。

第四章 路面工程设计

第一节 沥青路面设计

一、道路工程交通分析

（一）行车荷载对道路的作用

1. 行车荷载的种类

汽车是路基路面的服务对象，路基路面的主要功能是长期保证车辆快速、安全、平稳地通行。汽车荷载又是造成路基路面结构损伤的主要成因。为了保证设计的路基路面结构达到预计的功能，具有良好的结构性能，首先应对行驶的汽车做分析，包括汽车轮重与轴重的大小与特性；不同车型车轴的布置；设计期限内，汽车轴形的分布以及车轴通行量逐年增长的规律；汽车静态荷载与动态荷载特性比较等。

道路上通行的汽车主要分为客车与货车两大类。

客车又分为小客车、中客车与大客车。小客车自身质量与满载总质量都比较小，但车速高，一般可达 120 km/h，有的高档小车可达 200 km/h 以上；中客车是一般包括 6~20 个座位的中型客车；大客车一般是指 20 个座位以上的大型客车，主要用于长途客运与城市公共交通。

货车又分为整车、牵引式挂车和牵引式半挂车。整车的货厢与汽车发动机为一整体；牵引式挂车的牵引车与挂车是分离的，牵引车提供动力，牵引后挂的挂车，有时可以拖挂两辆以上的挂车；牵引式半挂车的牵引车与挂车也是分离的，但是通过铰接相互连接，牵引车的后轴也担负部分货车的质量，货车厢的后部有轮轴系统，而前部通过铰接悬挂在牵引车上。货车总的发展趋向是向大吨位发展，特别是集装箱运输水陆联运业务开展之后，货车最大吨位已超过 50 t。

无论是客车还是货车，车身的全部重力都通过车轴上的轮子传给路面，因此，对于路面结构设计而言，更加重视汽车的轴重。由于轴重的大小直接关系到路面结构的设计承载力与结构强度，为了统一设计标准和便于交通管理，我国公路与城市道路路面设计规范中均以 100kN 作为设计标准轴重，通常认为我国的道路车辆轴限为 100kN。

通常，整车形式的客、货车车轴分为前轴和后轴。绝大部分车辆的前轴为两个单轮组成的单轴，轴载约为汽车总重力的 1/3。极少数汽车的前轴由双轴单轮组成，双前轴的载重约为汽车总重的一半。汽车的后轴有单轴、双轴和三轴三种。大部分汽车后轴由双轮组成，只有少量的轻型货车由单轮组成后轴。每一根后轴的轴载大约为前轴轴载的两倍。目前，在我国公路上行驶的货车的后轴轴载，一般在 60～130kN 范围内，大部分在 100kN 以下。

由于汽车货运向大型重载方向发展，货车的总重有增加的趋势，为了满足各个国家对汽车轴限的要求，趋向于增加轴数以提高汽车总重，因此出现了各种多轴的货车。有些运输专用设备的平板挂车采用多轴多轮，以便减轻对路面的压力。

2. 行车荷载对道路路面的垂直力作用

汽车对道路的作用可分为行驶状态和停驻状态。其中，汽车的行驶状态又分为匀速行驶和变速行驶，变速行驶又分为加速、减速、制动、启动和转向。

当汽车处于停驻状态下，对路面的作用力为静态压力，主要是由轮胎传递给路面的垂直压力，它的大小受下述因素的影响：①汽车轮胎的内压力；②轮胎的刚度和轮胎与路面接触的形状；③轮载的大小。货车轮胎的标准静内压力一般在 0.4～0.7MPa。通常轮胎与路面接触面上的压力略小于内压力，为静态压力的 80%～90%。

3. 行车荷载对道路路面的水平力作用

行驶状态的汽车除了施加给路面垂直静压力之外，还给路面施加水平力、振动力。此外，由于汽车以较快的速度通过，这些动力影响还有瞬时性的特征。

从路面结构本身来看，在水平荷载的作用下，结构层产生复杂的应力状态，特别是面层结构，直接遭受水平荷载作用，若是抗剪强度不足，将会导致推挤、拥包、波浪、车辙等破坏现象。

4. 行车荷载对道路路面的动力作用

汽车在道路上行驶，由于车身自身的振动和路面的不平整度，其车轮实际上是以一定的频率和振幅在路面上跳动，作用在路面上的轮载时而大于静态轮载，时而小于静态轮载，呈波动状态。

行驶的汽车对路面施加的荷载有瞬时性，车轮通过路面上任一点，路面承受荷载的时间是很短的，只有 0.01~0.10 s。在路面以下一定深度处，应力作用的持续时间略长一点，但仍然是十分短暂的。由于路面结构中应力传递是通过相邻的颗粒来完成的，若应力出现的时间很短，则来不及传递分布，其变形特性便不能像静载那样呈现得那么完全。动荷载作用下路面变形量的减小，可以理解为路面结构刚度的相对提高，或者是路面结构强度的相对增大。

（二）交通分析

道路上通行的车辆不仅具有不同的类型和轴重，而且通行的车辆数目也是变化的。路面结构设计时要考虑设计年限内，车辆对路面的综合累计损伤作用，必须对现有的交通量、轴载组成以及增长规律进行调查和预估，并通过适当的方式将它们换算成当量标准轴载的累计作用次数。

1. 交通量

交通量是指一定时间间隔内各类车辆通过某一道路横断面的数量。可以通过现有的交通流量观测站的调查资料，得到该道路设计的初始年平均日交通量。也可以根据需要，临时设站进行观测。当然这种观测只是短期的，仅为若干天，而且每天也可能仅观测若干小时。对此，可利用当地长期观测所得的时间分布规律，即月分布不均匀系数、日分布不均匀系数和小时分布换算系数，将临时观测结果按相应的换算系数换算成年平均日交通量。

有的交通量观测站配置有自动化的轴载仪，直接记录通行车辆的轴数和轴载大小，然后按轴载大小分类统计累计轴载数，这种调查称为轴载谱调查。轴载谱调查与交通量统计相互进行校核与补充。

2. 设计轴载

我国路面设计以双轮组单轴载 100kN 为设计轴载。各种轴载的作用次数进行等效换算的原则是同一种路面结构在不同轴载作用下达到相同的损伤程度。通过室内或道路现场的重复作用试验，可以建立荷载量级与达到相同程度损伤的作用次数之间的关系。

（三）交通荷载分级

道路路面承受的年平均日交通量是逐年增长的，要确定路面设计年限内的总交通量，还需要预估该年限内交通的发展。通常，可根据最近若干年内连续观测的交通量资料，通过整理得出交通量年增长率的变化规律。然后，利用它外延得到所需年份的平均日交通量。

二、沥青路面结构组合设计

（一）沥青路面设计概述

沥青路面是在柔性基层、半刚性基层、刚性基层上，铺筑一定厚度的沥青混合料做面层的路面结构。沥青路面设计的任务是根据使用要求及气候、水文、土质等自然条件，密切结合当地实践经验，设计确定经济、合理的路面结构，使其能承受交通荷载和环境因素的作用，在预定的使用期限满足各级公路相应的承载能力、耐久性、舒适性、安全性的要求。路面设计应包括原材料的选择、混合料配合比设计和设计参数的测试与确定、路面结构层组合与厚度计算，以及路面结构的方案比选等内容。路面设计除行车道部分的路面外，对高速公路、一级公路还应包括路缘带、硬路肩、加减速车道、紧急停车带、收费站和服务区的场面设计以及路面排水系统设计，对其他各级公路应包括路肩加固、路缘石和路面排水设计。

当前世界各国众多的沥青路面设计方法，可概括分为两类：一类是以经验或试验为依据的经验法；另一类是以力学分析为基础，考虑环境、交通条件以及材料特性为依据的理论法。多年来，有关理论法的研究取得了很大进展，许多国家相继提出较为完整的设计体系，目前理论法对沥青路面的应力、形变和位移的分析，大多应用弹性层状体系理论，并采用电算的方法。

（二）沥青路面结构组合的设计原则

沥青路面结构组合设计应针对各种路面结构组合的力学特性、功能特性及长期性能衰变规律和损坏特点，遵循路基路面综合设计的理念，保证路面结构的安全、耐久和全寿命周期经济合理。

路面结构可由面层、基层、底基层和必要的功能层组合而成。面层采用不同材料分层铺筑时，可分为表面层、中面层和下面层。在设计使用年限内，路面应不发生由于疲劳导致的结构破坏，面层可进行表面功能修复。沥青结合料类材料层间应设置黏层；在沥青结合料类材料层与其他材料层间应设置封层，宜设置透层。应采取路面结构的防水、排水措施，阻止降水渗入路面结构层。

路面结构组合的设计原则如下：

①应根据交通荷载等级和路基状况等因素，结合路面材料特性和结构特性，选择路面结构类型。

②路基湿度状态为中湿或潮湿时，宜采用粒料类底基层或设置粒料类路基改善层。

③多雨地区，无机结合料稳定类基层和水泥混凝土基层沥青路面应采取措施控制唧泥、脱空等水损坏。

④当采用无机结合料稳定类基层时，可采取下列一种或多种措施减少基层收缩开裂和路面反射裂缝：选用抗裂性好的无机结合料稳定类基层；增加沥青混合料层厚度，或在无机结合料稳定类基层上设置沥青碎石层或级配碎石层；在无机结合料稳定类基层上设置改性沥青应力吸收层或敷设土工合成材料。

（三）对沥青路面各结构层的要求

1. 对路基的要求

路基应稳定、密实和均匀，具有足够的承载能力。多雨地区土质路堑和强风化岩石路段，应加强填挖交界处及路堑段的排水设计，改善路基水文状况。岩石或填石路基顶面应设置整平层，厚度宜为 200~300 mm。新建公路路床应处于干燥或中湿状态，并应采取措施防止地表水或地下水的侵入。

2. 对基层和底基层的要求

基层和底基层应具有足够的承载能力、抗疲劳开裂性能、足够的耐久性和水稳定性。沥青结合料类和粒料类基层尚应具有足够的抗永久变形能力。

3. 对面层的要求

面层应具有平整、抗车辙、抗疲劳开裂、抗低温开裂和抗水损坏等性能，表面层混合料尚应具有抗滑和耐磨损性能，密级配沥青混合料表面层应具有低透水性能。

4. 对功能层的要求

季节性冻土地区路面厚度不满足防冻要求时，应增设防冻层。防冻层宜采用粗砂、砂砾和碎石等粒料类材料。

地下水水位高、排水不良的路段，有裂隙水、泉眼等水文条件不良岩石挖方路段，基层和底基层为非粒料类材料时，可在基层或底基层与路床间设置粒料层。粒料层应与路基边缘或与边沟下渗沟相连接，厚度不宜小于 150 mm。

无机结合料稳定类或冷再生类材料结构层与沥青结合料类结构层之间宜设置封层，封层可采用单层沥青表面处置或稀浆封层等。当设置改性沥青应力吸收层时，可不再设封层。

极重、特重和重交通荷载等级路面的黏层宜采用改性乳化沥青、道路石油沥青或改性沥青；中等和轻交通荷载等级路面的黏层可选用乳化沥青；水泥混凝土板与沥青面层间的黏层宜采用改性沥青。

单层表面处置封层的结合料可采用改性沥青、道路石油沥青或乳化沥青。改性沥青应力吸收层宜采用橡胶沥青。

粒料类基层和无机结合料稳定类基层顶面宜设置透层，透层沥青应具有良好的渗透性，可采用稀释沥青和乳化沥青等。

三、新建沥青路面设计

（一）沥青路面结构验算的设计指标

路面结构力学指标计算应采用双圆均部垂直荷载作用下的弹性层状连续体系理论。

路面结构组合应先初拟方案，并进行路面结构验算，再结合工程经验和经济分析选定路面结构方案。对于二级及二级以下公路，当交通荷载等级为中等、轻水平时，可依据所在地区经验结构合理选择路面设计方案。

（二）路面结构验算流程

1. 调查分析交通参数，确定交通荷载等级。

2. 根据路基土类、地下水水位高度确定路基干湿类型和湿度状况，确定路基顶面回弹模量及必要的路基改善措施。

3. 根据设计要求，收集所在地区的常用路面结构组合和材料性质要求，分析影响路面结构设计的其他因素，初拟路面结构组合与厚度方案，选取设计指标。

4. 确定各结构层模量等设计参数，并按规定检验粒料的 CBR，无机结合料稳定类材料的无侧限抗压强度，沥青低温性能要求，沥青混合料的低温破坏应变、动稳定度和水稳定性等。

5. 收集工程所在地区气温资料，确定各设计指标对应的温度调整系数或等效温度。

6. 采用多层弹性体系理论程序计算各设计指标的力学响应量。

7. 进行路面结构验算，验算结果应符合规定；不符合时，调整路面结构方案重新验算，直到符合为止。

8. 对通过结构验算的路面结构进行技术经济分析，选定路面结构方案。

9. 计算设计路面结构的验收弯沉值。

四、沥青路面改建设计

沥青路面随着使用时间的延续，其使用性能和承载能力不断降低，超过设计使用年限后便不能满足正常行车交通的要求，而须补强或改建。确定改建设计方案时，应充分利用既有路面结构性能，减少废弃材料，并积极、稳妥地再生利用既有路面材料。

（一）既有路面调查与分析

对既有的路面进行结构状况的调查与评定，其目的主要是了解路面现有结构状况和强度，据以判断是否需要加强或预估剩余使用寿命，分析路面损坏的原因及提出处理措施。

1. 收集既有路面及其排水设施的设计、施工及历史养护维修情况等技术资料。

2. 调查分析交通量、轴载组成和增长率等交通荷载参数。

3. 调查路面破损状况，包括路面病害类型、严重程度、范围和数量等。

4. 采用落锤式动态弯沉仪或其他弯沉仪检测评价既有路面结构承载能力。

5. 采用钻孔、探坑取样、路面雷达、切割等方式，调查分析既有路面厚度、层间结合及病害程度情况，并取样进行室内试验，测定试件模量、强度等，分析路面材料组成与退化情况。

6. 对因路基问题导致路面损坏的路段，取样调查路基土质类型、含水率和 CBR 等，分析路基稳定性和承载力等。

7. 调查沿线气候条件、地下水水位及路基路面排水状况。

8. 调查沿线跨线桥、隧道净空要求及其他影响路面改建设计的因素。

既有路面调查应根据既有路面调查结果综合分析病害原因，判断路面病害的层位、破坏程度、发展趋势及既有路面的可利用程度。

（二）改建方案

应根据不同路段路面状况和损坏程度，对既有路面采取相应的处理方案。既有路面处理可采用局部病害处置、整体性处理的方式或局部病害处置与整体性处理相结合的方式，并应符合下列规定：

1. 既有路面破损不严重且结构性能较好的路段可参照相关规范对局部病害处置后加铺。

2. 既有路面破损严重或结构性能不足的路段，宜采用整体性处理方式。处理深度和范围应根据路面破损程度、层位和处理工艺确定。

改建方案应充分利用既有路面结构和材料，可视具体情况选择经局部病害处置后直接加铺一层或多层改建方案、将既有路面铣刨至某一结构层或将既有路面就地再生后加铺一层或多层改建方案。既有路面存在较多裂缝时，应采取减缓裂缝的措施。既有路面出现内部排水不良引起的水损坏时，应改善或重置路面防排水系统。加铺层与既有路面间应采取设置黏层或封层等层间结合措施。加铺层材料组成和技术要求应符合规范的规定。

（三）改建路面结构验算

设计使用年限内预期的交通荷载参数应按规范进行调查和分析，并按规范确定交通荷载等级。加铺层以及经处置后的既有路面结构在设计使用年限内的使用性能，应符合相关规范的规定。

既有路面破损不严重且结构性能较好，采用直接加铺方案或铣刨至某一结构层再加铺方案时，应同时对既有路面结构层和加铺层进行结构验算。加铺层的设计参数应按新建路面结构确定。

（四）改建路面结构验算的流程

1. 调查分析交通参数，确定交通荷载等级。

2. 对既有路面技术状况进行调查和分析。

3. 根据路况调查结果，对既有路面进行分段。结合当地工程经验，分段初拟改建方案。

4. 确定须验算的结构层和设计指标，确定既有路面和加铺层的材料模量等设计参数，并按规定检验加铺层粒料的 CBR，无机结合料稳定类材料的无侧限抗压强度，沥青低温性能要求，沥青混合料的低温破坏应变、动稳定度、贯入强度和水稳定性等。

5. 收集工程所在地区气温资料，确定各设计指标相应的温度调整系数或等效温度。

6. 采用多层弹性体系理论程序计算各设计指标的力学响应量。

7. 进行路面结构验算，验算结果应符合规定，不符合时，调整路面改建方案重新验算，直至符合要求。

8. 对通过结构验算的路面结构进行技术经济分析，选定路面改建方案。

9. 计算改建路面结构的路表验收弯沉值。

第二节　水泥混凝土路面设计

一、水泥混凝土路面概述

（一）水泥混凝土路面的破坏类型

水泥混凝土路面具有较高的力学强度，在车轮荷载作用下变形微小，同时按照现行的设计理论，混凝土板工作在弹性阶段，也就是在计算汽车荷载作用下，板内产生的最大应力不超过水泥混凝土的比例极限应力。当水泥混凝土路面工作在弹性阶段时，基层和土基所承受的荷载单位压力及产生的变形也微小，它们也都工作于弹性阶段，因此从力学体系上看，水泥混凝土路面结构也属于弹性层状体系。

水泥混凝土路面的使用性能在车辆荷载和外界环境因素变化的作用下趋于恶化，路表面出现各种破坏现象。这些破坏归纳起来大致分为下列几种：

1. 断裂类

断裂类破坏表现为路表面的纵横向、斜向、角隅断裂裂缝。这些裂缝的缝隙随时间而逐渐变宽，并在缝隙边缘出现碎裂。断裂的进一步发展，使板出现两条以上交叉裂缝，并进一步断裂成三块以上的破碎板。裂缝的出现是由于在荷载的重复作用和环境因素的综合作用下板内产生的应力超出了混凝土的疲劳强度。断裂破坏了板的结构完整性，使之迅速丧失承载能力。在出现的初期，裂缝对路面行驶舒适性没有很大影响。但随着裂缝的发展，特别是出现破碎板，路面的平整度可严重恶化到必须进行改建或重建。裂缝的出现是水泥路面迅速破坏的开始。

2. 接缝损坏类

填缝料损坏和丧失、接缝碎裂、唧泥、错台、拱起等也是水泥混凝土路面常见的病害。接缝是混凝土路面的薄弱部位，施工或养护不当，水、雪、冰、坚硬物等的进入，都会使接缝两侧的混凝土产生破坏。这些损坏在早期并不影响混凝土板的结构完整性，但可影响路面的行驶舒适性，发展到后期，可能使接缝两侧板底出现脱空，面层板迅速断裂破坏。

3. 变形类

由于地基软弱或填土压实不足而出现沉降变形，或者由于季节性冰冻地区路基的冻胀，混凝土面层板会出现沉陷或隆起。这类变形如果是均匀的，对混凝土板的结构完整性影响不大，但会降低路面的行驶舒适性。而如果有不均匀变形，则会由于附加应力而使混凝土板出现断裂。

4. 材料使用不当类

混凝土混合料选用了耐久性差的粗集料，在接缝附近可能出现由于冻融膨胀压力而引起裂纹；或者，混合料中的活性集料与水泥或外加剂中的碱发生碱-硅反应而产生膨胀，使面层出现网裂。这类由于材料因素而非结构因素引起的损坏，在初期对路面的功能性能或结构性能的影响不大，但发展到后期也会出现裂缝的碎裂和混凝土的崩解，而影响行车的舒适和安全以及面层的结构性能。

（二）水泥混凝土路面设计的计算理论和分析方法

由于刚性路面具有上述特性，它在计算理论与设计方法上与柔性路面有很大区别。

考虑到混凝土路面板的厚度不到其平面尺寸的十分之一，荷载作用下板的挠度又远小于其厚度，因此可把混凝土板看作弹性薄板，求解位移和应力时可应用小挠度弹性薄板理论。

有限元法是结构和连续介质应力分析中的一种较新而较有效的分析方法。采用有限元法分析水泥混凝土路面的荷载应力，有着优越的地方，主要表现在：

①可以按板块的实际大小求解有限尺寸的板，从而消除无限大板的假设所带来的误差。

②可以考虑各种荷载情况，而不必规定若干种典型的荷位，并且能解算简单的荷载组合情况。因此，可以求得符合实际荷载情况的应力分析。

③所解得的结果是整个板面上的位移场和应力场，从而可以更全面地分析板的受荷情况。

（三）水泥混凝土路面可靠度设计理论

目标可靠度是所设计路面结构应具有的可靠度水平。它的选取是一个工程经济问题。目标可靠度定得较高，则所设计的路面结构较厚，初期修建费用较高，但使用期间的养护费用和车辆运行费用较低；目标可靠度定得较低，初期修建费用可降低，但养护费用和车辆运行费用会增长。通常采用"校准法"来确定目标可靠度。"校准法"是对按现行设计规范或设计方法设计的已有路面进行隐含可靠度的分析。参照隐含可靠度制定目标可靠度，则所设计的路面结构接纳了以往的工程设计和使用经验，包含了与原有设计方法相等的可接受性和经济合理性。

路面结构可靠度可定义为：在规定的时间内，在规定的条件下，路面使用性能满足预定水平要求的概率。规范选定的水泥混凝土结构设计方法，仅考虑满足路面的结构性能要求，并以行车荷载和温度梯度综合作用产生的疲劳断裂作为设计标准。因而，混凝土路面结构可靠度也可以定义为：在规定的设计基准期内，在规定的交通和环境条件下，行车荷载疲劳应力和温度梯度疲劳应力的综合作用下，不产生疲劳断裂作为设计标准；并以最重轴载和最大温度梯度综合作用下，不产生极限断裂作为验算标准。

二、水泥混凝土路面的交通分析

（一）设计基准期和累计作用次数

水泥混凝土路面的使用寿命，比沥青混凝土路面要长得多。其设计基准期一般以大修或加铺的年限计，视交通等级而定。设计基准期长，则远景交通量估计不准，初期投资较高，但基准期内的总费用却较少。因此，从长远利益着想，以采用较长的设计基准期为宜。

（二）水泥混凝土路面的交通等级

水泥混凝土路面所承受的轴载作用，按设计基准期内设计车道临界荷位所承受的设计轴载累计作用次数分为五级。

三、水泥混凝土路面的设计参数

（一）水泥混凝土路面的设计强度和弯拉弹性模量

水泥混凝土板的计算是以抗弯拉强度作为控制指标的，因此对路面用混凝土首先要满足抗弯拉强度的要求。水泥混凝土的抗弯拉强度一般应通过试验确定。当然，为保证路面具有较高的耐磨性、耐久性及抗冻性，也不可忽视对抗压强度的要求。水泥混凝土的设计强度以 28 d 龄期的弯拉强度控制。

（二）水泥混凝土面板的厚度要求

各安全等级路面的材料性能和结构尺寸参数的变异水平可分为低、中、高三级。应按公路等级以及所采用的施工技术和所能达到的施工质量控制和管理水平，通过调研确定变异水平等级和相应的变异系数，高速公路、一级公路的变异水平等级宜为低级，二级公路的变异水平等级应不高于中级。

（三）路基回弹性模量

理论分析表明，不论用哪一种地基假设，地基强弱对板内应力影响都不大，但这个结论的基本前提是：认为地基和路面板始终保持完全接触，共同变形。实际上保持这个条件是困难的，因为基础并非完全弹性体，在荷载反复作用下，基础的塑性累积变形越来越大，而且这种变形多发生在行车概率较大的面板横向接缝下的基础表面。

（四）路面基层材料的回弹模量

研究表明，在荷载、板厚和使用年限相同时，刚度越小的基层，其塑性累积变形越严重。板下基础出现塑性变形累积的结果，使面板局部失去支承，车辆荷载应力增大，当它达到和超过混凝土抗力时，路面板就会断裂。因此，基础的强弱实际上会影响路面的使用寿命。这一结论已被国内外大量实践所证实。所以，现今大多数国家都重视研究刚性路面下基层的问题，并对基础的刚度提出定量或定性的要求。

四、水泥混凝土路面板厚度与计算流程

根据公路的使用任务、性质和要求，结合当地气候、水文、土质、材料、施工技术、实践经验以及环境保护要求等，通过技术经济分析确定水泥混凝土路面设计方案。

水泥混凝土路面设计包括结构组合、材料组成、接缝构造和钢筋配置等。水泥混凝土路面结构还须按规定的安全等级和目标可靠度，承受预期的交通荷载作用，并与所处的自然环境相适应，满足预定的使用性能要求。

水泥混凝土路面板厚的确定，与多种因素有关，如混凝土的弹性模量与抗弯拉强度、土基与基层的力学性质、路面设计使用年限，交通量及其组成等。设计板厚的方法，在世界上也有很多种，所依据的设计标准不尽相同，概括起来有两种设计标准：一种是以使用年限末期混凝土出现疲劳开裂为临界状态；另一种是以混凝土板的使用特性在使用期期末下降到行车所不允许的程度为标准。我国采用了前一种标准。

（一）力学模型

1. 弹性地基单层板模型，适用于粒料基层上混凝土面层、旧沥青路面加铺混凝土面层。面层板底面以下部分按弹性地基处理。

2. 弹性地基双层板模型，适用于无机结合料类基层或沥青类基层上混凝土面层、旧混凝土路面上加铺分离式混凝土面层；面层和基层或者新旧面层作为双层板，基层底面以下或者旧面层底面以下部分按弹性地基处理。

3. 复合板模型，适用于两层不同性能材料组成的面层或基层复合板。旧混凝土路面上加铺结合式混凝土面层，两层不同性能材料组成的层间黏结的面层，作为弹性地基上的单层板或者弹性地基上双层板的上层板；无机结合料类基层或沥青类基层与无机结合料类底基层组成的基层，作为弹性地基上双层板的下层板。混凝土面层板的临界荷位位于纵缝边缘中部。基层板的临界荷位与面层板相同。

（二）水泥混凝土板厚度的计算流程

1. 交通量计算，确定交通等级，并进行行车道路面结构的组合设计，初拟路面结构，包括路床、垫层、基层和面层的材料类型和厚度，按水泥混凝土面层厚度建议范围，依据交通等级、公路等级和所选变异水平等级初选混凝土板厚度。

2. 按照初拟路面结构的组合情况，选择相应的结构分析模型。

3. 分别计算混凝土面层板（单层板或双层板的面层板）的最重轴载产生的最大荷载应力、设计轴载产生的荷载疲劳应力、最大温度梯度产生的最大温度应力及温度疲劳应力。

4. 当荷载疲劳应力与温度疲劳应力之和与可靠度系数的乘积小于且接近于混凝土弯拉强度标准值，同时，最大荷载应力与最大温度应力之和与可靠度系数的乘积，小于混凝土弯拉强度标准值时，即满足初选厚度可作为混凝土板的计算厚度。

5. 贫混凝土或碾压混凝土基层或者双层板的下面层板，须计算其荷载疲劳应力，并检算荷载疲劳应力与可靠度系数的乘积是否小于其材料的弯拉强度标准值。

6. 若不能同时满足要求，则应改选混凝土面层板厚度或调整基层类型或厚度，重新计算，直到同时满足要求。

7. 计算厚度加 6 mm 磨损厚度后，应按 10 mm 向上取整，作为混凝土面层的设计厚度。

第五章　桥梁工程设计

第一节　道路桥梁基础

道路桥梁工程一般由路基、路面、桥梁、隧道工程和交通工程设施等部分组成。

一、道路桥梁分类

按结构体系划分，有梁式桥、拱桥、刚架桥、悬索桥四种基本体系，其他还有几种由基本体系组合而成的组合体系等。

（一）结构体系划分

1. 梁式体系

梁式体系是古老的结构体系。梁作为承重结构是以它的抗弯能力来承受荷载的。梁分简支梁、悬臂梁、固端梁和连续梁等。

2. 拱式体系

拱式体系的主要承重结构是拱肋，以承压为主，可采用抗压能力强的圬工材料来修建。拱分单铰拱、双铰拱、三铰拱和无铰拱。拱是有水平推力的结构，对地基要求较高，一般常建于地基良好的地区。

3. 刚架桥

刚架桥是介于梁与拱之间的一种结构体系，整个体系是压弯结构，也是有推力的结构。刚架分直腿刚架与斜腿刚架。刚架桥施工较复杂，一般用于跨径不大的城市桥或公路高架桥和立交桥。

4. 悬索桥

就是指以悬索为主要承重结构的桥。悬索桥是大跨桥梁的主要形式。

（二）按桥梁种类划分

1. 板式桥

板式桥是公路桥梁中量大、面广的常用桥型，它构造简单、受力明确，可以采用钢筋混凝土和预应力混凝土结构；可做成实心和空心，就地现浇为适应各种形状的弯、坡、斜桥，因此，在一般公路、高等级公路和城市道路桥梁中广泛采用。尤其是建筑高度受到限制和平原区高速公路上的中、小跨径桥梁，特别受欢迎，从而可以降低路堤填土高度，少占耕地和节省土方工程量。

2. 梁式桥

（1）简支 T 形梁桥

20 世纪 80 年代以来，我国公路上修建了几座具有代表性的预应力混凝土简支 T 形梁桥。T 形梁采用钢筋混凝土结构的已经很少了，从 16～50 m 跨径，都是采用预制拼装后张法预应力混凝土 T 形梁。预应力体系采用钢绞线群锚，在工地预制、吊装架设。为了减少接缝，改善行车，采用工形梁，现浇梁端横梁湿接头和桥面，在桥面现浇混凝土中布置负弯矩钢束，形成比桥面连续更进一步的"准连续"结构。预应力混凝土 T 形梁有结构简单、受力明确、节省材料、架设安装方便、跨越能力较大等优点。其最大跨径以不超过 50 m 为宜，再加大跨径不论从受力、构造、经济上都不合理了。大于 50 m 跨径以选择箱形截面为宜。

（2）连续箱形梁桥

箱形截面能适应各种使用条件，特别适合预应力混凝土连续梁桥、变宽度桥。因为嵌固在箱梁上的悬臂板，其长度可以较大幅度变化，并且腹板间距也能放大；箱梁有较大的抗扭刚度，因此，箱梁能在独柱支墩上建成弯斜桥；箱梁容许有最大组长度；应力值较低，重心轴不偏一边，同 T 形梁相比徐变变形较小。

箱梁截面有单箱单室、单箱双室，早期为矩形箱，逐渐发展成斜腰板的梯形箱。箱梁桥可以是变高度，也可以是等高度；从美观上看，有较大主孔和边孔的三跨箱梁桥，用变高度箱梁是较美观的；多跨桥用等高箱梁具有较好的外观效果。由于连续箱梁在构造、施工和使用上的优点，近年来建成的预应力混凝土连续箱梁桥较多。

（3）连续刚构桥

连续刚构可以多跨相连，也可以将边跨松开，采用支座，形成刚构—连续梁体系。其优点如下：

①一联内无缝，改善了行车条件；

②梁、墩固结，不设支座。

合理选择梁与墩的刚度，可以减小梁跨中弯矩，从而可以减小梁的建筑高度。所以，连续刚构保持了 T 形刚构和连续梁的优点。连续刚构桥适合于大跨径、高墩。高墩采用柔性薄壁，如同摆柱，对主梁嵌固作用减小，梁的受力接近于连续梁。柔性墩需要考虑主梁纵向变形和转动的影响以及墩身偏压柱的稳定性；墩壁较厚，则作为刚性墩连续梁，如同框架，桥墩要承受较大弯矩。由于连续刚构受力和使用上的特点，在设计大跨径预应力混凝土桥时，优先考虑这种桥型。当然，桥墩较矮时，这种桥型受到限制。

（4）钢筋混凝土拱桥

拱桥在我国有悠久历史，属我国传统项目，也是大跨径桥梁形式之一。石拱桥由于自重大，材料加工费时费工，大跨石拱桥修建少了。山区道路上的中、小桥涵，因地制宜，采用石拱桥（涵）还是合适的。大跨径拱桥多采用钢筋混凝土箱拱、劲性骨架拱和钢管混凝土拱。

钢筋混凝土拱桥自重较大，跨越能力比不上钢拱桥。但是，因为钢筋混凝土拱桥造价低、养护工作量小、抗风性能好，仍被广泛采用，特别是崇山峻岭的我国西南地区。

（5）斜拉桥

斜拉桥是我国大跨径桥梁最流行的桥型之一。

我国斜拉桥的主梁形式：混凝土以箱式、板式、边箱中板式；钢梁以正交异性极钢箱为主，也有边箱中板式。

现在已建成的斜拉桥有独塔、双塔和三塔式。以钢筋混凝土塔为主。塔形有 H 形、倒 Y 形、A 形、钻石形等。斜拉桥的钢索一般采用自锚体系。

（6）悬索桥

悬索桥是特大跨径桥梁的主要形式之一，可以说是跨千米以上桥梁的桥型。

悬索桥跨径增大，当跨径达 3500 m 时，动力问题将是一个突出的矛盾，所以，对特大跨桥梁，已提出用悬索桥和斜拉桥相结合的"吊拉式"桥型。我国幅员辽阔，道路桥梁发展还是要着眼于量大、面广的一般大、中桥，这类桥梁仍以预应力混凝土结构为主。首先，要着重抓多样化、标准化，编制适用经济的标准图，提高施工水平和质量；然后再抓住跨越大江、海湾的特大型桥梁建设，不断总结经验，既体现公路人的建桥水平，又保证高标准、高质量建桥。

二、道路桥梁构造

我国地域辽阔，因此，不同地域在道路桥梁的建设方面也就要因地制宜。在我国西部地区经济水平相对落后基础设施建设不完善，因此，其道路桥梁的建设和发展也就比较慢。就东部沿海地区来讲，经济较为发达，基础设施的建设和发展较西部地区完善。因此，在建设道路桥梁时要保证因地制宜，深入分析实际的地域状况，针对不同的结构问题采取有效的措施来促进道路桥梁施工安全有效进行。

（一）重视道路桥梁结构设计的经久耐用

在道路桥梁工程投入使用后会经受车辆、疲劳、风霜雨雪等各种外部因素带来的影响，此外，道路桥梁本身还会经受自身材料老化所带来的影响。虽然我国在道路桥梁设计施工方面的技术已经取得较大的进步，但是道路桥梁的构造施工和设计问题还是在一定范围内存在。因此，道路桥梁的结构设计一定要充分考虑到投入使用后的种种不利因素，在保证施工材料的质量后还要保证施工技术，只有这样才能保证工程质量，保证道路桥梁的经久使用。

（二）重视道路桥梁结构中的附属工程设计

附属工程设计是道路桥梁施工过程中的重要组成部分，附属工程设计的质量不仅关系到道路桥梁在投入使用后的安全以及顺利使用，也关系到道路桥梁在后期的维护维修工作。这就需要在施工过程的结构设计中将其重视起来。在特等大桥或者是大桥的设计结构中要首先规划处理对紧急状况的附属工程设计。

此外，在附属工程的构造问题中还要充分考虑到道路桥梁在使用过程中的超负荷运转的状况，在我国运输业始终是比较红火的领域，由于人口众多和经济建设的需要，大量的人流、物流需要疏散，这就对道路桥梁的构造设计提出了很高的要求。只有充分重视这些问题，才能在满足经济建设的基础上保证道路桥梁的安全使用。

（三）加强道路桥梁的承载力结构的设计

在道路桥梁工程投入使用以后，由于时间的延长和外部自然因素或非自然因素的影响，可能会在一定程度上引起钢结构的老化甚至是坍塌。道路桥梁在使用的过程中，会在一定程度上引发结构上的振动或者是疲劳损伤。此外，由于道路桥梁的建筑材料不是均匀的连续的，那么这些缺陷就会在道路桥梁的使用过程中逐渐显现出来，如果对这些问题处理不当就会造成安全问题。因此，对于这方面的研究和控制必须加强。

（四）加强道路桥梁下部构造的设计

在道路桥梁的施工过程中下部构造占有非常重要的地位。在实际的道路桥梁施工过程中，针对同一桥梁的施工设计其下部构造结构应该形成统一，这样在使用时就会有效地避免由于超载或者是其他因素的不均匀沉降。对于一些轻型式的桥梁其桥台高度较高、导致其台后土压力较大，为了保证桥梁的安全使用就需要对其进行各部位受力的检查，以此来保证桥梁的受力均匀。

另外，在桥梁支座的制作方面要使用质量较好的混凝土来进行浇灌，同时在施工时要保证其与盖梁的强度相当，只有这样才能在道路桥梁的构造上取得良好的施工质量、才能具备明确的道路桥梁的施工方案，从而保证工程质量和现代化建设的正常运行。

道路桥梁的构造设计是一个十分复杂而又系统的工程，伴随着我国经济建设的发展和基础设施建设的不断完善，道路桥梁的建设和质量应该得到重视。道路桥梁的结构不仅关系到民众的切身利益，而且关系到我国经济建设的繁荣稳定。所以，对于我国道路桥梁结构的问题必须加以充分重视，在设计和建筑的过程中要严格按照国家相关的法律法规和建筑标准来执行。切实保证道路桥梁工程的质量，为现代化建设提供基础设施。

第二节　桥梁施工设计

一、道路桥梁设计需要采取的措施

（一）延长道路桥梁的使用寿命

通常情况下，道路桥梁的使用寿命只有 50 年，高速公路上的道路桥梁在 100~150 年。为了延长道路桥梁的使用寿命，在设计过程中就应充分考虑到桥梁的结构形式和组织结构形式等多方面内容，并且设计过程中遵守安全性和经济性原则，在确保道路桥梁安全性的基础上尽量考虑经济性。除此之外，道路桥梁在投入使用之后要加强维护和保养工作，一旦出现问题应该及早解决，确保道路桥梁在设计寿命内能够安全使用。

（二）制订科学合理的设计方案

在道路桥梁设计过程中应该选择科学合理的设计方案。应根据道路桥梁所在地的具体情况、桥梁的结构形式以及桥梁的跨度等多方面因素综合考虑选择最佳设计方案。通常情况下，选择最标准的跨径桥梁在施工段上进行施工，这样做既可以节约成本，还能降低施工的难度。为了确保道路桥梁设计的安全性应选择合理的跨径组合。

（三）进行设计方案的创新

为了确保道路桥梁的安全性和使用寿命应将施工技术充分考虑到设计方案中；确保设

计方案在施工过程中的可行性；确保设计所采用的施工工艺以及道路桥梁的类型能够在施工过程中按质完成，设计过程中应该在保证施工技术可以完成的前提下进行设计方案的创新，这样就可以保证道路桥梁工程的施工难度不大。不仅可以实现设计的创新还能保证在合同工期内完成施工，并且做到经济性设计。

二、城市道路整治及改造设计思路

城市道路整治及改造是一项关乎民生的系统工程，整治和改造过程中应该遵循为百姓服务的原则，以方便百姓生活环境为核心，以提高城市道路交通质量为出发点。因此，在进行城市道路的整治及改造过程中应该做到求真务实，不做面子工程，切实解决道路交通问题，让百姓从中受益。

（一）道路整治分类

城市道路整治及改造应分为市政工程、环境景观、市容市貌、交通保障及文明施工等内容。

1. 平面改造

城市道路整治及改造和重新建设新道路有很大的差别，这是由于道路周边有许多已经成型的建筑物，很难拆迁，因此，只能保持道路原来的平面线形的走向，在整治改造过程中对现有的平面线形进行拟合评价，对于不能满足整治改造要求的进行适当调整。

2. 纵断面改造

在进行城市道路的整治改造过程中，进行纵断面的设计时应该对现有的路面标高进行拟合，然后依据多道路周边的建筑物的高程来确定整治改造之后的道路的标高。除此之外，新建的路面的结构路段可以在路面的基层进行纵坡调整，如果是铣刨罩面的路段可以选择在面层铣刨加铺时进行纵坡调整，对纵断面进行改造时应该注意断面的调整，应控制在合理的范围内，不宜过大。在道路交叉口进行竖向设计时应该遵循"先主干道，后次干道，最后支路"以及"先实施为主，后实施为辅"的改造原则。

3. 横断面改造

在进行城市道路的整治改造过程中首先应该制订一个沿线交通路网设计方案，据此制定一个未来的路网设计并进行定位，之后进行道路横断面的重新分配和改造。

（二）工程设计

工程设计包括全线的道路主体改造、交通环境改造、附属工程改造、道路景观改造四个方面。

1. 道路主体改造

包括车行道的病害处理、面层出新；人行道及路牙的出新或新建。

2. 交通环境改造

由一块板改造为四块板结构，并采用人行道与非机动车道共板形式。对交通标志、交通信号、交通监控等交通设施进行规范统一；对公交站台有条件进行渠化的地方设置港湾式公交站台，方便候车，减小公交车对直行交通的干扰。

3. 附属工程改造

附属工程改造现状架空杆线下地及完善排水设施。做到设施完善、功能齐全，确保道路各部位质量技术良好。

4. 道路景观改造

道路景观改造新增中分带和侧分带，实现"四季常绿，四季花开，四季花香"的效果。道路桥梁反映了城市的形象，同时体现了城市的管理水平和发展前景。经济的发展推动了道路桥梁建设的飞跃，但是目前的道路桥梁设计中却存在许多问题，文章结合多年的经验对这些问题进行了分析探讨，并综合多方面因素给出了具有针对性的解决措施，从而提高道路桥梁的设计水平。

三、道路桥梁设计与施工

高度重视道路桥梁的设计与施工，才能提高桥梁设计标准，确保桥梁施工质量，不断提升公路交通的建设质量和水平。

四、道路桥梁设计与施工的原则

作为公路交通重要组成部分的道路桥梁在工程中的地位十分突出，有些甚至是控制性工程，决定着公路交通建设的质量。因此，必须高度重视道路桥梁的设计与施工，提高桥梁设计标准，确保桥梁施工质量，不断提升公路交通的建设质量和水平。应对道路桥梁的设计与施工进行探讨，以期探讨道路桥梁设计与施工的有效途径与方法，提高设计与施工的效益。

对资源利用是否经济合理、技术先进、尊重实际、实事求是，是否科学，在很大程度上取决于设计的水平和质量。具体而言，在设计中应坚持以下原则：

1. 严格执行国家现行的设计规范和国家批准的技术标准.

2. 尽量采用标准化设计，积极推广应用"可靠性设计方法""结构优化设计方法"等现代设计方法。

3. 注意因地制宜、就地取材，节省建设资金。在切实满足建设功能要求的同时，千方百计地节约投资、节约多种资源，缩短建设工期。

4. 积极采用技术上更加先进、经济上更加合理的新结构、新材料。

五、提高设计与施工水平的有效对策

（一）采用国内外先进技术

一个优质的道路桥梁工程，离不开优秀桥梁设计人员。所以，桥梁设计单位和人员要有充分的时间去考虑、查勘、了解其道路桥梁工程综合相关的因素，利用科学合理的设计，采用国内外成熟先进技术的设计原则，保证工程质量安全可靠。

（二）严谨科学的态度

设计过程中，还要处理好采用成熟技术与技术创新之间的关系，既不能提倡为创新而冒险，又要在设计中体现创新意识。作为桥梁设计人员，要用科学的眼光和可持续发展的观点看待道路桥梁的安全耐久性问题，提高桥梁结构的使用寿命，要熟悉施工工作，尽量选择施工风险较小，施工质量易于检查、控制的结构和施工方法。对于重大工程和工程关键部分，一定要用严谨科学的态度，全力做好桥梁设计和施工工作。

（三）做好防患设计和施工管理

桥梁的设计人员要把桥梁寿命周期内的综合费用和桥梁的经济性和社会效益作为理念，运用先进的智能化仪器和计算机辅助手段，进行有效的优化组合、整合分析、仿真设计，并积极借鉴国内外成功经验和做法，在桥梁设计理念、结构体系和加强施工质量管理等多方面做好防患设计和施工管理。

（四）认真勘察掌握施工进度

施工前首先要了解工程概况，加强施工管理，提前做好预防工作，才能确保工程顺利开展。

首先，要设计适用的标准图纸、有关技术规范和操作规程，看懂设计要求及细部、节点章法，弄清有关技术资料对工程质量的要求。

其次，要熟悉施工组织设计及有关技术经济文件对施工顺序、施工方法、技术措施、施工进度及现场施工总平面布置的要求；弄清完成施工任务中的薄弱环节和关键部位。

最后，对施工现场进行勘察和了解。只有这样认真地、有组织地、有步骤地、有规划地把握工程情况，掌握工程施工进度，才能更好地顺利开工并确保施工质量。

（五）提高施工和管理水平，加强施工安全监理

1. 建立自检系统

应建立质量自检系统，加强组织、设备配置和管理。创建工程质量保证体系制度，强化各级领导能力，建立项目工程部质量责任小组，加强质量预控制点，制定事前防范措施。

2. 认真执行监理制度

认真执行工程监理制度，落实安全监理巡查，严格相关要求执行。配备专职质量检查工程师，建立自检、专检相结合的工程质量检查制度。

3. 加强质量安全教育

加强施工人员质量安全思想教育。要职工牢固树立"质量第一，安全第一，就是效益"的思想，制定安全实施规范和实施细则并进行安全培训，使施工人员每人都懂得安全技术规范，确保安全生产。

经济的发展是将交通事业作为支撑，交通建设是其中的重要构成因素，因此，道路桥梁的作用就显得尤为突出。道路桥梁的建设质量水平直接地影响该地区的经济发展，因此，在加快经济建设的同时必须加强对道路桥梁施工质量的掌控，对道路桥梁设计进行严格的把关，有效地提升道路桥梁质量，从建设地区的实际情况出发，设计出与该地区高度匹配的道路桥梁，并针对其中存在的不足进行相应的解决。

六、道路桥梁设计时遵守的原则

在道路桥梁设计时需要坚持以下原则：

1. 对我国现行的道路桥梁设计标准严格地执行；

2. 设计要做到与实际相结合，将控制工程造价作为重要目的，达到建设要求的条件之下就地取材，避免劳民伤财，对工程的工期进行密切关注，使其在预计工期内完成；

3. 在工程的设计阶段，遵守设计标准化的原则，尽量使用现代设计的方法；

4. 对新型的技术及工艺进行使用，使设计更为合理化、科学化、环保化。

第六章　路基工程施工

第一节　土质路基施工

一、路基工程

（一）路基工程的基本结构

因为自然的地面高度不同，还会有一定的起伏，路基布置与标高自然也会不同。但是不管怎样变化，都需要按照路线的平、纵、横设计来设定。这样就可以为路面提供足够宽度的平整基面。

路基会承受在上面行驶的车辆的重量，它一般会在路基顶面以下的 1.5 m 的范围内。这部分路基可以根据它所发挥的作用成为路面的基底层。强度与稳定性的要求需要根据路基面综合设计情况来设定。路基的质量直接关系到路的强度与稳定性，还可以适当减小路面厚度，由此可以看出对路基路面的综合设计在整个路基工程的施工阶段中具有重要意义。

路基的设计应该符合当地的实际情况，根据当地的自然条件，设计出合适的施工方法。还要严格遵守相关规定与技术标准。这样才可以保障施工活动的科学性与合理性，确保资金合理使用。

在路基设计之前应该有充分调查研究，工作人员对于施工的地点与路线要有清晰的认知，包括地形、地貌、气象、水文、洪水位等，对于建筑材料的特点、性质等要有充分了解。实地勘察也必不可少，这样结合收集的资料相关工作人员就可以对现有的施工方案加以改进，不断增强施工方案的可行性。不仅要考虑技术上的可行，还要考虑经济上的可行，这样经过优化之后的方案才可以最终实行。

在路基整体的结构中还要加固与防护每一项附属设施，如基本的路基排水，甚至还包括取土坑、护坡道以及错车道等。

路基的几何尺寸由三项构成，即宽度、高度与边坡坡度。由于路基的标高与所处的地面的标高并不相同，再加上所经过的地方的路基岩土性质的不同，各处附属设施的布置也就不同，这就造成了路基在不同地段的横断面形状各异。

对于超过规定范围的深挖路基，还有地质与水文等特殊条件的路基，为了确保路基具有一定的强度与稳定性，其横断面形式还需要进行特殊设计与验算，这是不可避免的。

（二）路基工程的特点

路基会跨越不同的地形与地貌，是绵延千里的线性建筑物，既处于岩石之上，又处在风云变幻的大自然之中，主要特点有：

1. 建筑在岩土地基上的岩土结构

岩与土属于两种介质，还都属于不连续介质，具有空隙性与多项性。路基就是建立在岩土地基上的岩土结构。公路经过的不同地形与地貌，不同的地质条件就会产生不同的性质，即便是同一种岩土，也会在不同的自然条件中发生变化，这些都会影响路基施工。路基施工与圬工建筑物相比，它的稳定性更容易受到影响。

2. 完全暴露在大自然之中

公路所经过的地方，路基也会经过，路基会遇到各种不同的工作环境与自然环境。不管在什么时间都会受到这些自然环境的影响。可以说路基是完全暴露在大自然之中的。路基的设计、养护与施工，都会与自然环境相联系，不能将它们分离。

3. 同时受静荷载和动荷载的作用

路基上的道路重量是静荷载，行驶车辆的荷载属于动荷载。一般引起路基变形与损害的主要是动荷载。如果是以饱和的粉细砂与软土为基底的路基其损害会更加严重。在动荷载的作用之下，机床上抗剪强度会降低，很有可能会导致饱和砂土液化，软土变硬，使路基的强度与稳定性发生改变，最终被破坏。在路基的设计中，不仅要考虑上述因素，还要考虑到静荷载与动荷载影响。

除此之外，路基工程与其他的工程相比，具有工程数量大、投资大、占地面积大等特点，还与城市规划、环境保护具有密切关系。

二、土质路基施工

（一）填料选择

填筑路堤时，为确保路堤的强度和稳定性，通常会取用当地强度比较高、稳定性较好、透水性好的土石作为填料，常见的有碎石、砾石、卵石和粗砂等，之所以会优先选用这些石材，主要有以下几方面原因：

1. 强度较高且不易变形，水稳性好。

2. 在填筑过程中不需要考虑含水量影响。

3. 分层压实后容易达到规定的施工质量。

如果不得已要用透水性不好，甚至不透水的土做路堤填料时，则需要特别注意以下几点：

1. 如所用土为黏土，则必须在达到最佳含水量的前提下，进行分层填筑并充分压实。

2. 切记不可用水稳性和冰冻稳定性都比较差的粉质土作为路堤填料，尤其是一些季节性冰冻地区。

3. 低于 5 m 的路堤，可用黏质土或高液限黏土作为填料，前提是必须采用水平分层填筑方式，并按照规定的密实度进行压实处理。

高速公路和一级公路路堤填料应到实地采取土样并进行土工试验。

（二）基底处理

所谓路堤基底，就是指被清理后的路堤所在的原地面，它属于自然地面的一部分。在对路基进行处理时，应充分考虑基底的土质、水文、坡度、植被及路基高度等因素，以确保路基的整体强度和稳定性。因此，在处理路基时，以下几个方面需要特别注意：

1. 务必将原地面的临时排水工作做好。对于易积水的地方，用土填平后还应按规定压实。排出的雨水不能冲刷到路基，也不得流入农田和耕地，更不能引起淤塞。

2. 如果路堤基底的原状土已经无法满足强度要求，则应立刻进行换填处理，所挖深度应大于 30 cm，并分层找平压实。

3. 在填筑矮路堤时，填筑高度应与路基工作区接近或者相等。为了进一步提高路基的强度和稳定性，应对矮路堤进行挖除种植土、换土、挖松压密加铺砾石垫层等处理。

（三）填筑方式及机械配置

1. 水平填筑

在填筑土质路堤时，一般会将路堤划分成若干水平层次，之后再依次向上填筑，这种填筑方式即为水平填筑。在填筑时，应从底层开始填筑，每填筑完一层都要进行压实处理，直到压实度达到要求之后再进行下一层填筑。如果需要用不同土质来进行填筑，则必须严格遵守填筑工艺要求。水平填筑主要包括以下几个方面要求：

①如果用透水性不是很好的土来填筑路堤底层，则应在表面做成4%的双向横坡。

②为了使路堤内部的水分得到充分蒸发，在填筑路堤时，应在中上层使用透水性较好的砂砾类材料。

③透水性不同的土不能混在一起进行填筑。

④对不同土质的层位进行合理安排，比较优良的土应填筑在路堤上层，强度较低的土填在下层。

⑤当用不同土质填筑公路纵向的路堤时，必须在不同土质的交接处做成斜面，以免发生不均匀变形。除此以外，一些透水性比较差的土应该填筑在斜面下方。

2. 竖向填筑

所谓竖向填筑指的就是在施工时将填料沿路线纵向在坡度较大的原地面上倾填，形成倾斜的土层，碾压密实之后，再逐层向前推进。

当出现以下情况时，可以考虑采用竖向填筑：

①原地面纵向坡度大于12%。

②路线所经过的地段跨越深谷或者局部地面有比较陡的横坡。

③地面高差比较大。

3. 混合式填筑

所谓混合式填筑路堤主要是指下层用竖向填筑、上层用水平填筑的一种填筑方式。这种填筑方式可以有效确保上部填土的密实度。其作业方式主要是根据填料运距、填筑高度、工程量等因素来确定。

①对于取土填土高度小于3 m的路堤，可用推土机推填、平地机整平，达到最佳含水率之后，再用压路机压实。

②如果所填筑路堤的填方量比较集中，当填料运距大于1 km时，可用松土机翻松，用挖土机或装载机配合自卸汽车运输，料运到作业面后用平地机整平，配合洒水车和压路机压实；当填料运距在1 km范围内时，可用铲运机运土，辅以推土机开道、翻松硬土、平整取土段清除障碍及推土。

（四）路堑开挖

1. 横挖法

对于一些短而浅的路堑，需要采用横挖法，即从路堑的一端或两端，在横断面范围内向前开挖。当路堑比较浅时，一次挖到设计标高的开挖方式称为单层横挖法。若路堑较深，为增加作业面，以便容纳较多的施工机械形成多向出土以加快工程进度，而在不同高度上分成几个台阶同时开挖的方式称为多层横挖法，各施工层面具有独立的出土通道和临时排水设施。

采用人工的方式开挖路堑时，施工台阶高度应为 1.5~2.0 m。采用机械开挖路堑时，台阶高度一般为 3~4 m。如果运距比较近，可用推土机开挖；如果运距比较远，可用挖掘机与自卸汽车相互配合进行开挖，也可以用推土机堆土后，再安排自卸汽车运土。需要注意的是，在开挖时，还同时需要配备人工或者平地机来进行分层修刮和边坡整平。

2. 纵挖法

所谓纵挖法指的就是开挖时沿路堑纵向将开挖深度内的土体分成厚度不大的土层依次开挖。

（1）分层纵挖法

该方法适宜于路堑宽度和深度均不大的情况，在路堑纵断面全宽范围内纵向分层挖掘。

当遇到以下情况时，宜采用推土机作业：第一，开挖地段的横坡较陡；第二，开挖长度小于 100 m；第三，开挖深度小于 3 m。

如果开挖路堑的长度大于 1000 m，则需要用铲运机或者同时配合使用推土机来进行作业。

（2）通道纵挖法

该方法适宜于路堑较长、较宽、较深而两端地面坡度较小的情况。开挖时先沿纵向分层每层先挖出一条通道，然后开挖通道两旁，通道作为机械运行和出土的线路。

如果开挖的路堑很长，可在一侧适当位置将路堑横向挖穿，把路堑分为几段，各段再采用纵向开挖的方式作业，这种挖掘路堑的方法称为分段挖掘法。

这种挖掘方式可增加施工作业面，减少作业面之间的干扰并增加出料口，从而大大提高工效，适用于傍山的深长路堑的开挖。

用推土机开挖路堑时，每一铲挖地段的长度应以满足一次铲切达到的满载为佳，一般为 5~10 m。铲挖时宜下坡进行，对于普通土，下坡坡度不宜小于 10%，但不得大于 15%；傍山卸土时应设向内稍低的横坡，但同时应留有向外排水的通道。当采用铲运机开挖路堑时，铲运机在路基上的作业长度不宜小于 100 m，宽度应能使铲斗易于达到满载。当采用铲斗容量为 4~8 m³ 的拖式铲运机或铲运推土机时，运距一般为 100~400 m；当铲斗容量为 9~12 m³ 时，运距宜为 100-700 m。

3. 混合式开挖法

混合式开挖法是将横挖法与纵挖法混合使用。首先会采用纵挖法沿路堑开挖通道，之后就会采用横挖法，从通道开始沿着横向坡面挖掘。这样做的目的就是增加开挖坡面，从而可以使每个坡面都能够容纳一个施工作业组或一台施工机械。

路堑开挖应严格按照自上而下的方式进行，不得超挖、滥挖。在对边坡稳定性不产生任何影响的前提下，为了进一步提高开挖效率，也可采用小型爆破的方式。

在开挖的过程中一旦发现土质变化，应立刻修改施工方案和边坡坡度。路堑路床的表层土若为有机土、难以晾干或其他不宜做路床的土时，应用符合要求的土置换，然后按路堤填筑要求进行压实；当置换土层厚度超过 30 m 时，其压实度应达到规定数值的 90%。

（五）路基压实

1. 压实质量要求

路基压实的压实质量一般是通过土的密实度来衡量的，用压实度来表示路基的压实标准。合理确定压实度，对保证路基的强度和稳定性、技术的可行性、工程经济性都有非常重大的意义。但是在实际施工中，压实度几乎无法达到百分之百。

在达到最佳含水量的情况下才能进行路基压实，并且不同土质的各种指标值也要在施工前半个月进行测定，选取有代表性的土样进行试验，并且每种土都至少要取一组土样。如果在施工过程中土质发生了变化，则应立刻取土样补做试验。

路基不同层位压实度要求也有所不同，相比于下部，上部的压实度要求会更高。一些等级较高的路面，压实度要求也就较高。

2. 土质路堤碾压

在选择碾压机械时，应对各个方面因素进行综合考虑，主要包括工程规模、场地大小、填料类别、压实度要求、气候条件、工期要求及土质等。

如果填料为细粒土、砂类土或砾石土，施工时应通过摊开晾晒或适当洒水等方式使土的实际含水量达到最佳含水量的 ±（1%~2%）之后再进行碾压。

如果需要人工洒水，则应对洒水量进行估算。洒水工作完成后，须等到水分完全渗入土中后再进行碾压。

此外，应根据土的种类、实际含水量、压实度要求等来确定压实遍数。对于高速公路和一级公路，在进行碾压时宜使用振动压路机或者 35~50 t 的轮胎压路机。

（六）路基整修、检查验收与维修

1. 路基整修

（1）土质路基的整修

在整修土质路基表面时，切土、补土工作一般是在人工和机械相互配合的情况下完成的，同时用压路机碾压。对于加深的路堑边坡，应自上而下进行削坡整修。超出设计标高的填土应用平地机刮平，陆地两侧超出设计高度的部分也要切除。

（2）边坡加固与整修

应在边坡加固地段预留加固位置和厚度，如果边坡被冲刷成沟槽，则应从下往上分层挖台阶进行填筑和夯实。如果在非加固边坡地段，可用种植土进行填补并种植花草。如果出现冲沟和坍塌缺口，则应从下往上进行加宽填补、压实，并按设计坡面修坡。

2. 检查验收及质量标准

（1）中间检查

中间检查应按照设计文件和施工规范来进行，每完成一个分部分项工程都需要进行中间检查，比如在处理完路基原地面之后，要对基底的处理情况进行检查等。

需要注意的是，以下工序完成后必须进行中间检查验收，合格之后才能开始下一工序的施工：

①路基渗沟回填土前。

②路基换土工作完成后。

③各类防护加固工程基坑开挖后。

（2）竣工验收

对路基进行竣工验收时，应对以下项目进行检查、验收：

①路基的平面位置、路基宽度、标高横坡和平整度。

②边坡坡度及加固设施。

③边沟等排水设施的尺寸及沟底纵坡。

④防护工程的修建位置和各部尺寸。

⑤填土压实度及表面弯沉。

⑥取土坑、弃土堆、护坡道、截水沟、渗水井等的位置和形式。

⑦隐蔽工程施工记录等。

（3）质量标准

①土方路基。

土方路基施工应符合下列质量要求：路基必须分层填筑压实。表面平整坚实。无软弹和翻浆现象，路拱合适。排水良好。土的压实度、强度和路床的整体强度符合设计要求。

②路肩。

在进行路肩施工时，应做到以下几点：第一，表面平整、密实、无积水；第二，边缘顺直；第三，曲线圆滑。

③地表排水设施。

边沟、截水沟或排水沟应线条顺直、曲线圆滑、沟底平整、排水畅通。浆砌片石加固体，砂浆应密实饱满，配合比符合设计要求。边沟勾缝平顺，缝宽均匀，无脱落现象。沟渠断面应均匀平整无凹凸不平现象，沟底无积水。

3. 路基维修

路基施工完成以后，在以下情况下，如果路基发生损坏，则施工单位应该负责维修：

①路面施工前。

②公路工程初验后至竣工验收终验前。

此外，施工单位还应确保路基排水设施完好，如果排水设施中出现淤积物和杂草，则应及时清理。对于已经停工很长时间，或者暂时不打算做路面的路基，应保持排水通畅，复工前还应整修路基的各分项工程。要确定路基表面光滑、保持规定的路拱，才能开始路面施工。如果路堤遭到雨水冲刷，要及时进行修补和加固；如果发生沉降，则应查明原因，采取恰当的处理措施，并进行记录。

此外，还应及时清理路堑边坡塌方。未经加固的高路堤和路堑边坡及潮湿地区的土质路基边坡上的积雪应及时清除，以免危害路基。路基构造物应时刻保持稳定，一旦出现变形要及时修复。如果在路基完工后遇到持续大雨、暴雨天气，或者正处于积雪融化期，则应禁止施工机械和车辆在土质路基上行驶，在不得不通行的情况下，则应及时排干积水，并进行整平、压实。

第二节　石质路基施工

一、填石路堤施工

（一）填石路堤材料选择方面要求

1. 石料强度值要求

通常情况下，在选择填石堤时所需石料的强度值应大于15MPa，而护坡过程中所需要的石料强度值应大于20MPa。

2. 石料最大粒径要求

填料最大粒径不宜超过分层压实厚度的2/3。

3. 石料性质要求

当石料性质存在较大差异时，应将不同性质石料进行分层或分段填筑（以现场实况为准）。除此之外，还可使用挖出的混合石料填筑，但这种情况仅限于所利用的隧道弃渣岩石或路堑挖方岩石为不同岩种互层时。需要注意的是，即便是使用混合石料进行填充，也要注意粒径及石料强度要求。

被暴露在大气中多时且风化速度较快的石料不可用于填石路堤中，若不得不用这些石料或是软质岩石作为填石路堤材料，需要对其进行 CBR 值检测，若 CBR 值检测的结果符合填土材质标准，便可以使用，但在使用过程中需要按照土质筑堤的技术要求进行施工。若 CBR 值检测结果没有达标，则禁止使用。

4. 高速公路、一级公路石料要求

对于其他公路填筑材料要求而言，高速公路和一级石路所需要的石料要求会更高一些，首先需要以高速公路和一级石路填石路堤床顶为准，向下延伸 50 cm 的范围内，都需要使用符合路床要求的土进行填筑，这里所需土的大粒径要控制在 10 cm 以内，填筑过程中，需要进行分层压实。

其他公路在进行填石路堤的过程中，首先需要以该公路路床顶为准，向下延伸的 30 cm 范围内，都需要使用符合路床要求的土进行填筑，其所需要的填料大粒径应控制在 15 cm 以内。

（二）填筑工艺

在对石路进行填筑的过程中，填石路堤与土质路堤的基底处理是相同的。对于高速公路、一级公路及铺设高级路面的其他公路的填石路堤，需要进行分层式填筑和分层式压实。在陡坡段，当施工困难或大量爆破开挖进行填筑时，铺设中、低等级路面的路堤下部可用倾斜充填方式填筑，但路床底面以下 1 m 范围内应改为水平分层填筑、分层压实。

要想保证路堤边坡的稳定性，就需要在倾填之前做好铺垫的前期准备工作，并且铺垫材质的选择是极其重要的，其粒径应大于 3 cm，且应使用硬质石料码砌路堤边坡。当码砌宽度大于 2 m 时，路堤边坡的高度应高于 6 m；当码砌宽度大于 1 m 时，路堤高度应在 6 m 以下；高速公路和一级公路填石路堤填料的分层松铺厚度应小于 50 cm，其他公路则需要小于 1 m。

在进行层状堆填时，首先石料运输路线需要按照由低到高的施工组织计划安排；其次，需要进行先两侧后中央卸料，并用大型推土机水平分层，摊铺平整；最后，其他个别不平处用人工以细石块、石屑找平。

在施工过程中，难免会遇到填料级配较差的情况，因此为了保证填石路堤的稳定性和强度，可采用水沉积法填筑路基。当然，这种方法只能在水源较为丰富的情况下使用。这是因为工人将石渣、石屑、中粗砂等扫入石块间空隙中后，须用压力水把这些细材打入填材料层下部，这样反复多次，直至填满石材的空隙。

（三）压实及质量控制

施工时应通过压力试验确定压实至压实度所需的压实次数（夯实次数）。压实试验应使用大于 12 t 的振动压路机进行压实试验，如果压实层的顶面稳定且不再下沉，表面无凹凸，则可确定已被压实。对于适宜压实厚度是否符合具体施工需要，实际工程中一般会采用试压来做进一步确定，它的最大厚度通常小于 50 cm。但如果所采用的是重型振动压路机压实的话，其厚实度可允许在 1 m 以内。

在进行压实作业过程中，应先从路堤两侧开始进行碾压，而后再压中间部分；压实路径平行与纵向反复进行碾压，碾压轮迹应重叠 40~50 cm；前后相邻施工段的衔接处应重叠碾压 100~150 cm。使用夯锤夯实时，需要达到规定密实度后，向后移动一个夯锤位置，因此需要呈弧状布点。

填石路堤压实到要求的密实度所需碾压遍数应通过试压确定。石料的紧密程度可用 12 t 以上振动压路机进行压实检验，若压实层顶面稳定，不再下沉，表面无轮迹，则可判定为已碾压密实。

用重型夯锤夯实时，以重锤下落时不下沉而发生弹跳现象为达到密实度要求。高速公路及一级公路填石路堤路床顶面以下 50 cm 范围内的压实度要求与土质路堤相同。

二、石质路堑开挖

（一）爆破法开挖

该方法主要是利用炸药的爆破能量将土石炸碎，便于后期的挖运，也可以借助爆破的方法来改变土石位置。用这种方法开挖石质路堑具有工效高、速度快、劳动力消耗少、施工成本低等优点。

对于岩质坚硬，不可能用人工或机械开挖的石质路堑，通常采用爆破法开挖。

根据炸药用量的多少，爆破法分为中小型爆破和大爆破，其中使用频率最高的是中小型爆破，大爆破的应用则受多种因素限制。爆破对山体破坏较大，对周围环境也有较大影响，因此必须按有关施工规范和安全规程进行作业，严格按设计文件实施。通常事先应进行试爆分析，用试爆分析结果作为指导施工的依据。

（二）松土法开挖

用松土方法开挖的过程是，首先，用推土机将岩体翻松；其次，用推土机或装载机与自卸汽车合作，将松散岩体运输至指定位置。

松土法挖掘从根本上避免了爆破作业的危险性，除此之外，还能在一定程度上稳定挖方边坡和确保附近建筑设施的安全。由此可见，若可以使用松土法进行挖掘，就应避免使用爆破法施工。

随着大功率工程机械的使用，松土法在石质路堑开挖中的应用越来越多，开挖效率也呈逐渐上升趋势，采用松土法施工的范围逐渐扩大。

岩体破裂面情况及风化程度直接影响到松土法开挖的效率。当岩体已裂成小石块或呈粒状时，松土只能劈成沟槽，效率较低；岩体被破碎岩石分隔成较大块体时，松开效率较高。

沉积岩的沉积层，如砂岩、石灰岩和页岩，是相对容易释放的岩石，沉积层越薄就会松动。释放的程度取决于破裂表面的发育程度。花岗岩、玄武岩、安山岩等岩浆岩不呈层状或带状，松开比较困难。

多齿松土动装置适用于松散破碎的薄层岩体，单齿松土动装置适用于松散厚层岩体。松土器型号及松土间隔应根据岩石的强度、裂隙情况、推土机功率等选择，最好通过现场松土器劈松试验来确定。遇到较坚硬的岩石，松土器难以贯入，引起推土机后部翘起或履带打滑时，可用另一台推土机在松土器后面顶推。坚硬完整的岩石难于翻松，可先进行适当的浅孔松动爆破，再进行松土作业。

（三）破碎法开挖

破碎法挖掘是利用破碎机对岩块进行凿岩后，进行组装、搬运等作业。该方法的原理是将凿子安装在推土机或挖掘机上，通过活塞的冲击作用在钻岩中产生冲击力，打碎岩石。破碎岩石的能力取决于活塞功率的大小。

用于岩体裂缝较多、岩块体积小、抗压强度低于 100MPa 的岩石，考虑到挖掘工作的效率，该方法可以在无法使用上述两种方法的地方使用。

三、坡面防护工程施工

路基石质差时，在雨水、风力、温度变化、冻结等自然因素的作用下，会出现风化、剥落、脱落等病害，严重时甚至会出现较大的滑动、变形、塌陷等损伤，因此路基边坡的保护技术及措施不可忽视。一般的保护措施按当地气候、水文、土地、地质条件和建筑材料的分配来选定。

（一）抹面与捶面

1. 抹面与捶面定义

抹面是人工将水泥灰浆或多合土等材料置于坡面最终将边坡进行封闭，从而对坡面起到一定保护作用的方法；捶面是将多合土及其他相关材料，经过一系列捶击、拍打后，最终使其贴于坡面上，形成一个紧密的保护层来保护路基边坡的方法。

2. 抹面与捶面使用年限

（1）抹面使用年限

抹面的使用年限为 8~10 年，厚度为 3~7 cm，施工时应分两次进行，底层抹全厚的 2/3，面层抹全厚的 1/3。

（2）捶面使用年限

捶面的使用年限为 10~15 年，厚度为 10~15 cm，等厚式截面是它使用较为频繁的方式。如果遇到较高的边坡时，可采用上薄下厚的截面形式。在施工过程中，应均匀捶打使多合土与坡面贴紧、黏牢，最终要达到厚度均匀、表面光滑的程度。

3. 适用的岩石边坡

没有被严重风化的、软质的岩石边坡是抹面较为适用的，该方法除了对坡面的干燥度有要求外，对边坡的坡度是没有限制的；捶面与抹面正好相反，捶面适用于比较容易被风化剥落的岩石及土质边坡，且要求边坡的坡度应小于 1：0.5。

4. 抹面与捶面使用须知

抹面与捶面的面积较大时，对缝隙有一定的要求，其缝宽度应控制在 1~2 cm，缝距应控制在 10 m 以下；在进行抹面与捶面施工过程中，需要将没有受到防护接触的边坡四周进行封闭，坡脚一般会用一道高 1~2 m 的浆砌片石来防护墙壁。

5. 施工前期准备

在进行抹面或捶面施工前，需要将施工坡面清理干净，确保表面是平整的、湿润的、密实的。

（二）喷浆及喷射混凝土

1. 喷浆及喷射混凝土定义

将水泥砂浆或混凝土喷洒在边坡上，用喷涂设备进行保护，使其形成砂浆或混凝土保护层，防止边坡风化，这便是喷浆及喷射混凝土。

2. 适用的岩石边坡

这两种方法适用于易风化、坡面不平、裂隙和节理发育的岩石边坡。对于高陡、上部岩层破碎、下部岩层相对来讲比较完整的边坡及需要大面积防护的边坡而言，使用该方法进行防护是最为经济的。

3. 喷浆及喷射混凝土使用须知

喷浆防护所用的砂浆强度不应低于 M10，厚度为 5~10 cm。喷射混凝土强度不应低于 C15，混凝土中集料最大粒径不超过 15 mm，厚度为 10~15 cm，分 2~3 次喷射，喷层厚度应均匀。喷射混凝土护坡与无防护边坡的接缝应严格封闭，以免因水渗入而对保护层造成破坏，坡脚还要做一道 1~2 m 高的浆砌片石护坡。

4. 施工前期准备工作

在喷射或喷浆混凝土施工前期，应当先将岩体表面冲洗干净，防止太多泥土或灰尘，如果边坡上有比较大的裂缝或是凹陷时，需要将其进行修补，且修补须牢固。将菱形金属网或强度聚合物土工格栅放置在边坡上制备喷射混凝土时，要用锚杆将混凝土保护层的土工格栅固定在边坡上，从而提高混凝土保护层的整体强度，增强喷射混凝土与边坡连接，提高防护效果。

使用时首先需要将锚杆孔内冲洗干净，然后再将锚杆插入其中，最后注入水泥砂浆。菱形金属网或土工格栅与锚杆之间的连接应牢固可靠，与边坡保持规定距离的同时，还要注意不可外露。该项工作严禁在大雨或冰冻季节进行喷射作业。

（三）灌浆及勾缝

1. 灌浆及勾缝定义

灌浆是在开挖坚硬岩石边坡后，及时将水泥砂浆或混凝土灌入裂缝之中。勾缝是指用砂浆将相邻两块砌筑块体材料之间的缝隙填塞饱满。在灌浆或勾缝过程中，应尽量避免水分渗入岩石裂隙，防止最后造成病害，与此同时，这样有利于外观改善。

2. 适用的岩石路堑边坡

裂缝较深较大且十分坚硬的岩石路堑边坡是灌浆所适用的施工对象，不容易被风化、裂缝多且细、节理发育、坚硬度为中等值的岩石路堑边坡是勾缝所适用的施工对象。

3. 施工前期准备工作

对岩体坡面进行灌缝或勾缝时，应先将缝内冲洗干净。灌浆用水泥砂浆的配合比为 1∶4 或 1∶5，裂缝很宽时可用体积比为 1∶3∶6 或 1∶4∶6 的混凝土灌注并振捣密实，灌至缝口并抹平。

勾缝时用 1：2 或 1：3 的水泥砂浆或 1：0.5：3 或 1：2：9 的水泥石灰砂浆。施工后坡面应平整、密实、线形顺适。

四、路基石方爆破

（一）爆破原理

开挖石质路堑最有效的方法要数爆破法，即用炸药自身爆炸时候的能量，将岩体破碎或岩块抛移到理想的施工位置。爆破所使用的炸药称为药包，放置在岩体内部或外部，根据药包的形状和集结程度的不同，可将其分为三种类型，即分集药包、集中药包、延长药包。药包爆破岩石的原理：假定药包在无限介质（岩体）内爆炸，炸药瞬间转化成气体状爆炸产物，体积增加数千倍乃至上万倍，形成高温高压，产生的冲击波以每秒数千米的速度自药包中心按球面等量扩展，传递到周围介质，在介质内产生各种不同程度的破坏和振动作用，这种作用随距药包中心距离的增大而逐渐消失。

药包在有限介质内爆炸后，在临空面的表面会出现一个爆破坑，一部分被炸碎的土石将被抛出坑外，一部分仍回落到坑底，爆破坑形状类似漏斗，故称爆破漏斗。

炸药用量应与爆破的岩石体积相适应，炸药用量不足，将达不到预期的爆破效果；炸药用量过多，除造成经济上的浪费外，还会影响路基边坡的稳定性和施工安全。因此，爆破前应将爆破范围内的地形、地质情况调查清楚，合理选择爆破方法。

（二）常用爆破方法

爆破方法一般分为中小型爆破和大爆破。中小型爆破包括裸露药包法、炮孔法、药壶法、猫洞炮等。大爆破为洞室炮，炸药用量在 100kg 以上。应根据工程量的大小和集中程度、地形、地质及路基横断面形式等因素确定经济适用、安全可靠的爆破方法。

1. 裸露药包法

这种方法是将药包置于爆破岩石表面，或放入整理好的石缝中，药包表面在被草坪、土或橡胶条网覆盖后爆破。这种方法存在着一定局限，因为炸药的使用率相对来说不是很高，因此这种方法大多数情况下会被用于大块岩石的二次爆破或是爆破一块单独的石头。

2. 药壶法

药壶法俗称葫芦炮，该方法在钻孔时经一次或多次烘膛后扩大成葫芦形，爆破时先将少量炸药装入炮孔底部，这样炸药将基本集中于炮孔底部的药壶内，使爆破效果大大提高。药壶法炮孔深度常为 5~7 m，装药量为 10~60kg，适于开挖均匀致密的黏土、次坚石、坚石。药壶炮每次可炸岩石数十立方米到百余立方米，是中小型爆破中最省炸药的方法。一般布置在有较大较多临空面、地面横坡较陡的地段，但不宜靠近设计边坡布设，药室至设计边坡线的水平距离不可小于最小抵抗线。炮孔烘膛后应将药室内的碎渣淘尽。

3. 猫洞法

将集中型药包放置在深度为 2~6 m、直径为 20~50 cm 的水平或略微倾斜的炮洞底部进行爆破，这便是猫洞法。这种方法的特点是充分利用岩体的崩坍作用，能用较浅的炮洞爆破较高的岩体，适用于硬土、胶结良好的古河床、冰渍层、软石和节理发育的次坚石等，爆破也可以利用硬石的裂缝形成一个孔或装药室。

（三）选用各种爆破方法的原则

爆破方法各有特点，应因地制宜、利用地形地质等客观条件，充分发挥各种爆破方法的优势，尽可能综合使用各种爆破方法，达到爆破方量大、炸药用量少、路基边坡稳定的最佳效果。选用爆破法应按以下原则进行：

1. 全面规划，重点设计

对拟爆破的路基石方应根据工程量大小和集中程度、微地形变化、横断面形式及地质条件所允许的爆破规模等，结合各种爆破方法的特点进行全面规划，合理确定各地段应采用的爆破方法和实施方案。对石方较集中的地段应进行重点设计。

2. 做好爆破顺序设计

前期进行的爆破应在后续爆破中产生条件，增加临空面，提高爆破效果。

3. 综合利用小群炮，进行分段或分批爆破

①路线横切山坡时，可用炮孔炮三面切脚，改造地形后，再在中间用药壶炮进行爆破。

②斜坡地形的半填半挖路基，可采用沿路线纵向布置的一字排炮进行开挖。对于自然地面坡度较缓的地形，可先用炮孔炮切脚，改造地形后再用一字排炮。

③对于路基较宽、阶梯较高的地形，可采用上下互相配合的小炮群。

④对拉槽路堑，从两头开挖时，可采用竖眼揭盖、水平炮扫底的梅花状方式布置炮孔。

五、施工安全

爆破施工安全包括施爆区内参与爆破施工的人员安全和施爆区内的物资安全，还有警戒范围内的其他人员和物资安全。为了避免发生事故，组织爆破施工时应遵守相关标准，并特别注意以下几点：

1. 应根据实际地形、地质及路基横断面等条件采取合理的爆破方案，正确进行爆破设计并上报有关部门审批。

2. 所有的爆破作业均应由操作熟练、受过专业培训并取得爆破资格的人员进行。

3. 严格各种爆破器材的储运和管理，各工序必须严格按操作规程作业。

4. 严格在爆破区域进行安全警戒和安全检查，及时疏散危险区的人员、牲畜、设备和车辆，对不能疏散的建筑物采取保护和加固措施。

5. 起爆后应由专业人员进行安全检查，确认无拒爆、瞎炮后方可解除警戒。

6. 实施大爆破施工作业时，应由专门设立的机构全面负责组织、指挥、协调和安全等方面的工作。

第三节　路基的排水与防护工程施工

一、路基的排水设施

（一）边沟

挖方路基及填土高度低于路基设计要求临界高度的路堤，在路肩外缘均应设置纵向人工沟渠，其被称为边沟。边沟的主要功能在于排除路基用地范围内的地面水，包括路面、路肩和边坡流水。边沟断面形式主要有梯形、矩形、三角形等。

（二）截水沟

截水沟是设置在挖方路基边坡坡顶以外或山坡路堤上方，用以截引路基上方水流流向的排水设施。设置截水沟有利于减缓地表径流的冲刷和侵蚀，减轻边沟泄水负担。降水量较少、边坡较低、坡面坚硬的地段，可不设截水沟；降水量较多、边坡较高、坡面松软、水土流失严重的地段，应设置截水沟。

（三）排水沟

排水沟用于将路基范围内的各种水流引至桥涵或路基范围外的指定地点。

当路线受到多段水道或沟渠影响时，应设置排水沟调节水流，减缓路基的水流冲刷和侵蚀。排水沟一般使用梯形，尺寸经水力水文计算后确定。

（四）跌水与急流槽

跌水用于降低流速和消减水的能量，一般设置在需要排水的高差较大而距离较短或坡度陡峻的地段。急流槽是具有很大的坡度的水槽，用于距离较短、高差较大的地段。一般在重丘、山岭地区，地形险峻，排水沟渠纵坡较陡，水流湍急，冲刷力强，为减小其流速，降低其能量，防止对路基造成危害，要求跌水与急流槽应稳固耐久，并使用浆砌块石或水泥混凝土预制块砌筑。

（五）盲沟

设在路基边沟下面的暗沟被称为盲沟，其目的是拦截或降低地下水。盲沟造价通常高于明沟，发生淤塞时，疏通困难，甚至需要开挖重建。设置在边沟下的盲沟主要用于降低水位，防止出现翻浆或冻胀。盲沟设置在地面以下，起引排、集中水流的作用。简易的盲沟结构主要由粗粒碎石、细粒碎石及不透水层组成。

（六）渗沟

渗沟是将地下水渗透汇集在沟内，将水排到指定地点的排水设施。渗沟具有截断和引排地下水，提高坡面稳定性的作用。在路基中，浅埋的盲深沟在 2~3 m，深埋时可达 6 m 以上。渗沟按结构形式的不同可分为填石渗沟、管式渗沟和洞式渗沟。

（七）渗井

渗井是在地层中开凿立式孔洞，将地面水和上层地下水引向更深的地下层，符合自然渗水规律，是一种立式地下排水设施。渗井一般采用直径 50~60 cm 的圆形，井内填充料应使用筛洗过的不同粒径的材料，并按单一粒径分层填筑，不得粗细材料混杂填塞。井壁和填充料之间应设反滤层。

（八）检查井

为检查维修渗沟，每隔 30~50 m 或在平面转折和土坡坡度由陡变缓处宜设置检查井。检查井一般采用圆形，内径不小于 1.0 m。检查井的井底应铺设一层强度达到 5MPa、厚度为 0.1~0.2 m 的混凝土。深度大于 20 m 的检查井，蹬步梯要牢固。井口顶部应高出附近地面 0.3~0.5 m，并设井盖，井框、井盖、进口周围无积水。

二、路基排水设施施工

（一）边沟施工

1. 放样路基边桩

当路基土方完成并达到设计标高后即可整修边沟，并放出路基边坡边桩。直线路段的路基边桩应每隔 10~20 m 设一桩，曲线段应每隔 5~10 m 设一桩，同时要保证路基边坡线平滑顺直。

2. 放样边沟边线

由于边沟施工时路基已成形，因此可根据路基边缘线桩，先定位沟底左边线，通常做法是按路基中桩对应桩号，定位边沟内底边和中线，再按边沟底宽放出沟底外边缘线，最后放样整个沟形尺寸。

3. 挂线并且刷坡

定出边沟控制样桩后用白灰标出控制线，然后开始刷坡。采用机械刷坡时，应预留 20 cm 由人工清除，以保证边坡的密实度；采用人工刷坡时，应用坡度尺测量边坡坡度，以保证内边坡的外观线形。

4. 开挖沟槽夯实

在坡顶及坡脚处，应根据设计要求开挖沟槽同时进行夯实。在边坡完工后，按照设计图纸和施工规范要求进行施工，如先铺设土工布，再用混凝土加固边沟时，土工布要尽量与坡面贴敷紧密，防止悬空，保持平整。

5. 边沟底面操平

施工时，每 10~20 m 要沿着边沟沟底钉以竹钉或钢筋桩，分别测定桩顶和桩底的标高。计算各桩位的理论标高，并挂线整修夯实边沟底面。

6. 边沟挂线整修

当边沟的尺寸和底坡都符合要求后，进一步整修。如需要加固时，检查是否预留加固尺寸。加固前，检查沟底和内外边坡是否要进一步夯实。断面尺寸与沟底纵坡都应符合设计要求。

7. 加固边沟断面

①土质路基地段，当边沟纵坡大于 3% 或经过急弯陡坡地段，土质路基边沟冲刷严重时，一般采用混凝土或浆砌片石加固。边沟经过土质和地质不良地段时，宜采用浆砌石或混凝土等加固。

②用干砌片石加固时，应选用有平整面的片石，各砌筑缝隙要用小石块嵌紧。浆砌时应注意石料的错缝咬码，石料衔接处不留空洞，砌筑砂浆要饱满。

为防止不均匀沉降，每隔一定距离要设置沉降缝，缝内用嵌缝材料填实，确保沟身不漏水。

8. 出口处理方法

①边沟和填方衔接出口处理。边沟与填方的衔接出口应设置跌水或急流槽，将水直接引到边坡外。

②边沟与涵洞衔接出口处理。当使用涵洞将沟水引出路基范围以外时，在进口前应设置跌水或急流槽，将水流引入涵洞。

③边沟与沟渠衔接处理。水引出路基时，应防止水流冲刷路基边坡，可用浆砌石或混凝土加固，引水渠到自然沟渠。加固边沟和自然沟渠衔接处，在引水沟渠出口处设置深度不低于 1 m 的截水墙。

（二）截水沟施工

1. 平面定位放样

平面定位放样是按照截水沟的设计位置和尺寸放样截水沟。首先放样截水沟轴线，再放样整个沟形尺寸。

2. 开挖截水沟

截水沟可根据坡面土质情况，采用合适的开挖方式。当采用爆破施工时，要注意不能危及路基安全。

3. 纵面底面操平

截水沟开挖到一定深度时，用水准仪沿截水沟底面打桩，进行操平挂线，以确定出沟底纵坡。

4. 开挖土方处理

截水沟开挖出的土石方，要在路堑坡顶与截水沟之间的下坡一侧堆置，并整理成一定的尺寸和形状，除此之外还需要对弃土堆进行夯实。弃土堆坡脚离开挖方路基坡脚不应小于 10 m，台顶筑成 2% 倾向截水沟的横坡。

5. 防渗漏加固

截水沟应进行防渗漏加固，以避免水流冲刷和下渗。透水性大、土质松软及裂缝较多的路段，尤其要注意采用加固措施。

（三）排水沟施工

1. 布置要求

①线形要求：直线处应做成直线形，转弯处应采用弧线形。

②排水沟位置：排水沟的具体位置与地形有关，排水沟沿线路布设时，应设置在距离路基较远的位置。

③排水沟长度：排水沟长度根据实际需要而定，通常不小于 500 m。

2. 施工要点

①平面定位放样：按照排水沟的设计位置和尺寸放样排水沟，首先放样排水沟轴线，再放样整个沟形尺寸。

②开挖排水沟：可根据坡面土质情况，采用合适的开挖方式；当采用爆破施工时，应注意控制超控与欠挖，且不要危及路基安全。

③纵面底面操平：排水沟开挖到一定深度时，用水准仪沿排水沟底面打桩，进行操平挂线。

④排水沟间衔接：由于排水沟的主要功能是排除各种沟渠的水流，因此为了使得排水顺畅，其应与当地的水系规划协调，特别是平原微丘区的排水沟，沟渠走向和沟底纵坡要合理布置。与此同时，流量选择和核算要满足排水需要，衔接处要做铺砌并做截水墙，同时做好防漏处理。

⑤排水沟加固：如用干砌片石加固时，应选用有平整面的片石，各砌筑缝隙要用小石块嵌紧；砌筑时，注意石料的错缝咬码，石料斜接处不留空洞，砌筑砂浆要饱满，沟身不得漏水。

三、路基的防护类型

（一）坡面防护

坡面防护一般用于保护路基边坡表面，使其免受雨水冲刷，减缓温差及温度变化的影响，防止和延缓软弱岩土表面的风化、碎裂和剥蚀演变进程。坡面防护不仅能维持坡面的整体稳定，还能协调和美化环境。常见的坡面防护类型包括植物防护、浆砌片石及混凝土预制块、坡面处置及综合防护等。

（二）冲刷防护

冲刷防护可分为直接防护与间接防护，用于防护水流对路基的冲刷。直接防护主要包括砌石防护和植物防护；间接防护主要包括设置防洪堤、拦水坝，改变河道、疏浚河床等。

（三）支挡建筑物

支挡建筑物主要用于维持路基的稳定性，防止路基位移或变形。常见的支挡建筑物主要包括石垛、土垛和挡土墙等。

第七章 路面工程施工

第一节 沥青路面施工技术

一、沥青路面施工概述

（一）沥青路面的特点

沥青路面是用沥青材料做结合料黏结矿料修筑面层与各类基层和垫层所组成的路面结构。由于沥青路面使用沥青结合料，因而增强了矿料之间的黏结力，提高了混合料的强度和稳定性，使路面的使用质量和耐久性都得到提高。与水泥混凝土路面相比，沥青路面具有表面平整、无接缝、行车舒适、耐磨、振动小、噪声小、施工期短、养护维修简便、适宜于分期修建等优点，因而获得越来越广泛的应用。

（二）沥青路面的类型

1. 按强度构成原理可将沥青路面分为密实类和嵌挤类两大类

密实类沥青路面要求矿料的级配按最大密实原则设计，其强度和稳定性主要取决于混合料的黏聚力和内摩阻力。密实级配类沥青路面又分为连续级配型沥青混凝土和连续级配型特粗式、粗粒式沥青稳定碎石及间断级配型沥青玛蹄脂碎石等。

嵌挤类沥青路面要求采用颗粒尺寸较为均一的矿料，路面的强度和稳定性主要依靠集料颗粒之间相互嵌挤所产生的内摩阻力，而黏聚力则起着次要的作用。按嵌挤原理修筑的沥青路面，其热稳定性较好，但因空隙率较大、易渗水，因而耐久性较差。嵌挤类沥青路面分为开级配、半开级配沥青路面等类型；开级配沥青路面又分为间断级配排水式沥青磨耗层和排水式沥青碎石基层；另有半开级配沥青碎石路面。

2. 按施工工艺的不同，沥青路面可以分为层铺法、路拌法和厂拌法三类

层铺法是用分层洒布沥青、分层铺撒矿料和碾压的方法修筑，其主要优点是工艺和设

备简便、工效较高、施工进度快、造价较低；其缺点是路面成型期较长，需要经过炎热季节行车碾压之后路面方能成型。用这种方法修筑的沥青路面有沥青表面处置、封层等。

路拌法是在路上用机械将矿料和沥青材料就地拌和、摊铺和碾压密实而成的沥青面层。此类面层有路拌沥青碎石、乳化沥青碎石和路拌沥青稳定土。路拌沥青面层通过就地拌和，沥青材料在矿料中分布比层铺法均匀，可以缩短路面的成型期。但因所用的矿料为冷料，须使用黏稠度较低的沥青材料，故混合料的强度较低。

厂拌法（热拌法）是将规定级配的矿料和沥青材料在工厂用专用设备加热拌和，然后送到工地摊铺碾压而成的沥青路面。矿料中细颗粒含量少，不含或含少量矿粉，混合料为开级配；若矿料中含有矿粉，混合料按密实级配制。厂拌法按混合料铺筑时温度的不同，又可分为热拌热铺和热拌冷铺两种。热拌热铺是混合料在专用设备加热拌和后立即趁热运到路上摊铺压实。如果混合料加热拌和后储存一段时间再在常温下运到路上摊铺压实，即为热拌冷铺。厂拌法使用较黏稠的沥青材料，且矿料经过精选，因而混合料质量高、使用寿命长，但修建费用也较高。

3. 根据沥青路面的技术特性，沥青面层可分为沥青混凝土、沥青玛蹄脂碎石、热拌沥青碎石、乳化沥青碎石混合料、沥青表面处置等类型。

沥青表面处置路面是指用沥青和集料按层铺法或拌和法铺筑而成的厚度不超过 3 cm 的沥青路面，沥青表面处置的厚度一般为 1.5~3.0 cm。层铺法可分为单层、双层、三层。单层表处厚度为 1.0~1.5 cm；双层表处厚度为 1.5~2.5 cm；三层表处厚度为 2.5~3.0 cm。沥青表面处置适用于三级、四级公路的面层、旧沥青面层上加铺罩面或抗滑层、磨耗层等。

沥青贯入式路面是指用沥青贯入碎石做面层的路面。沥青贯入式路面的厚度一般为 4~8 cm。当沥青灌入式的上部加铺拌和的沥青混合料时，也称为上拌下贯，此时拌和层的厚度宜为 3~4 cm，其总厚度为 7~10 cm。沥青贯入式碎石路面适用于做三级及三级以下公路的沥青面层。

乳化沥青碎石混合料适用于做三级、四级公路的沥青面层、二级公路养护罩面以及各级公路的调平层。国外也用作柔性基层。

沥青碎石路面是指用沥青碎石做面层的路面，沥青碎石的配合比设计应根据实践经验和马歇尔实验的结果，并通过施工前的试拌和试铺确定。沥青碎石有时也用作连接层。

沥青混凝土路面是指用沥青混凝土做面层的路面，其面层可由单层或双层或三层沥青混合料组成，各层混合料的组成设计应根据其层厚和层位、气温和降雨量等气候条件、交通量和交通组成等因素确定，以满足对沥青面层使用功能的要求。沥青混凝土常用作高等级公路的面层。

沥青玛蹄脂碎石路面是指用沥青玛蹄脂碎石混合料做面层或抗滑层的路面。沥青玛蹄脂碎石混合料（简称 SMA）是以间断级配为骨架，用改性沥青、矿粉及木质纤维素组成的沥青玛蹄脂为结合料，经拌和、摊铺、压实而形成的一种构造深度较大的抗滑面层。其具有抗滑耐磨、孔隙率小、抗疲劳、高温抗车辙、低温抗开裂的优点，是一种全面提高密级配沥青混凝土使用质量的新材料，适用于高速公路、一级公路和其他重要公路的表面层。

采用不同的施工工艺和材料可以修筑成不同类型的沥青路面，因此，必须根据路面的使用要求和施工的具体条件，按照技术经济原则来综合考虑，选定最适当的路面类型。

选择沥青路面的类型，一方面要根据任务要求和工程特点选定，另一方面还应考虑材料供应情况、施工机具、劳力和施工技术条件等因素。

（三）沥青路面对基层的要求

1. 基层、底基层应具有足够的强度和稳定性，在冰冻地区还应具有一定的抗冻性。有铺装路面下的半刚性基层应具有较小的收缩（温缩及干缩）变形和较强的抗冲刷能力。半刚性材料基层、底基层的配合比设计，应根据重型击实标准制件，混合料 7 d 龄期的无侧限抗压强度试验确定。

2. 基层、底基层结构设计应贯彻就地取材的原则，认真做好当地材料的调查，根据不同公路等级、交通量对基层、底基层的技术要求，选择技术可靠、经济合理的基层、底基层结构。

3. 一般公路的基层宽度每侧宜比面层宽出 25 cm，底基层每侧宜比基层宽 15 cm。在多雨地区，透水性好的粒料底基层，宜铺至路基全宽，以利于排水。高速公路、一级公路的基层宽度应按路面边缘构造的规定执行。

4. 新建沥青路面的基层按结构组合设计要求。选用沥青稳定碎石、级配碎石、级配砂砾等柔性基层，水泥稳定土或粒料、石灰与粉煤灰稳定土或粒料的半刚性基层，碾压式水泥混凝土、贫混凝土等刚性基础，以及上部使用柔性基层、下部使用半刚性基层的混合式基层。半刚性基层作为沥青路面的基层与沥青层宜在同一年内施工，以减少路面开裂。

5. 旧沥青路面做基层时，应根据旧路面质量，确定对原有路面修补、铣刨、加铺罩面层。旧沥青路面的整平应按高程控制铺筑，分层整平的一层最大厚度不宜超过 100 mm；以旧的水泥混凝土路面做基层加铺沥青面层时，应根据旧路面质量，确定处置工艺，确认能满足基层要求后，方能加铺沥青层。旧路面处理后必须彻底清除浮灰，根据需要并做适当的铣刨处理，洒布黏层油，再铺筑新的结构层。

二、道路沥青路面施工方法

（一）沥青路面对原材料的要求

沥青路面使用的各种材料运至现场后必须取样进行质量检验，经评定合格后方可使用，不得以供应商提供的检测报告或商检报告代替现场检测。沥青路面集料的选择必须经过认真的料源调查，确定料源应尽可能就地取材、质量符合使用要求。石料开采必须注意环境保护，防止破坏生态平衡。集料粒径规格以方孔筛为准。不同料源、品种、规格的集料不得混杂堆放。

1. 对沥青材料的要求

沥青路面所用的沥青材料有石油沥青、煤沥青、液体石油沥青、沥青乳液和改性沥青等。各类沥青路面所用沥青材料的标号，应根据路面的类型、施工条件、地区气候条件、施工季节和矿料性质与尺寸等因素而定。

（1）道路石油沥青

各个沥青等级的适用范围应符合相关规定。沥青路面采用的沥青标号，宜按照公路等级、气候条件、交通条件、路面类型及在结构层中的层位及受力特点、施工方法等，结合当地的使用经验，经技术论证后确定。

对夏季温度高、高温持续时间长、重载交通、山区及丘陵区上坡路段、服务区、停车场等行车速度慢的路段，尤其是汽车荷载剪应力大的层次，宜采用稠度大、60℃黏度大的沥青，也可提高高温气候分区的温度水平选用沥青等级；对冬季寒冷的地区或交通量小的公路、旅游公路宜选用稠度小、低温延度大的沥青；对温度日温差、年温差大的地区宜注意选用针入度指数大的沥青。当高温要求与低温要求发生矛盾时应优先考虑满足高温性能的要求。当缺乏所需标号的沥青时，可采用不同标号掺配的调和沥青，其掺配比例由试验决定。

沥青路面的气候分区：选择沥青结合料等级、沥青混合料配合比设计和检验以适应公路环境条件的需要，能承受高温、低温、雨（雪）水的考验。沥青路面的气候条件按规范要求的气候分区，以适应地区具体气候条件的需要。

沥青必须按品种、标号分开存放。除长期不使用的沥青可放在自然温度下存储外，沥青在储罐中的储存温度不宜低于130℃，并不得高于170℃。桶装沥青应直立堆放、加盖苫布。道路石油沥青在储运、使用及存放过程中应有良好的防水措施，避免雨水或加热管道蒸气进入沥青中。

（2）乳化沥青

乳化沥青适用于沥青表面处置路面、沥青贯入式路面、冷拌沥青混合料路面，修补裂缝，喷洒透层、黏层与封层等。

乳化沥青的质量应符合有关的规定。在高温条件下宜采用黏度较大的乳化沥青，寒冷条件下宜使用黏度较小的乳化沥青。

乳化沥青类型根据集料品种及使用条件选择。阳离子乳化沥青可适用于各种集料品种，阴离子乳化沥青适用于碱性石料。乳化沥青的破乳速度、黏度宜根据用途与施工方法选择。

（3）液体石油沥青

液体石油沥青适用于透层、黏层及拌制冷拌沥青混合料。根据使用目的与场所，可选用快凝、中凝、慢凝的液体石油沥青，其质量应符合有关的规定。液体石油沥青宜采用针入度较大的石油沥青，使用前按先加热沥青后加稀释剂的顺序，掺配煤油或轻柴油，经适当的搅拌、稀释制成。掺配比例根据使用要求由试验确定。液体石油沥青在制作、储存、使用的全过程中必须通风良好，并有专人负责，确保安全。基质沥青的加热温度严禁超过140℃。液体沥青的储存温度不得高于50℃。

（4）煤沥青

道路用煤沥青的标号根据气候条件、施工温度、使用目的选用，其质量应符合有关规定。道路用煤沥青适用于下列情况：①各种等级公路的各种基层上的透层，宜采用 T-1 或 T-2 级，其他等级不符合喷洒要求时可适当稀释使用；②三级及三级以下的公路铺筑表面处置或贯入式沥青路面，宜采用 T-5、T-6 或 T-7 级；③与道路石油沥、乳化沥青混合使用，以改善渗透性。

道路用煤沥青严禁用于热拌热铺的沥青混合料，用于其他用途时的储存温度宜为70℃～90℃，且不得长时间储存。

（5）改性沥青

改性沥青可单独或复合采用高分子聚合物、天然沥青及其他改性材料制作。常见的聚合物改性剂有 SBS（Ⅰ类）适用于北方气候温差较大的地区，SBR（Ⅱ类）适用于南方地区，EVA、PE（Ⅲ类）应用较广泛，当使用其他聚合物及复合改性沥青时，可通过试验研究制定相应的技术要求。

制造改性沥青的基质沥青应与改性剂有良好的配伍性。供应商在提供改性沥青的质量报告时应提供基质沥青的质量检验报告或沥青样品。天然沥青可以单独与石油沥青混合使用或与其他改性沥青混熔后使用。天然沥青的质量要求宜根据其品种参照相关标准和成功的经验执行。

用作改性剂的 SBR 胶乳中的固体物含量不宜少于 45%，使用中严禁长时间暴晒或遭冰冻。改性沥青的剂量以改性剂占改性沥青总量的百分数计算，胶乳改性沥青的剂量应以扣除水以后的固体物含量计算。

改性沥青宜在固定式工厂或在现场设厂集中制作，也可在拌和厂现场边制造边使用，改性沥青的加工温度不宜超过 180℃。胶乳类改性剂和制成颗粒的改性剂可直接投入拌和缸中生产改性沥青混合料。用溶剂法生产改性沥青母体时，挥发性溶剂回收后的残留量不得超过 5%。

现场制造的改性沥青宜随配随用，须做短时间保存，或运送到附近的工地，使用前必须搅拌均匀，在不发生离析的状态下使用。改性沥青制作设备必须设有随机采集样品的取样口，采集的试样宜立即在现场灌模。工厂制作的成品改性沥青到达施工现场后存储在改性沥青罐中，改性沥青罐中必须加设搅拌设备并进行搅拌，使用前改性沥青必须搅拌均匀。在施工过程中应定期取样检验产品质量，发现离析等质量不符要求的改性沥青不得使用。

2. 对粗集料的要求

粗集料应该洁净、干燥、表面粗糙。当单一规格集料的质量指标达不到表中要求，而按照集料配合比计算的质量指标符合要求时，工程上允许使用。对受热易变质的集料，宜采用经拌和机烘干后的集料进行检验。

采石场在生产过程中必须彻底清除覆盖层及泥土夹层。生产碎石用的原石不得含有土块、杂物，集料成品不得堆放在泥土地上。除 SMA、OGFC 路面外，允许在硬质粗集料中掺加部分较小粒径的磨光值达不到要求的粗集料，其最大掺加比例由磨光值试验确定。掺加外加剂的剂量由沥青混合料的水稳定性检验确定。破碎砾石应采用粒径大于 50 mm、含泥量不大于 1% 的砾石轧制，破碎砾石的破碎面应符合有关规定的要求。筛选砾石仅适用于三级及三级以下公路的沥青表面处置路面。经过破碎且存放期超过 6 个月的钢渣可作为粗集料使用。钢渣在使用前应进行活性检验，要求钢渣中的游离氧化钙含量不大于 3%，浸水膨胀率不大于 2%。

3. 对细集料的要求

沥青路面的细集料包括天然砂、机制砂、石屑。细集料必须由具有生产许可证的采石场、采砂场生产。细集料应洁净、干燥、无风化、无杂质，并有适当的颗粒级配。细集料的洁净程度，天然砂以小于 0.075 mm 含量的百分数表示，石屑和机制砂以砂当量或亚甲蓝值表示。

天然砂可采用河砂或海砂，通常宜采用粗、中砂，其规格应符合有关的规定。砂的含泥量超过规定时应水洗后使用，海砂中的贝壳类材料必须筛除。开采天然砂必须取得当地政府主管部门的许可，并符合水利及环境保护的要求。热拌密级配沥青混合料中天然砂的用量通常不宜超过集料总量的20%，SMA和OGFC混合料不宜使用天然砂。石屑是采石场破碎石料时通过4.75 mm或2.36 mm的筛下部分，其规格应符合有关规定的要求。采石场在生产石屑的过程中应具备抽吸设备，高速公路和一级公路的沥青混合料，宜将S14与S16组合使用，S15可在沥青稳定碎石基层或其他等级公路中使用。机制砂宜采用专用的制砂机制造，并选用优质石料生产，其级配应符合S16的要求。

（二）透层、黏层施工

1. 透层施工

透层是为使沥青面层与非沥青材料基层结合良好，在基层上喷洒液体石油沥青、乳化沥青、煤沥青而形成的透入基层表面一定深度的薄层。

沥青路面各类基层都必须喷洒透层油，沥青层必须在透层油完全渗入基层后方可铺筑。基层上设置下封层时，透层油不宜省略。气温低于10℃或大风天气，即将降雨时不得喷洒透层油。根据基层类型选择渗透性好的液体沥青、乳化沥青、煤沥青做透层油，喷洒后通过钻孔或挖掘确认透层油渗入基层的深度宜不小于5 mm和10 mm，并能与基层连接成为一体。透层油的质量应符合规范的要求。

透层用液体沥青的黏度通过调节煤油或轻柴油等稀释剂的品种和掺量经试验确定。

用于半刚性基层的透层油宜紧接在基层碾压成型后表面稍变干燥，但尚未硬化的情况下喷洒。在无结合料粒料基层上洒布透层油时，宜在铺筑沥青层前1~2 d洒布。透层油宜采用沥青洒布车一次喷洒均匀，使用的喷嘴宜根据透层油的种类和黏度选择并保证均匀喷洒，沥青洒布车喷洒不均匀时宜改用手工沥青洒布机喷洒。撒布应符合要求。喷洒透层油前应清扫路面，遮挡防护路缘石及人工构造物避免污染，透层油必须撒布均匀，有花白遗漏应人工洒布，喷洒过量的立即撒布石屑或砂吸油，必要时做适当碾压。

2. 黏层施工

黏层是为加强路面沥青层与沥青层之间、沥青层与水泥混凝土路面之间的黏结而洒布的沥青材料薄层。

符合下列情况之一时，必须喷洒黏层油：

①双层式或三层式热拌热铺沥青混合料路面的沥青层之间。

②水泥混凝土路面、沥青稳定碎石基层或旧沥青路面层上加铺沥青层。

③路缘石、雨水口、检查井等构造物与新铺沥青混合料接触的侧面。

黏层油宜采用快裂或中裂乳化沥青、改性乳化沥青，也可采用快、中凝液体石油沥青，其规格和质量应符合规范的要求，所使用的基质沥青标号宜与主层沥青混合料相同。黏层油品种和用量，应根据下卧层的类型通过试洒确定。当黏层油上铺筑薄层大空隙排水路面时，黏层油的用量宜增加到 $0.6 \sim 1.0 \text{L}/\text{m}^2$。在沥青层之间兼做封层而喷洒的黏层油宜采用改性沥青或改性乳化沥青，其用量宜不少于 $1.0 \text{L}/\text{m}^2$。

黏层油宜采用沥青洒布车喷洒，并选择适宜的喷嘴，洒布速度和喷洒量保持稳定。当采用机动或手摇的手工沥青洒布机喷洒时，必须由熟练的技术工人操作，均匀洒布。气温低于 10°C 时不得喷洒黏层油，寒冷季节施工不得不喷洒时可以分两次喷洒。路面潮湿时不得喷洒黏层油，用水洗刷后须待表面干燥后喷洒。喷洒的黏层油必须呈均匀雾状，在路面全宽度内均匀分布成一薄层，不得有洒花漏空或呈条状，也不得有堆积。喷洒不足的要补洒，喷洒过量处应予刮除。喷洒黏层油后，严禁运料车外的其他车辆和行人通过。黏层油宜在当天洒布，待乳化沥青破乳、水分蒸发完成，或稀释沥青中的稀释剂基本挥发完成后，紧跟着铺筑沥青层，确保黏层不受污染。

（三）热拌沥青混合料路面施工

1. 热拌沥青混合料路面的类型

热拌沥青混合料（HMA）适用于各种等级公路的沥青路面。其种类按集料公称最大粒径、矿料级配、空隙率划分。

各层沥青混合料应满足所在层位的功能性要求，便于施工，不容易离析。各层应连续施工并连成为一个整体。当发现混合料结构组合及级配类型的设计不合理时，应进行修改、调整，以确保沥青路面的使用性能。沥青面层集料的最大粒径宜从上至下逐渐增大，并应与压实层厚度相匹配。对热拌热铺密级配沥青混合料，沥青层一层的压实厚度不宜小于集料公称最大粒径的 $2.5 \sim 3$ 倍，对 SMA 和 OGFC 等嵌挤型混合料不宜小于公称最大粒径的 $2 \sim 2.5$ 倍，以减少离析，便于压实。

2. 施工准备

铺筑沥青层前，应检查基层或下卧沥青层的质量，不符合要求的不得铺筑沥青面层。旧沥青路面或下卧层已被污染时，必须清洗或经铣刨处理后方可铺筑沥青混合料。石油沥青加工及沥青混合料施工温度应根据沥青标号及黏度、气候条件、铺装层的厚度确定。

聚合物改性沥青混合料的施工温度根据实践经验选择。通常宜较普通沥青混合料的施工温度提高 $10 \sim 20^\circ\text{C}$。对采用冷态胶乳直接喷入法制作的改性沥青混合料，集料烘干温度应进一步提高。

SMA 混合料的施工温度应视纤维品种和数量、矿粉用量的不同，在改性沥青混合料的基础上做适当提高。

3. 沥青混合料的拌制

沥青混合料必须在沥青拌和厂（场、站）采用拌和机械拌制。拌和厂的设置必须符合国家有关环境保护、消防、安全等规定。拌和厂与工地现场距离应充分考虑交通堵塞的可能，确保混合料的温度下降不超过要求，且不致因颠簸造成混合料离析。拌和厂应具有完备的排水设施。各种集料必须分隔储存，细集料场应设防雨顶棚，料场及场内道路应做硬化处理，严禁泥土污染集料。

沥青混合料可采用间歇式拌和机或连续式拌和机拌制。高速公路和一级公路宜采用间歇式拌和机拌和。连续式拌和机使用的集料必须稳定不变。

集料与沥青混合料取样应符合现行试验规程的要求。从沥青混合料运料车上取样时，必须在设置取样台分几处采集一定深度下的样品。集料进场宜在料堆顶部平台卸料，经推土机推平后，铲运机从底部按顺序竖直装料，减少集料离析。

拌和机的矿粉仓应配备振动装置以防止矿粉起拱。添加消石灰、水泥等外掺剂时，宜增加粉料仓，也可由专用管线和螺旋升送器直接加入拌和锅，若与矿粉混合使用时应注意二者因密度不同发生离析。沥青混合料拌和时间根据具体情况经试拌确定，以沥青均匀裹覆集料为度。间歇式拌和机每盘的生产周期不宜少于 45 s。

生产添加纤维的沥青混合料时，纤维必须在混合料中充分分散，拌和均匀。拌和机应配备同步添加投料装置，松散的絮状纤维可在喷入沥青的同时或稍后采用风送设备喷入拌和锅，拌和时间宜延长 5 s 以上。颗粒纤维可在粗集料投入的同时自动加入，经 5~10 s 的干拌后，再投入矿粉，工程量很小时，也可分装成塑料小包或由人工量取直接投入拌和锅。使用改性沥青时应随时检查沥青泵、管道、计量器是否被堵，堵塞时应及时清洗。

沥青混合料出厂时应逐车检测沥青混合料的质量和温度，记录出厂时间，签发运料单。

4. 沥青路面的压实及成型

压实成型的沥青路面应符合压实度及平整度的要求。

沥青混凝土的压实层最大厚度不宜大于 100 mm，沥青稳定碎石混合料的压实层厚度不宜大于 120 mm，但当采用大功率压路机且经试验证明能达到压实度时，允许增大到 150 mm。沥青路面施工应配备足够数量的压路机，选择合理的压路机组合方式及初压、复压、终压的碾压步骤，以达到最佳碾压效果。高速公路铺筑双车道沥青路面的压路机数量不宜少于五台。施工气温低、风大、碾压层薄时，压路机数量应适当增加。压路机的碾压路线及碾压方向不应突然改变而导致混合料推移。碾压区的长度应大体稳定，两端的折返位置应随摊铺机前进而推进，横向不得在相同的断面上。

压路机碾压的施工温度应根据混合料种类、压路机、气温、层厚等情况经试压确定。在不产生严重推移和裂缝的前提下，初压、复压、终压都应尽可能在高温下进行，同时不得在低温状况下做反复碾压，使石料棱角磨损、压碎，破坏集料嵌挤。

沥青混合料的初压应符合下列要求：

①初压应在紧跟摊铺机后碾压，并保持较短的初压区长度，以尽快使表面压实，减少热量散失。摊铺后初始压实度较大，经实践证明采用振动压路机或轮胎压路机直接碾压无严重推移而有良好效果时，可免去初压，直接进入复压工序。

②通常宜采用钢轮压路机静压1~2遍。碾压时应将压路机的驱动轮面向摊铺机，从外侧向中心碾压，在超高路段则由低向高碾压，在坡道上应将驱动轮从低处向高处碾压。

③初压后应检查平整度、路拱，有严重缺陷时进行修整乃至返工。

复压应紧跟在初压后进行，并应符合下列要求：

①复压应紧跟在初压后开始，且不得随意停顿。压路机碾压段的总长度应尽量缩短，通常不超过60~80 m。采用不同型号的压路机组合碾压时，宜安排每一台压路机做全幅碾压，防止不同部位的压实度不均匀。

②密级配沥青混凝土的复压宜优先采用重型的轮胎压路机进行搓揉碾压，以增加密水性，其总质量宜不小于25 t，吨位不足时宜附加重物，使每一个轮胎的压力不小于15kN。冷态时的轮胎充气压力不小于0.55MPa，轮胎发热后不小于0.6MPa，且各个轮胎的气压大体相同，相邻碾压带应重叠1/3~1/2的碾压轮宽度，碾压至要求的压实度为止。

③对粗集料为主的较大粒径的混合料，尤其是大粒径沥青稳定碎石基层，宜优先采用振动压路机复压。厚度小于30 mm的薄沥青层不宜采用振动压路机碾压。振动压路机的振动频率宜为35~50Hz，振幅宜为0.3~0.8 mm。层厚较大时选用高频率大振幅，以产生较大的激振力；厚度较薄时采用高频率低振幅，以防止集料破碎。相邻碾压带重叠宽度为100~200 mm。振动压路机折返时应先停止振动。

④当采用三轮钢筒式压路机时，总质量宜不小于12 t，相邻碾压带宜重叠后轮的1/2宽度，并不少于200 mm。

⑤对路面边缘、加宽及港湾式停车带等大型压路机难于碾压的部位，宜采用小型振动压路机或振动夯板做补充碾压。

终压应紧接在复压后进行，如经复压后已无明显痕迹时可免去终压。终压可选用双轮钢筒式压路机或关闭振动的振动压路机碾压，宜不少于两遍，至无明显轮迹为止。

SMA 路面的压实应符合以下要求：

①除沥青用量较低，经试验证明采用轮胎压路机碾压有良好效果外，不宜采用轮胎压路机碾压，以防将沥青结合料搓揉挤压上浮。

②SMA 路面宜采用振动压路机或钢筒式压路机碾压。振动压路机应遵循"紧跟、慢压、高频、低幅"的原则，即紧跟在摊铺机后面，采取高频率、低振幅的方式慢速碾压。如发现 SMA 混合料高温碾压推用现象，应复查其级配是否合适。

OGFC 宜采用小于 12 t 的钢筒式压路机碾压。碾压轮在碾压过程中应保持清洁，有混合料黏轮应立即清除。对钢轮可涂刷隔离剂或防黏结剂，但严禁刷柴油。当采用向碾压轮喷水的方式时，必须严格控制喷水量且呈雾状，不得漫流，以防混合料降温过快。轮胎压路机开始碾压阶段，可适当烘烤、涂刷少量隔离剂或防黏结剂，也可少量喷水，并先到高温区碾压使轮胎尽快升温，之后停止洒水。轮胎压路机轮胎外围宜加设围裙保温。压路机不得在未碾压成型路段上转向、调头、加水或停留。

在当天成型的路面上，不得停放各种机械设备或车辆，不得散落矿料、油料等杂物。

三、沥青路面的施工质量检查

沥青路面施工应根据全面质量管理的要求，建立健全、有效的质量保证体系，对施工各工序的质量进行检查评定，达到规定的质量标准，确保施工质量的稳定性。高速公路、一级公路沥青路面应加强施工过程质量控制，实行动态质量管理。所有与工程建设有关的原始记录、试验检测及计算数据、汇总表格，必须如实记录和保存，对已经采取措施进行返工和补救的项目，可在原记录和数据上注明，但不得销毁。

（一）施工前的材料与设备检查

施工前必须检查各种材料的来源和质量。对经招标程序购进的沥青、集料等重要材料，供货单位必须提交最新检测的正式试验报告，从国外进口的材料应提供该批材料的船运单。对首次使用的集料，应检查生产单位的生产条件、加工机械、覆盖层的清理情况。所有的材料都应按规定取样检测，经质量认可后方可订货。工程开始前，必须对材料的存放场地、防雨和排水措施进行确认，不符合规范要求的材料不得进场。进场的各种材料的来源、品种、质量应与招标及提供的样品一致，不符合要求的材料严禁使用。使用成品改性沥青的工程，应要求供应商提供所使用的改性剂型号及沥青的质量检测报告。使用现场改性沥青的工程，应对试生产的改性沥青进行检测。质量不合格的不可使用。

施工前应对沥青摊铺机、压路机等各种施工机械和设备进行调试，对机械设备的配套情况、技术性能、传感器计量精度等进行认真检查、标定，并得到监理的认可。

正式开工前，各种原材料的试验结果，以及据此进行的目标配合比设计和生产配合比设计结果，应在规定的期限内向业主及监理提出正式报告，待取得正式认可后方可使用。

（二）铺筑试验路段

高速公路和一级公路的沥青路面在施工前应铺筑试验段。其他等级公路在缺乏施工经验或初次使用重大设备时，也应铺筑试验段。当同一施工单位在材料、机械设备及施工方法与其他工程完全相同时，也可利用其他工程的结果，不再铺筑新的试验路段。试验段的长度应根据试验目的确定，通常宜为 100～200 m，宜选在正线上铺筑。热拌热铺沥青混合料路面试验段铺筑分试拌和试铺两个阶段，应包括下列试验内容：

1. 检验各种施工机械的类型、数量及组合方式是否匹配。

2. 通过试拌确定拌和机的操作工艺，考察计算机打印装置的可信度。

3. 通过试铺确定透层油的喷洒方式和效果、摊铺、压实工艺，确定松铺系数等。

4. 验证沥青混合料生产配合比设计，提出生产用的标准配合比和最佳沥青用量。

5. 建立用钻孔法与核子密度仪无破损检测路面密度的对比关系。确定压实度的标准检测方法。

6. 检测试验段的渗水系数。

试验段铺筑应由有关方共同参加，及时商定有关事项，明确试验结论。铺筑结束后，施工单位应就各项试验内容提出完整的试验路施工、检测报告，取得业主或监理的批复。

（三）施工过程中的质量管理与检查

施工单位在施工过程中应随时对施工质量进行自检。监理应按规定要求自主进行试验，并对承包商的试验结果进行认定，如实评定质量，计算合格率。当发现有质量低劣等异常情况时，应立即追加检查。施工过程中无论是否已经返工补救，所有数据均必须如实记录，不得丢弃。

沥青混合料生产过程中，必须按规定的检查项目与频度，对各种原材料进行抽样试验，其质量应符合规范规定的技术要求。每个检查项目的平行试验次数或一次试验的试样数必须按相关试验规程的规定执行，并以平均值评价是否合格。

沥青拌和厂必须按下列步骤对沥青混合料生产过程进行质量控制，并按规定的项目和频度检查沥青混合料产品的质量，如实计算产品的合格率。单点检验评价方法应符合相关试验规程的试样平行试验的要求。

1. 从料堆和皮带运输机随时目测各种材料的质量和均匀性，检查泥块及超粒径碎石，检查冷料仓有无窜仓。目测混合料拌和是否均匀、有无花白料、油石比是否合理，检查集料和混合料的离析情况。

2. 检查控制室拌和机各项参数的设定值、控制屏的显示值，核对计算机采集和打印记录的数据与显示值是否一致。

3. 检测沥青混合料的材料加热温度、混合料出厂温度，取样抽提、筛分检测混合料的矿料级配、油石比。抽提筛分应至少检查 0.075 mm、2.36 mm、4.75 mm 公称最大粒径及中间粒径等 5 个筛孔的通过率。

4. 取样成型试件进行马歇尔试验，测定空隙率、稳定度、流值，计算合格率。对 VMA、VFA 指标可只做记录，同时按有关方法确定压实度的标准密度。

施工厚度的检测按以下方法执行，并相互校核，当差值较大时通常以总量检验为准：

1. 利用摊铺过程在线控制，即不断地用插尺或其他工具插入摊铺层测量松铺厚度。

2. 利用拌和厂沥青混合料总生产量与实际铺筑的面积计算平均厚度进行总量检验。

3. 当具有地质雷达等无破损检验设备时，可利用其连续检测路面厚度，但其测试精度须经标定认可。

4. 待路面完全冷却后，在钻孔检测压实度的同时测量沥青层的厚度。

沥青路面的压实度采取重点对碾压工艺进行过程控制、适度钻孔抽检压实度的方法。施工过程中应随时对路面进行外观评定，尤其注意防止粗细集料的离析和混合料温度不均，造成路面局部渗水严重或压实不足，酿成隐患。如果确实该路段严重离析、渗水，且经两次补充钻孔仍不能达到压实度要求，确属施工质量差的，应予铣刨或局部挖补，返工重铺。

施工过程中必须随时用 3 m 直尺检测接缝及与构造物的连接处平整度，正常路段的平整度采用连续式平整度仪或颠簸累积仪测定。高速公路和一级公路沥青路面的施工应按规范的方法，利用计算机实行动态质量管理，并计算平均值、极差、标准差及变异系数以及各项指标的合格率。

（四）交工验收阶段的工程质量检查与验收

工程完工后，施工单位应将全线以 1~3 km 作为一个评定路段；对沥青面层进行全线自检，将单个测定值与表中的质量要求或允许偏差进行比较，计算合格率；然后，计算一个评定路段的平均值、极差、标准差及变异系数。施工单位应在规定时间内提交全线检测结果及施工总结报告，申请交工验收。

沥青路面交工时应检查验收沥青面层的各项质量指标，包括路面的厚度、压实度、平整度、渗水系数、构造深度、摩擦系数等。

1. 需要对破损路面进行检测的指标，如厚度、压实度宜利用施工过程中的钻孔数据，检查每一个测点与极值相比的合格率，同时按规定的方法计算代表值。厚度也可利用路面雷达连续测定路面剖面进行评定。压实度验收可选用其中的 1 个或 2 个标准，并以合格率低的作为评定结果。

2. 路表平整度可采用连续式平整度仪和颠簸累积仪进行测定，以每 100 m 计算一个测值，计算合格率。

3. 路表渗水系数与构造深度宜于施工过程中在路面成型后立即测定，但每一个点为 3 个测点的平均值，计算合格率。

4. 交工验收时可采用连续式摩擦系数测定车在行车道实测路表横向摩擦系数，如实记录测点数据。

5. 交工验收时可选择贝克曼梁或连续式弯沉仪实测路面的回弹弯沉或总弯沉，如实记录测点数据，测定时间宜在公路的最不利使用条件下进行。

工程交工时应对全线宽度、纵断面高程、横坡度、中线偏位等进行实测，以每个桩号的测定结果评定合格率，最后提出实际的竣工图。

工程结束后，施工企业应根据国家竣工文件编制的规定，提出施工总结报告及若干个专项报告，连同竣工图表，形成完整的施工资料档案。

施工总结报告应包括工程概况、工程基础资料、材料、施工组织、机械及人员配备、施工方法、施工进度、试验研究、工程质量评价、工程决算、工程使用服务计划等。施工管理与质量检查报告应包括施工管理体制、质量保证体系、施工质量目标、试验段铺筑报告、施工前及施工中材料质量检查结果、施工过程中工程质量检查结果、工程交工验收质量自检结果、工程质量评价，以及原始记录、相册、录像等各种附件。

施工企业在质量保证期限内，应进行路面使用情况观测、局部损坏的原因分析和维修保养等。质量保证的期限根据国家规定或招标文件等要求确定。

四、沥青路面的强度与使用性能

（一）沥青路面的强度特性

为了保证沥青路面具有必要的强度和稳定性，应考虑在各种不利条件影响下的情况主要有：

1. 夏季高温时不致因强度过分降低，出现拥包、推移等病害。

2. 冬季时不致因材料过于脆硬，出现低温裂缝。

3. 在车辆的重复作用下，有足够的抗疲劳损坏能力。

4. 潮湿季节和地区不致因水的影响出现松散、裂缝及沥青从石子上剥落。

5. 沥青路面性质不随时间而迅速变化，以致影响到路面的使用寿命。

上述几个方面的稳定性要求，被概括为高温稳定性、低温抗裂性、抗疲劳稳定性、水稳定性及耐久性。

沥青路面的强度，目前一般仍采用库仑理论来分析，即沥青路面材料的强度取决于两个基本的参数——材料的内摩阻力与黏结力。要提高沥青路面的强度，就要设法提高材料的内摩阻力与黏结力，并从这两个方面采取有效措施。

表征沥青混合料力学强度的参数是抗压强度、抗剪强度和抗拉强度。一般沥青混合料均具有较高的抗压强度，而抗剪和抗拉强度则较低。因此，沥青路面的损坏，往往是由拉裂或滑移开始而逐渐扩展。

（二）沥青混合料的应力−应变特性

沥青混合料是一种弹性−黏塑性材料，在应力−应变关系中呈现出不同的性质，有时仅呈现为弹性性质，有时则主要呈黏塑性性质。而大多数情况下，几乎同时综合呈现上述性质。掌握表征这些性质的指标，就能正确地判断沥青混合料在不同条件下的特性，特别是沥青混合料在最高和最低温度下的变形特性。

为了正确地了解沥青混合料的工作状况，还应考虑沥青混合料在应力−应变状态下出现的应力松弛特性。应力松弛是变形物体在恒定应变下应力随时间而自动降低的过程，这是物体内部流动的结果。为使物体保持变形的状态，随着时间的推移，所需的力越来越小，应力下降到初始数值的那段时间，叫作松弛时间。这是表征松弛过程的主要因素。沥青混合料的松弛时间主要取决于黏滞度。随着温度的增高与黏滞度的降低，沥青混合料松弛时间也就缩短。

沥青混合料呈现为弹性还是黏塑性质，只取决于荷载作用时间与应力松弛时间的比值。若荷载作用时间比应力松弛时间短得多，材料就呈现为理想的弹性体。若荷载作用的时间比应力松弛时间长得多，则呈现为黏塑性体。如果荷载作用时间与应力松弛时间相同，则材料是弹性−黏塑性的，同时呈现弹性和黏塑性；荷载作用时间相同的情况下，沥青混合料的性质，既可能是弹性体，也可能是黏塑性体，视温度的高低而定。

沥青混合料在冬季低温时具有很高的黏滞度，因而应力松弛时间大大超过荷载作用时间。在此情况下，沥青混合料呈现为弹性体，并且具有弹性体的变形特性。夏季高温时，沥青混合料的黏滞度迅速降低，因此，应力松弛时间也就大大缩短，与荷载作用时间接近或短得多，在临界状态下就产生塑性变形。由此可见，沥青混合料的应力−应变特性，不仅同荷载大小和作用时间有关，而且与材料的温度有关。

（三）沥青混合料的疲劳特性

与其他路面材料一样，沥青混合料的变形和破坏，不仅与荷载应力的大小有关，而且同荷载作用次数有关。路面材料在低于极限抗拉强度下经受重复拉应力或拉应变而最终导致破坏，称为疲劳破坏。导致路面材料最终破坏的荷载作用次数，称为疲劳寿命。

影响沥青混合料疲劳特性的因素很多，除了与材料的性质、环境因素、加荷方式等因素有关外，还取决于沥青混合料的劲度。因此，任何影响劲度的因素对混合料的疲劳特性都有影响。

沥青混合料的疲劳特性可用多种室内试验方法测定。通常采用的方法是在简支的小梁上做重复加荷弯曲试验，也可采用重复加荷间接拉伸试验测定。

（四）沥青路面的温度状况

沥青混合料的强度随温度而变化，温度降低时强度提高，温度升高时强度降低。可见温度是影响沥青路面力学特性的一个重要因素。

影响路面结构内温度状况有外部的和内在的两种因素。

外部因素是气候条件，例如气温、太阳辐射、风力、降水量、蒸发量和冷凝作用等。显然，地理位置对一个地区的气候也有极大的影响。在外部诸因素中，气温和太阳辐射是决定路面结构内温度的关键。太阳辐射热一部分被路面反射掉，一部分被再辐射，余下的部分被路面吸收而提高其温度。风力加强了空气的对流，使路面丧失部分热量。降水和蒸发也降低由日照所提高的路面温度。

内在因素一般是指地球长波辐射热的散发和材料的热特性，它包括路面材料和地基的热传导率、热容量、对辐射热的吸收的能力等。路面材料和地区的地质特征对内在因素的作用有重大影响。热传导率是在单位温度梯度条件下，在单位时间内垂直通过一个单位面积表面的热量。材料的热传导性越高，温度梯度越小，因而在材料中产生的温度应力越小。热传导率的大小同路面的结构、孔隙率和温度有关。热容量是指单位物质质量中引起单位温度变化所必需的热能量。材料的热容量越高，温度梯度将越低。

在沥青路面内埋设测温元件，实测年循环内路面结构不同深度在不同时刻的温度变化，将取得的数据与当地的气象资料，包括气温、辐射热等进行相关分析，分别建立路面不同深度处温度的回归方程。利用这些统计关系就可以根据以往的气象资料推算路面结构层内的温度状况。

（五）沥青路面的高温稳定性

沥青混合料的特点是强度和抗变形能力随温度的升降而产生变化。温度升高时，沥青的黏滞度降低，矿料之间的黏结力削弱，导致强度降低。温度降低时恰好相反，沥青的黏滞度增高，因而强度增大。强度随温度而变化的幅度很大，相差几倍甚至几十倍。

夏季高温时，在停车地点和行车变速的路段上，由于行车的起动与制动、加速与减速，路面可能受到很大的水平作用力，大体上与垂直应力相当，并且在车辆的重复荷载作用下会发生变形累积。在这种情况下，若沥青混合料的高温稳定性不足，路面就会产生较大的剪切变形。因此，提高沥青混合料在高温下的抗剪切能力就是提高其温度稳定性。

沥青路面在高温下产生的剪切变形，大体上有两种情况：一种是面层很薄，或者面层与基层之间的黏结力很差时，面层将沿着基层顶面滑动；另一种是面层很厚，或者面层与基层之间的黏结力很大时，则整个面层内部发生推挤移动。

影响沥青混合料高温稳定性的因素主要是沥青和矿料的性质及其相互作用的特性、矿料的级配组成等。

为了提高沥青混合料的高温稳定性，可采用提高黏结力和内摩阻力的方法。在混合料中增加粗矿料含量，或限制剩余空隙率，使粗矿料形成空间骨架结构，就能提高混合料的内摩阻力。适当地提高沥青材料的黏稠度，控制沥青与矿粉的比值，严格控制沥青用量，采用具有活性的矿粉，以改善沥青与矿粉的相互作用，就能提高混合料的黏结力。此外，在沥青混合料中使用掺入聚合物改性的沥青，也能取得满意的效果。

采用动稳定度来表征沥青混合料的热稳性是适宜的。不少国家在沥青混合料设计时采用了该项指标。影响沥青混合料动稳定度的因素较多。一般密级配的动稳定度大于开级配，沥青用量过多，动稳定度下降，试验温度低则动稳定度高，试验荷载大则动稳定度低。采用改性沥青则可明显地提高动稳定度。若在南方长期持续气温较高地区，应尽可能地提高沥青混合料的动稳定度指标。

（六）沥青路面的低温抗裂性

沥青路面在低温时强度虽然增大，但其变形能力却因刚性增大而降低。气温下降，特别是在急骤降温时，会在路面结构上产生温度梯度，路面面层遇降温而收缩的趋势会受到其下部层次的约束在面层产生拉应力。开始时由于沥青混合料的劲度相对较低，这个拉应力较小。但是，随着进一步降温，沥青混合料的劲度增加，从而伴随了收缩趋势的进一步增强，导致拉应力超过沥青混凝土的强度，造成面层开裂。

沥青路面的低温缩裂，大致可分为两类：一类是温度下降而造成路面的开裂，其与沥青混合料的体积收缩有关，是由表面开始开裂而逐渐发展成为裂缝；另一类是属于路基或基层收缩与冰冻共同作用而产生的裂缝，这类裂缝是从基层开始逐渐反映到沥青面层开裂。由于路面收缩的主轴是纵向的，因此低温产生的裂缝大多是横向的。裂缝的间距一般为 6~10 m。裂缝的出现，往往就是沥青路面损坏的开始。随着低温循环的影响，裂缝将会进一步扩展，随后雨水由裂缝渗入路面结构，逐渐导致路面工作状况恶化。

影响低温开裂的因素很多，其中主要的因素是路面所用沥青的性质、当地的气温状况、沥青老化程度、路基的种类和路面层次的厚度等。此外，路面面层与基层的黏着状况、基层所用材料的特性、行车的状况对开裂也有一定的影响。

使用稠度较低、温度敏感性低的沥青，可以减少或延缓路面的开裂，路面所在地区的气温越低，开裂越严重。沥青材料的老化，对低温更为敏感，使路面产生开裂的可能性增大。增加沥青面层的厚度可以减少或者延缓路面的开裂，但是不能根除。

（七）沥青路面的水稳性

高速公路、一级公路、二级公路的沥青混凝土应具有良好的水稳性。沥青混凝土的水稳性指标，除通常采用浸水马歇尔试验和沥青与矿料的黏附性试验，以检验沥青混合料受水损害时的抗剥落性能外，对年最低气温低于−21.5℃的寒冷地区，还应增加沥青混合料冻融劈裂残留强度试验。该试验采用简化的洛特曼试验，用两面击实 50 次的马歇尔试件，常温下浸水 20 min，0.09MPa 浸入，抽真空 15 min 后，在−18℃冰箱中冷冻 16h，在 60℃水浴中放置 24h 完成一次冻融循环，再在 25℃水中浸泡 2h 后测试劈裂强度比，以此指标作为年最低气温低于−21.5℃的地区沥青混合料水稳性指标。

（八）路面的使用性能

路面结构在汽车和自然因素的反复作用下，其使用性能会发生改变，由此路面结构逐渐出现破坏，并最终导致不能满足使用性能的要求。

在路面使用过程中，必须采取相应的养护、补强和改建措施，使路面的使用性能得到部分恢复，甚至提高。为了了解和掌握路面使用性能的变化情况，以便及时采取各种养护和改建措施，延缓其衰变或恢复其性能，必须定期对路面的使用性能进行评定。路面使用性能包括功能、结构和安全三个方面。

1. 路面功能是路面为道路使用者提供的舒适程度。

2. 路面结构是指路面的物理状况，包括路面损坏状况和结构承载能力。

3. 路面安全是指路面的抗滑能力。

功能和安全方面的使用性能是道路使用者所关心的，道路管理部门则更注重结构方面的使用性能。路面使用性能的三个方面既有区别又有一定的联系。

路面使用品质及路况的评定就是确定路面结构现时的使用性能。

1. 路面行驶质量

路面的基本功能是为车辆提供快速、安全、舒适和经济的行驶表面。路面行驶质量反映路面满足这一基本功能的能力。

路面行驶质量的好坏，同路面表面的平整度特性、车辆悬挂系统的振动特性和人对振动的反应或接受能力三个方面因素有关。从路面状况的角度，影响路面行驶质量的主要因素是路面平整度。

路面平整度可定义为路面表面诱使行驶车辆出现振动的高程变化。路面不平整所引起的车辆振动，会对车辆磨损、燃油消耗、行驶舒适、行车速度、路面损坏和交通安全等多方面产生直接影响。平整度是度量路面行驶质量的一项性能指标。曾出现过多种路面平整度测定方法和仪器，其可划分为断面类平整度测定和反应类平整度测定两大类型。

（1）断面类平整度测定

断面类平整度测定是直接沿行驶车辆的轮迹量测路面表面的高程，得到路表纵断面，通过数学分析后采用综合统计量作为其平整度指标。

属于这一类的方法主要有两种：

①3 m 直尺法。用 3 m 长的梁（或直尺）连续量测轮迹处路表同梁底的高程差，由此得到路表纵断面。

②连续平整度仪法。在测试车车身上安置竖向加速度计，以测定行驶车辆的竖向位置变化。车身通路表面之间的距离，则利用激光、超声等传感器进行测定。两个方面测定结果叠加后，便可得到路表面纵断面。

断面类平整度测定方法的主要优点是可直接得到轮迹带路表面的实际断面，依据其可以对路面平整度的特性进行分析；而其主要缺点是测定速度太慢，不宜用于大范围的平整度数据采集。

（2）反应类平整度测定

反应类平整度测定系统是在主车或拖车上安装由传感器和显示器组成的仪器。可以传感和累积车辆以一定速度驶经不平路表面时悬挂系统的竖向位移量。显示器记下的测定值，通常是一个计数数值，每计一个数相当于一定的悬挂系位移量。

反应类平整度测定系统的优点是价格低、操作简便，可用于大范围内的路面平整度快速测定。反应类平整度仪测定的结果，通常以车辆行驶一段距离后的累积计数值表示。

路面行驶质量同路表面的不平整度、车辆的动态响应和人的感受能力三个方面因素有关。因而，不同的乘客乘坐同一辆车行驶在同一个路段上，由于个人对行驶舒适性的要求和对颠簸的接受能力不同，对该路段的行驶质量会做出不同的评价。由于评价带有个人主观性，为了避免随意性，提出了主客观相结合的评价方法。一方面，邀请具有不同代表性的乘客，分别按个人的主观意见进行评分，而后汇总大家的评价，以平均评分值代表众人的评价。另一方面，对各评价路段进行平整度量测。通过回归分析建立主观评分同客观量测结果的相关关系。由此建立的评价模型，便可用来对路面行驶质量进行较统一的评价。对行驶质量的评价可以采用 5 分或 10 分评分制。

行驶质量标准的制定，一方面依赖于乘客对行驶舒适性的要求。另一方面在很大程度上受经济因素的制约。标准定得过高，会使路网内许多路段的路面须采取改建措施，从而提高所需的投资额。

2. 路面抗滑性能

路面抗滑性能是指车辆轮胎受到制动时沿路表面滑移所产生的抗滑力。通常，抗滑性能被看作路面的表面特性。抗滑性能可采用制动距离法、锁轮拖车法、偏转轮拖车法摆式仪法进行测定。

第二节 水泥混凝土路面施工技术

一、水泥混凝土路面施工概述

水泥路面即水泥混凝土路面，俗称白色路面，是以水泥与水拌和成的水泥浆为结合料，以碎石、砂为集料，再加适当的掺和料及外掺剂，拌和成水泥混凝土混合料而筑成的路面面层和基层、垫层所组成的路面。即由水泥混凝土面层板和基层、垫层所组成的路面称为水泥混凝土路面。又因为当车辆行驶在路面上时，路面会产生较小的弯曲变形，所以也称为刚性路面。

（一）水泥混凝土路面的分类

1. 素水泥混凝土路面

素水泥混凝土路面包括普通混凝土路面。除接缝区和局部范围外不配置钢筋的混凝土路面和全部缩缝设传力杆的混凝土路面。

2. 钢筋混凝土路面

钢筋混凝土路面包括局部补强使用的间断钢筋混凝土路面、连续配筋混凝土路面和预应力钢筋混凝土路面。

3. 装配式混凝土路面

装配式混凝土路面是在工厂中把混凝土预制成板块，然后运至土地现场装配而成的路面。

4. 钢纤维混凝土路面

在水泥混凝土中掺入一些低碳钢、不锈钢纤维或其他纤维即成为一种均匀而多向配筋的混凝土。

（二）水泥混凝土路面的优点

1. 强度高刚度大、承载能力强

水泥混凝土路面具有很高的抗压强度和较高的抗弯拉强度以及抗磨耗能力，使其对基层的承载能力要求较低，适应在稳定基层上的大交通量和重载交通量的高速公路、国道、省道、机场、厂矿道路上使用。

2. 稳定性好

水泥混凝土路面耐水性好，能够较好地使用在降雨量较大地区和短期浸水的过水路面上。水泥混凝土路面的水稳性、热稳性均较好，特别是它的强度能随着时间的延长而逐渐提高，不存在沥青路面的那种"老化"现象。

3. 耐久性好

由于水泥混凝土路面的强度和稳定性好，所以它经久耐用，而且它能通行包括履带式车辆等在内的各种运输工具，且抗冻性、抗滑性、耐磨性等耐久性优良。

4. 有利于夜间行车

混凝土路面色泽鲜明，能见度好，对夜间行车有利。

5. 隔热性好

水泥混凝土路面冰雪融化慢，对于季节性冻土路段，保证路基冻土不融化失稳具有重要价值。对粗集料磨光值和磨耗值要求低，集料易得。

另外，路面更环保。当水流经过时，路面水对周围土壤和地下水无污染，而且可在水泥混凝土路面中使用粉煤灰具有良好的环保效益，且耐油、耐酸、耐碱、耐腐蚀性强；其在保证建设质量前提下，维修费用很节省，运营油耗低、经济性好，无沥青路面的弯沉盆，所以在使用期内车辆燃油消耗比沥青路面节省 15%～20%。

二、水泥混凝土路面的构造

（一）水泥混凝土路面结构组合原则

水泥混凝土路面结构组合时主要考虑：

1. 公路等级和交通荷载。公路等级高或交通荷载等级高的路面结构须选较多的结构层次及较强和较厚的结构层；反之，低等级公路或轻交通荷载的路面结构可选较少的结构层次及较弱和较薄的结构层。

2. 路基条件。对于较弱的路基，应首先采取改善路基的措施，在满足规定的严格的支承要求后再考虑路面结构；对于较强的路基，可以相应降低路面结构层的强度或厚度。

3. 当地温度和湿度状况。在季节性冰冻地区，须考虑防冻层最小厚度的要求，多雨潮湿地区，须考虑采用路面结构内部排水措施等。

4. 已有公路路面的使用经验。路面结构是个多层体系，整个结构的性能和寿命受制于系统内最薄弱的环节，因而，在考虑并合理处理上下层次的相互作用的同时，还需要顾及整个路面结构体系中各组成部分性能的协调，以提供平衡的路面结构组合。

（二）功能层的构造要求

水泥混凝土路面在下述情况须在基层下设置功能层：

1. 季节性冰冻地区，路面总厚度小于最小防冻厚度时，差值以功能层厚度补足。

2. 水文地质条件不良的土质路堑，路床上湿度较大时，宜设置排水功能层。

3. 路基可能产生不均匀沉降时，可设半刚性功能层。

季节性冰冻地区地下水水位较高、粉性土路堤，毛细管水上升高度较大的潮湿路基段；年降雨量较大的潮湿多雨地区路基两侧可能滞水或有泉眼的路段，当路面结构未采用或不便采用渗透排水基层的场合，应在路基与基层之间，设置开级配碎石、开级配卵石、砂砾、粗砂排水功能层，排水功能层的级配应满足排水和反滤的要求，具有一定的强度和较好的水稳性，在冰冻地区还须具有较好的抗冻性。

用作防冻功能层的材料有砂、砂砾、碎石、炉渣等。防冻功能层的最小厚度，除应满足相关规定外，还应满足压实后，要求具有不小于土基的强度和较好的抗冻性；当采用砂或砂砾时，通过 0.075 mm 筛孔的颗粒含量不宜大于 5%；当采用炉渣时，小于 2 mm 的颗粒含量不宜大于 20%；当防冻垫层同时有排水要求时，应同时满足排水功能层和防冻功能层两者的要求。路基可能产生不均匀沉降时，可采用水泥、石灰、粉煤灰等胶凝材料制作的半刚性功能层。

（三）基层的构造要求

水泥混凝土面层下设置基层的作用在于：

1. 防唧泥混凝土面层如直接放在路基上，会由于路基土塑性变形量大，细料含量多和抗冲刷能力低而极易产生唧泥现象。铺设基层后，可减轻以至消除淤泥的产生。但未经处置的砂砾基层，其细料含量和塑性指数不能太高，否则仍会产生唧泥。

2. 防冰冻。在季节性冰冻地区，用对冰冻不敏感的粒状多孔材料来铺筑基层，可以减少路基的冰冻深度，从而减轻冰冻的危害作用。

3. 减小路基顶面的压应力，并缓和路基不均匀变形对面层的影响。

4. 防水。在湿软土基上，铺筑开级配粒料基层，可以排除从路表面渗入面层板下的水分以及隔断地下水毛细上升。

5. 为面层施工（如立侧模、运送混凝土混合料等）提供方便。

6. 提高路面结构的承载能力，延长路面的使用寿命。

理论计算和实践都已证明，采用整体性好的材料修筑基层，可以确保混凝土路面良好的使用特性和延长路面的使用寿命。如果基层出现较大的塑性变形累积，面层板将与之脱空，支承条件恶化，从而增加板的应力；同时，若基层材料中含有过多的细料，还将促使唧泥和错台等病害产生。基层应具有足够的抗冲刷能力和一定的刚度。混凝土预制块面层应采用水泥稳定粒料基层。

承受极重、特重或重交通荷载的路面，基层下应设置底基层；承受中等或轻交通荷载时，可不设底基层。当基层采用无机结合料稳定类材料，且上路床由细粒土组成时，应在基层下设置粒料类底基层。

贫混凝土或碾压混凝土基层上应铺设沥青混凝土夹层，层厚不宜小于 40 mm。无机结合料稳定碎石基层上应设置封层，封层可采用单层沥青表面处置或适宜的膜层材料等。当采用单层沥青表面处置时，层厚不宜小于 6 mm。

碾压混凝土基层应设置与混凝土面层相对应的接缝。贫混凝土基层在其弯拉强度超过 1.5MPa 时，应设置与混凝土面层相对应的横向缩缝；一次摊铺宽度大于 7.5 m 时，应设置纵向缩缝。

基层下未设功能层，上路床为细粒土、黏土质砂或级配不良砂，应在基层下设置底基层。底基层可采用级配粒料、水泥稳定粒料或石灰粉煤灰稳定粒料，厚度一般为 200 mm。

排水基层下应设置由水泥稳定粒料或者密级配粒料组成的不透水底基层，厚度一般为 200 mm。底基层顶面宜铺设沥青封层或防水土工织物。

（四）面层的构造要求

水泥混凝土面层应具有足够的强度、耐久性，表面抗滑、耐磨、平整。面层一般采用设接缝的普通混凝土；面层板的平面尺寸较大或形状不规则，路面结构下埋有地下设施、高填方、软土地基、填挖交界段的路基等有可能产生不均匀沉降时，应采用设接缝的钢筋混凝土面层。

水泥混凝土面板的抗滑标准以构造深度为指标。表面构造应采用刻槽、压槽、拉槽或拉毛等方法制作。

（五）接缝的构造要求

混凝土面层由一定厚度的混凝土板所组成，它具有热胀冷缩的性质。由于一年四季气温的变化，混凝土板会产生不同程度的膨胀和收缩。而在一昼夜中，白天气温升高，混凝土板顶面温度较底面为高，这种温度坡差会形成板中部隆起的趋势。夜间气温降低，板顶面温度较底面为低，会使板的周边和角隅发生翘起的趋势。这些变形会受到板与基础之间的摩擦力和黏结力，以及板的自重车轮荷载等的约束，致使板内产生过大的应力，造成板的断裂或拱胀等破坏。由于翘曲而引起的裂缝，则在裂缝发生后被分割的两块板体尚不致完全分离，倘若板体温度均匀下降引起收缩，则将使两块板体被拉开，从而失去荷载传递作用。

为避免这些缺陷，普通混凝土、钢筋混凝土、碾压混凝土或钢纤维混凝土面层板不得不在纵横两个方向设置许多接缝，把整个路面分割成许多矩形板块。按接缝与行车方向之间的关系，把接缝分为纵缝与横缝两大类。

1. 纵缝的间距：按路面宽度在 3~4.5 m 范围内确定。碾压混凝土、钢纤维混凝土面层在全幅摊铺时，可不设纵向缩缝。

2. 横缝的间距：普通混凝土面层一般为 4~6 m，面层板的长宽比不宜超过 1.35，平面尺寸不宜大于 25 m²；碾压混凝土或钢纤维混凝土面层一般为 6~10 m；钢筋混凝土面层一般为 6~15 m，面层板的长宽比不宜超过 2.5，平面尺寸不宜大于 45 m²。

1. 纵缝

纵缝包括施工缝和缩缝。纵缝应与路线中线平行。在路面等宽的路段内或路面变宽路段的等宽部分，纵缝的间距和形式应保持一致。路面变宽段的加宽部分与等宽部分之间，以纵向施工缝隔开。加宽板在变宽段起终点处的宽度不应小于 1 m。

纵缝的布设应视路面宽度和施工铺筑宽度而定：一次铺筑宽度小于路面宽度时，应设置纵向施工缝。纵向施工缝采用平缝形式，上部应锯切槽口，深度为 30~40 mm，宽度为

3~8 mm，槽内灌塞填缝料。一次铺筑宽度大于 4.5 m 时，应设置纵向缩缝。纵向缩缝采用假缝形式，宽度为 3~8 mm，锯切的槽口深度视基层材料而异。采用粒料基层时，槽口深度应为板厚的 1/3；采用半刚性基层时，槽口深度应为板厚的 2/5。

碾压混凝土面层一次摊铺宽度大于 7.5 m 时，应设置纵向缩缝；钢纤维混凝土面层在摊铺宽度小于 7.5 m 时，可不设纵向缩缝。行车道路面与混凝土硬路肩之间的纵向接缝必须设置拉杆。

纵向接缝在板厚中央设置拉杆，拉杆应采用螺纹钢筋，并应对拉杆中部 100 mm 范围内进行防锈处理。施工布设时，拉杆间距应按横向接缝的实际位置予以调整，最外侧的拉杆距横向接缝的距离不得小于 100 mm。

2. 横缝

横缝包括缩缝、胀缝和施工缝。横缝和纵缝应垂直相交，纵缝两侧的横缝不得相互错位。

横向缩缝可等间距或变间距布置，采用假缝形式。特重和重交通公路、收费广场以及邻近胀缝或自由端部的三条缩缝，应采用设传力杆假缝形式。其他情况可采用不设传力杆假缝形式。

横向缩缝顶部应锯切槽口，深度为面层厚度的 1/5~1/4，宽度为 3~8 mm，槽内填塞填缝料。高速公路的横向缩缝槽口宜增设深 20 mm、宽 6~10 mm 的浅槽口。

在邻近桥梁或其他固定构造物处或与其他道路相交处应设置横向胀缝。设置的胀缝条数，视膨胀量大小而定。胀缝宽 20~25 mm，缝内设置填缝板和可滑动的传力杆。

每日施工结束或因临时原因中断施工时，必须设置横向施工缝，其位置应尽可能选在缩缝或胀缝处。设在缩缝处的施工缝，应采用加传力杆的平缝形式。平缝，其构造应与胀缝构造相同。

3. 交叉口接缝布设

两条道路正交时，各条道路的直道部分均保持本身纵缝的连贯性，而相交路段内各条道路的横缝位置应按相对道路的纵缝间距做相应变动，保证两条道路的纵横缝垂直相交，互不错位。两条道路斜交时，主要道路的直道部分保持纵缝的连贯，而相交路段内的横缝位置应按次要道路的纵缝间距做相应变动，保证与次要道路的纵缝相连接。相交道路弯道加宽部分的接缝布置，应不出现或少出现错缝和锐角板。

在次要道路弯道加宽段起终点断面处的横向接缝，应采用胀缝形式。膨胀量大时，应在直线段连续布置 2~3 条胀缝。

（六）补强钢筋的布置

混凝土面层自由边缘下基础薄弱或接缝为未设传力杆的平缝时，可在面层边缘的下部配置钢筋。通常选用2根直径为12~16 mm的螺纹钢筋，置于面层底面之上1/4厚度处并不小于50 mm，间距为100 mm，钢筋两端向上弯起。

承受极重、特重交通的胀缝、施工缝和自由边的面层角隅及锐角面层角隅，宜配置角隅钢筋。通常选用2根直径为12~16 mm的螺纹钢筋，置于面层上部，距顶面不小于50 mm，距边缘为100 mm。

混凝土面层下有箱形构造物横向穿越，其顶面至面层底面的距离小于800 mm时，在构造物顶宽及两侧各1.5H+1.5 m且不小于4 m的范围内，混凝土面层内应布设双层钢筋网，上下层钢筋网各距面层顶面和底面1/4~1/3厚度处。构造物顶面至面层底面的距离为800~1 600 mm时，在上述长度范围内的混凝土面层中应布设单层钢筋网。钢筋网设在距顶面1/4~1/3厚度处。钢筋直径12 mm，纵向钢筋间距100 mm，横向钢筋间距200 mm。配筋混凝土面层与相邻混凝土面层之间设置传力杆缩缝。

混凝土面层下有圆形管状构造物横向穿越，其顶面至面层底面的距离小于1 200 mm时，在构造物两侧各1.5H+1.5 m且不小于4 m的范围内，混凝土面层内应布设单层钢筋网，钢筋网设在距面层顶面1/4~1/3厚度处。

（七）水泥混凝土路面接头的处理

1. 与构造物接头的处理

混凝土路面与桥涵、通道及隧道等固定构造物相衔接的胀缝无法设置传力杆时，可在毗邻构造物的板端部内配置双层钢筋网；或在长度为6~10倍板厚的范围内逐渐将板厚增加20%。

2. 与桥梁接头的处理

混凝土路面与桥梁相接，桥头没有搭板时，应在搭板与混凝土面层板之间设置长6~10 m的钢筋混凝土面层过渡板。后者与搭板间的横缝采用设拉杆平缝形式，与混凝土面层间的横缝采用设传力杆胀缝形式。膨胀量大时，应连续设置2~3条传力杆胀缝。当桥梁为斜交时，钢筋混凝土板的锐角部分应采用钢筋网补强。桥头未设搭板时，宜在混凝土面层与桥台之间设置长10~15 m的钢筋混凝土面层板；或设置由混凝土预制块面层或沥青面层铺筑的过渡段，其长度不小于8 m。

3. 与沥青路面接头的处理

混凝土路面与沥青路面相接时，其间应设置至少3 m长的过渡段。过渡段的路面采用两种路面呈阶梯状叠合布置，其下面铺设的变厚度混凝土过渡板的厚度不得小于 200 mm。过渡板顶面应设置横向拉槽，沥青层与过渡板之间应黏结良好。过渡板与混凝土面层相接处的接缝内设置直径 25 mm、长 700 mm、间距 400 mm 的拉杆。混凝土面层毗邻该接缝的 1~2 条横向接缝应设置胀缝。

（八）连续配筋混凝土面层配筋

连续配筋混凝土面层的纵向配筋量应按下述要求确定：纵向钢筋埋置深度处的裂缝缝隙平均宽度不大于 0.5 mm；横向裂缝的平均间距不大于 1.8 m；钢筋所承受的拉应力不超过其屈服强度；满足上述要求所需的纵向配筋率，中等交通荷载等级宜为 0.6%~0.7%，重交通荷载等级宜为 0.7%~0.8%，特重交通荷载等级宜为 0.8%~0.9%，极重交通荷载等级宜为 0.9%~1.0%；冰冻地区路面的配筋率宜高于一般地区 0.1%；连续配筋混凝土用于复合式面层的下面层时，其纵向配筋率可降低 0.1%。

连续配筋混凝土面层的纵向和横向钢筋均应采用螺纹钢筋，直径宜为 12~20 mm。当钢筋可能受到较严重腐蚀时，宜在钢筋外涂环氧树脂等防腐材料。钢筋布置应符合下列要求：纵向钢筋距面层顶面不应小于 90 mm，最大深度不应大于 1/2 面层厚度，在不影响施工的情况下宜接近 90 mm；纵向钢筋的间距不应大于 250 mm，不小于集料最大粒径的 2.5 倍；纵向钢筋的焊接长度宜不小于 10 倍或 5 倍钢筋直径，焊接位置应错开，各焊接端连线与纵向钢筋的夹角应小于 60°；边缘钢筋至纵缝或自由边的距离宜为 100~150 mm；横向钢筋应位于纵向钢筋之下；横向钢筋间距宜为 300~600 mm，直径大时取大值；横向钢筋宜斜向设置，其与纵向钢筋的夹角可达 60°。

相邻车道之间或车道与硬路肩之间的纵向接缝内，必须设置拉杆。该拉杆可用加长的横向钢筋代替。

（九）路肩及路面排水的要求

路面横坡应为 1%~2%，路肩铺面横坡宜比行车道路面大 1%~2%。行车道路面结构设置排水基层或垫层时，应在基层或垫层外侧边缘设置纵向集水沟和带孔集水管，并间隔 50~100 m 设置横向排水管，带孔集水管孔径通常为 10~15 cm。集水沟宽度通常采用 300 mm，深度应能保证集水管管顶低于排水层底面，并有足够厚度的回填料使集水管不被施工机械压裂。沟内回填料宜采用与排水基层或垫层相同的透水性材料，或者不含细料的碎石或砾石粒料。回填料与沟壁间应设反滤织物。

横向排水管不带孔，管径与集水管相同。集水沟和集水管纵坡宜与路线纵坡相同，但不得小于 0.3%。横向排水管的坡度不宜小于 5%。横向排水管出口端应设端墙。端头用镀锌铁丝网或格栅罩住，出水口应进行冲刷防护。

横向排水管上方的路肩边缘处应设置标志，标明出水口位置。

三、水泥混凝土路面施工工艺

（一）水泥混凝土路面对材料组成的要求

1. 水泥

水泥是水泥混凝土路面中最重要的胶凝材料，其质量直接影响水泥混凝土路面弯拉强度、抗冲击振动性能、疲劳寿命、稳定性和耐久性等关键性能，必须引起高度重视。

高速公路水泥混凝土路面所用水泥应具有抗折强度高、耐疲劳、收缩小、耐磨性强、抗冻性好的特点。常用的路用水泥有道路硅酸盐水泥、硅酸盐水泥、普通硅酸盐水泥、矿渣硅酸盐水泥等。极重、特重、重交通荷载等级公路面层水泥混凝土应采用旋窑生产的道路硅酸盐水泥、硅酸盐水泥或普通硅酸盐水泥；中、轻交通荷载等级公路面层可采用矿渣硅酸盐水泥；高温施工宜采用普通型水泥，低温施工宜采用高强型水泥。

2. 粗集料与再生粗集料

集料是混凝土中含量最多的组成材料，粒径在 5 mm 以上者，称为粗集料；粒径在 5 mm 以下者，称为细集料。粗细集料在混凝土中占有 4/5 的比例，可见其重要性。

为获得密实、高强度、耐久性好、耐磨耗的混凝土，粗集料必须质地坚硬、耐久、洁净，有良好的级配。

粗集料的粒状以接近正方体为佳。长度大于平均粒径的 2.4 倍的称针状颗粒，厚度小于平均粒径的 40% 的称片状颗粒。表面粗糙且多棱角的粗集料，与水泥浆的黏附性好，配制的混凝土具有较高的强度，在相同水泥浆用量条件下，砾石配制的混凝土具有较好的和易性。这里应指出的是：选用含有非晶质活性二氧化硅岩石做粗集料时，如果水泥中的碱性氧化物含量较高，并且混凝土长期处于潮湿环境，则水泥中的碱性氧化物水解后生成的氢氧化钠和氢氧化钾会与集料中的活性二氧化硅发生化学反应，在集料表面生成一种碱-硅酸凝胶体。这种凝胶体吸水后体积膨胀，造成混凝土结构破坏，出现较深的网裂。这种损坏现象称为碱-集料反应，选用集料时应注意避免。目前，已确定含非晶质活性二氧化硅的岩石有蛋白石、玉髓、鳞石英、方石英、硬绿泥岩、硅镁石灰岩、玻璃质或隐晶流纹岩、安山岩和凝灰岩等。

再生粗集料可单独或掺配新集料后使用，但应通过配合比试验验证，确定混凝土性能满足设计要求，并符合下列规定：有抗冰冻、抗盐冻要求时，再生粗集料不应低于Ⅱ级；

无抗冰冻、抗盐冻要求时，可使用Ⅲ级再生粗集料；再生粗集料不得用于裸露粗集料的水泥混凝土抗滑表层；不得使用出现碱活性反应的混凝土为原料破碎生产的再生粗集料。

粗集料与再生粗集料应根据混凝土配合比的公称最大粒径分为 2~4 个单粒级的集料，并掺配使用。

3. 细集料

细集料应采用质地坚硬、耐久、洁净的天然砂、机制砂或混合砂，不宜使用再生细集料。

水泥混凝土面层使用的天然砂宜为中砂，细度模数为 2.0~3.7 的砂。同一配合比用砂的细度模数变化范围不应超过 0.3，否则，应分别堆放，并调整配合比中的砂率后使用。配筋混凝土路面及钢筋混凝土路面中不得使用海砂。淡化海砂还应符合下述规定：淡化海砂带入每立方米混凝土中的含岩量不应大于 1.0kg。淡化海砂中碎贝壳等甲壳类动物残留物含量不应大于 1.0%，与河砂对比试验，淡化海砂应对砂浆磨光值、混凝土凝结时间、耐磨性、弯拉强度等无不利影响。

机制砂采用碎石作为原料，并用专用设备生产。中、轻交通荷载等级公路面层水泥混凝土可使用Ⅲ级天然砂。还应检验砂浆磨光值，其值宜大于 35，不宜使用抗磨性较差的泥岩、页岩、板岩等水成岩类母岩品种生产机制砂。配制机制砂混凝土时，外加剂宜采用引气高效减水剂或聚羧酸高性能减水剂。

4. 掺和料

使用道路硅酸盐水泥或硅酸盐水泥时，可在混凝土中掺入适量粉煤灰；使用其他水泥时，不应掺入粉煤灰。面层混凝土可单独或复配掺用符合规定的粉状低钙粉煤灰、矿渣粉或硅灰等掺和料。不得掺用结块或潮湿的粉煤灰、矿渣粉和硅灰。

粉煤灰宜采用散装灰，进货应有等级检验报告。应确切了解所用水泥中已经加入的掺合料的种类和数量。路面和桥面混凝土中可使用硅灰或磨细矿渣，使用前应经过试配检验，确保路面和桥面混凝土弯拉强度、工作性、抗磨性、抗冻性等技术指标合格。

5. 水

清洗集料、拌和混凝土及养护所用的水，不应含有影响混凝土质量的油、酸、碱、盐类、有机物等。饮用水一般均适用于混凝土。

6. 外加剂

混凝土外加剂已被列为混凝土混合料的必备成分。外加剂的用量一般不超过水泥用量的 5%，常用的外加剂有引气剂、减水剂、促凝剂、早强剂、防冻剂及阻锈剂等。

有抗冻要求地区、桥面、路缘石、路肩及贫混凝土基层必须使用引气剂，无抗盐要求地区，二级及二级以上公路路面混凝土中应使用引气剂。引气剂的作用是改善和易性、减少泌水、提高抗渗性和抗冻性，同时有减水作用、增强耐力性，减少干缩和温缩变形、缓解了碱-集料反应和化学侵蚀膨胀。

为改善所拌混凝土和易性须使用减水剂。如木质素等减水剂、水溶性树脂类减水剂等。

为调节水泥凝结时间的缓凝剂、速凝剂、早强剂；为增加耐冻性和对除冰化合物的抵抗力的引气剂。处在海水、海风环境的或冬季撒除冰盐的路面或桥面钢筋混凝土、钢纤维混凝土中宜掺阻锈剂。

由于引用外加剂后会改变混凝土对制备工艺的要求，使用时应特别小心，同时，要特别注意配量正确和在混合料中均匀拌和。

外加剂产品应使用工程实际采用的水泥、集料和拌和用水进行试配，检验其性能，确定合理掺量。外加剂复配使用时，不得有絮凝现象，应使用工程实际采用的水泥、集料和拌和用水进行试配，确定其性能满足要求后方可使用，各种可溶外加剂均应充分溶解为均匀水溶液，按配合比计算的剂量加入。采用非水溶的粉状外加剂时，应保证其分散均匀、搅拌充分，不得结块。滑模摊铺施工的水泥混凝土面层宜采用引气高效减水剂；高温施工混凝土拌和物的初凝时间短于 3h 时，宜采用缓凝引气高效减水剂；低温施工混凝土拌和物终凝时间长于 10h 时，宜采用超强引气高效减水剂。

7. 钢筋

水泥混凝土、钢筋混凝土及连续配筋混凝土面层所用钢筋、钢筋网传力杆、拉杆等应符合国家和行业现行相关标准的规定。钢筋不得有裂纹、断伤、刻痕、表面油污和锈蚀。配筋混凝土路面与桥面用钢筋宜采用环氧树脂涂层或防锈漆涂层等保护措施。

传力杆应无毛刺，两端应加工成圆锥形或半径为 2~3 mm 的圆倒角。胀缝传力杆应在一端设置镀锌钢管帽或塑料套帽，套帽厚度不应小于 2.0 mm，并应密封不透水，套帽长度宜为 100 mm，套帽内活动空隙长度宜为 30 mm。传力杆钢筋应采取喷塑、镀锌、电镀或涂防锈漆等防锈措施，防锈层不得局部缺失。拉杆钢筋应在中部不小于 100 mm 范围内采取涂防锈漆等防锈措施。

8. 纤维

用于路面和桥面水泥混凝土的钢纤维质量除应满足相关的要求外，尚应符合下列规定：钢纤维抗拉强度等级不应低于 600 级；钢纤维应进行有效的防锈蚀处理；钢丝切断型钢纤维或波形、带倒钩的钢纤维不应使用；钢纤维表面不应沾染油污及妨碍水泥黏结及凝结硬化的物质，团结、黏结连片的钢纤维不得使用。

用于面层水泥混凝土的玄武岩短切纤维的外观应为金褐色。匀质、表面无污染，二氧化硅含量应为 48%~60%。其表面浸润剂应为亲水型。

用于面层水泥混凝土的合成纤维可采用聚丙烯、聚酰胺和聚乙烯醇等材料制成的单丝纤维或粗纤维，其质量应符合相关的规定，且实测单丝抗拉强度最小值不得小于 450MPa。

9. 接缝材料

胀缝接缝板应选用能适应混凝土板膨胀收缩、施工时不变形、复原率高和耐久性好的材料。高速公路和一级公路宜选用泡沫橡胶板、沥青纤维板；其他等级公路也可选用浸油木板。用于水泥混凝土面层的胀缝板的高度、长度和厚度应符合设计要求，并按设计间距预留传力杆孔。孔径宜大于传力杆直径 2 mm，高度和厚度尺寸偏差均应小于 1.5 mm。

接缝填缝料应选用与混凝土接缝槽壁黏结力强、回弹性好、适应混凝土板收缩、不溶于水、不渗水、高温时不流淌、低温时不脆裂、耐老化、有一定抵抗砂石嵌入的能力、便于施工操作的材料。硅酮类、聚氨酯类常温施工式填缝料可用于各等级公路水泥混凝土面层；橡胶沥青、改性沥青类填缝料可用于二级及二级以下公路，不宜用于高速公路和一级公路；道路石油沥青类填缝料可用于三、四级公路，不宜用于二级公路，不得用于高速公路和一级公路。

严寒及寒冷地区宜采用低模量型填缝料，其他地区宜采用高模量型填缝料。橡胶沥青应根据当地所处的气候区划选用四类中适宜的一类。严寒、寒冷地区宜使用 70 号石油沥青和 SBS 类 I-C；炎热、温暖地区宜使用 50 号石油沥青或 SBS 类 LD。

10. 夹层与封层材料

沥青混凝土夹层用材料、热沥青表处与改性乳化沥青稀浆封层材料应符合相关的规定。

11. 养护材料

水泥混凝土面层用养护剂应采用由石蜡、适宜高分子聚合物与适量稳定剂、增白剂经胶体磨制成水乳液，不得采用以水玻璃为主要成分的养护剂。养护剂宜为白色胶体乳液，不宜为无色透明的乳液。使用养护剂时，高速公路、一级公路水泥混凝土面层应使用满足一级品要求的养护剂，其他等级公路可使用满足合格品要求的养护剂。

高温期施工时，宜选用白色反光面膜的节水保湿养护膜；低温期施工时，宜选用黑色或蓝色吸热面膜的产品。

（二）水泥混凝土路面的施工准备

应对施工现场及其附近的原材料、燃油、水资源储存及供应情况进行充分调研，收集当地气候特征、中长期天气预报、无线通信条件等与施工相关的资料。应根据标段施工条件、场地位置、沿线建筑物等情况，对现场施工便道、拌和站、钢筋加工场、生活与办公区等进行合理的总体布局。

应根据路面的设计与施工质量控制水平要求、工程规模、进度工期等条件选择适宜施工工艺、机械设备及其数量，制订施工方案和施工组织计划。基层、封层或夹层应验收合格，并应测量校核平面和高程控制桩，恢复路面中心、边缘等全部基本标桩，测量精度应满足相应规范的规定。

1. 选择摊铺成型施工机械

目前，我国在实际水泥混凝土路面工程建设中，高速公路、一级公路基本上使用滑模摊铺装备和工艺，二级及其以下公路水泥混凝土路面的施工，大多采用三根轴机组施工设备与工艺，小型机具施工工艺多用于三、四级公路。

常见的水泥混凝土路面的摊铺机械有滑模摊铺机、三根轴机组、小型机具、碾压混凝土摊铺机等。

（1）滑模摊铺机

滑模摊铺机铺筑是指采用滑模摊铺机铺筑水泥混凝土路面的施工工艺。其特征是不架设边缘固定模板，能够一次完成布料摊铺、振捣密实、挤压成型、抹面修饰等混凝土路面摊铺功能。

高速公路、一级公路推荐整幅滑模摊铺机，高速公路、一级公路施工，宜选配能一次摊铺2~3个车道宽度的滑模摊铺机，尽量使用整幅12.5 m宽度的大型滑模摊铺机，以减少纵向连接纵缝部位的不平整及存水现象。二级公路推荐9 m整宽滑模摊铺机，二级及以下公路路面的最小摊铺宽度不得小于单车道设计宽度，在二级公路上有条件时，推荐采用中央设路拱的8~9 m宽滑模摊铺机。无论是哪种设备，首先必须满足施工路面、路肩、路缘石和护栏等的基本施工要求；其次摊铺机本身的工作配置件要齐全，应配备螺旋或刮板布料器、振动排气仓、夯实杆或振动搓平梁、自动抹平板、侧向打拉杆及同时摊铺双车道的中部打拉杆装置等。

（2）三辊轴机组

三辊轴机组铺筑是指采用振捣机、三辊轴整平机等机组铺筑混凝土路面的施工工艺。

三副轴摊铺整平机以轴的直径划分型号，以轴的长度划分规格，应根据摊铺宽度确定规格。从摊平拌和物考虑，轴的直径大比较有利；从有效密实深度考虑，轴的直径较小比较有利。目前市场上的三辊轴摊铺整平机，轴的直径有168 mm、219 mm和240 mm三种。采用较大的轴径施工效率较高，平整度较好，但表面浆体比较容易离析，浆较薄；采用较小的轴径，提浆效果较好，但轴易变形，应注意校正。板厚 200 mm 以上宜采用直径 168 mm 的辊轴；桥面铺装或厚度较小的路面可采用直径 219 mm 的辊轴。轴长宜比路面宽度长出 600~1200 mm。

振动轴的转速有 300 r/min 和 380 r/min 两种，宜采用较小的转速，以保证有效振实和提浆。振动轴的转速不宜大于 380 r/min。振动功率宜大于 7.5kW；驱动轴的最大行驶速度不大于 13.5 m/min，驱动功率不小于 6kW。保证振轴和驱动轴有足够大的功率，以克服混合料和模板的阻力，实现摊铺、振动密实及整平功能。

三辊轴机组铺筑混凝土面板时，必须同时配备一台安装插入式振捣棒组的排式振捣机，尽量使用同时安装有辅助摊铺的螺旋布料器和松方控制刮板形式，并具有自动行走功能。

（3）小型机具

小型机具铺筑是指采用固定模板人工布料，手持振捣棒、振动板或振捣梁振实，棍杠、修整尺、抹平刀整平的混凝土路面施工工艺。

小型机具施工中、轻交通等级水泥混凝土路面时可使用。它技术简单成熟，施工便捷，不需要大型设备，主要靠人工，但劳动强度最大，使用的劳动力数量最多，是劳动密集型的水泥混凝土路面施工方式。

（4）碾压混凝土摊铺机

碾压混凝土路面铺筑是指采用特干硬性水泥混凝土拌和物，使用沥青摊铺机摊铺，压路机械碾压密实成型的混凝土路面施工工艺。

碾压混凝土路面施工最好选择带自动找平系统和高密实度烫平板的大型沥青摊铺机，最大摊铺厚度可达到 30 cm，摊铺预压密实度可达到 85% 以上，根据路面摊铺宽度可选用 1~2 台。压实机械采用质量为 10~12 t 的振动压路机 1~2 台；15~25 t 的轮胎压路机 1 台，用于路面碾压。1~2 t 的小型振动压路机 1 台，用于边缘压实。

2. 施工组织

施工单位应根据设计图纸、合同文件、摊铺方式、施工条件等，确定混凝土路面施工工艺流程、施工方案，编制详细的切实可行的施工组织设计；对平面和高程进行复测和恢复性测量；建立具备资质要求的现场实验室；铺设必要的施工便道及对相关的技术人员进行培训。

施工组织设计应包括下列内容：

①施工机械设备种类与数量组合、进场计划、操作人员与设备调配方案。

②路面的施工工艺流程、质量检验计划、关键工序质量控制要求。

③配合比的试验、检验与控制程序，计划和质检人员安排。

④工程计划进度网络图及直方图。

⑤原材料进场计划，水资源、油料与电力获取方式、供应计划与备用方案。

⑥劳动力进场计划。

⑦拌和站、钢筋加工场、项目部与生活区建设方案。

⑧施工便道及临时导改方案，原材料与混凝土运输道路的建设计划与施工交通管制。

⑨安全生产计划等。

施工过程中，应结合工程的进展速度及变化情况，及时调整施工组织设计，使工程质量及进度始终处于可控状态。

3. 选择混凝土拌和场地和拌和机械

根据施工路线的长短和所采用的运输工具，混凝土可以集中在一个场地拌制，也可以在沿线选择几个场地，随工程进展情况迁移，拌和场地的选择首先要考虑使运送混合料的运距最短，同时还要接近水源和电源。此外，拌和场地应有足够的面积，以供堆放砂石材料和搭建水泥库房。

根据技术设计要求与当地材料供应情况，做好混凝土各组成材料的试验，进行混凝土各组成材料的配合比设计。

拌和设备按拌和过程的生产方式可以分为间歇式搅拌楼和连续式搅拌楼。间歇式搅拌楼是每锅单独称料的，因此，搅拌精确度高于连续楼，弃料少，宜优先选配间歇式搅拌楼；也可使用连续式搅拌楼，它也能够达到滑模摊铺高速公路水泥混凝土路面的要求。连续式搅拌楼应配备两个搅拌锅或一个长度足以搅拌均匀的搅拌锅，并应在搅拌锅上配备电视监控设备。前者是为了保证拌和物匀质性和熟化程度，后者是为了保障安全。

4. 基层的检查与整修

施工前应对桥头、软基、高填方、填挖方交界等处的路基段进行连续沉降观测，当发现局部路基段沉降尚未稳定时，不得进行该段面层施工。

面层施工前，应提供足够连续施工 7 d 以上的合格基层，并应严格控制表面高程和横坡。基层的宽度、路拱与标高、表面平整度和压实度，均应检查其是否符合要求。如有不符合之处，应予整修。

局部破损的基层应按下列规定进行整修：

①存在挤碎、隆起、空鼓等病害的基层，应清除病害部位，并使用相同的基层料重新铺筑。

②当基层产生非扩展性温缩、干缩裂缝时，可先采用灌沥青密封防水后，再采用土工

合成材料进行防裂处理。

③局部开裂、破碎的部位，应局部全厚度挖除，并采用贫混凝土修复。

5. 夹层与封层施工

沥青混凝土夹层、热沥青表面处置封层与乳化改性沥青稀浆封层的施工及质量标准应符合相关规定。土工布封层的施工应符合相关规定。

薄膜封层的铺设施工应符合下列规定：施工前，应清除基层表面的浮土、碎石等杂物，再铺设薄膜。封层铺设应完全覆盖基层表面，不得漏铺，并应做到平整、顺直，避免褶皱。一布一膜型复合土工膜或单面复合塑料编织布封层铺设应使膜面朝上，布面紧贴基层。封层搭接时，纵向搭接长度不应小于 500 mm，横向搭接宽度不应小于 300 mm。采用黏结方式连接时，纵向黏结长度不应小于 200 mm，横向黏结宽度不应小于 150 mm。重叠部分，沿纵坡或横坡下降方向高程较大一侧，封层应在上方。纵坡大于 5.0% 路段和设超高的弯道封层宜采用二布一膜型复合土工膜，平曲线上宜采用折线形式铺设。薄膜封层宜与基层表面粘贴固定，应对铺设好的封层进行保护，损坏的封层应及时进行修补。封层铺设应在面层施工模板或基准线安装前完成。

薄膜封层铺设质量检验应符合下列规定：薄膜封层铺设搭接偏差、宽度偏差不得超过规定值的 20%。因施工产生最大破口长度不得超过 60 mm；每 10 m² 范围内长度超过 20 mm 的破口数量不得超过 3 个。所有破口均应贴补修复或更换新封层。

6. 试验路段铺筑

公路水泥混凝土面层施工前，应制订试验路段的施工方案和质量检测计划，并应铺筑试验路段。试验路段长度不应短于 100 m，高速公路、一级公路宜在主线路面以外进行试铺。

试验路段铺筑应达到下述目的：①确定拌和楼的拌和参数、实际生产能力和配料精度；②检验混凝土的施工性能、技术参数和实测强度；③检验铺筑机械、工艺参数及与拌和能力匹配情况；④检验施工组织方式、质量控制水平和人员配备。

拌和楼应通过动、静态标定检验合格后方可试拌。试拌应确定下列内容：①每座拌和楼的生产能力、施工配合比的配料精度，以及全部拌和楼的总产量；②计算机拌和程序及粗细集料含水率的反馈控制系统满足要求；③合理投料顺序和时间、纯拌和与总拌和时间；④拌和物坍落度、VC、含气量等工艺参数；⑤检验混凝土试件弯拉强度是否满足要求。用于试验段的拌和楼试拌合格后，方可进行试验路段铺筑。

试验路段铺筑内容包括：①主要铺筑设备的工艺性能、质量指标和生产能力满足要求；辅助设备的配备合理、适用；模板架设固定方式或基准线设置方式能够保证高程和厚度控制要求。②实测试验路段的松铺系数、摊铺速度、振捣时间与频率、滚压遍数、碾压遍数、压实度、拉杆与传力杆置入精度、抗滑构造深度、摩擦系数、接缝、垂直度等。③验证施工各工艺环节操作要领，确定各关键岗位的作业指导书。④检验施工组织形式和人员编制。⑤通信联络、生产调度指挥及应急管理系统满足施工组织要求。

试验路段铺筑后，按面层质量检验项目要求和检查方法进行全面质量评定，并应符合下列规定：①应提交试验路段的检查结果总结报告，报告中应包括试铺路段所采用的工艺参数、检验结果、存在的问题及改进措施，对正式施工时拟采用的施工参数提出明确的指导书；②水泥混凝土路面试验路段应经过建设单位组织的对各项施工质量指标的复检和验收，合格后，经批准，方可投入正式铺筑施工；③符合各项质量技术要求的施工工艺、流程和参数应固化为标准化施工工艺模式，并贯穿施工全过程；④试验路段质量检验评定不合格，或未能达到预期目标时，应重新铺筑试验路段。

（三）水泥混凝土拌和物搅拌与运输

应根据工程规模、施工工艺和日进度要求合理配备拌和设备，混凝土拌和物应在初凝时间之内运输到铺筑现场。拌和楼出口混凝土拌和物的坍落度，应根据铺筑最适宜的坍落度值加上运输过程中坍落度的净时损失值确定，并应根据运距长短、气温高低随时进行微调。当原材料、混凝土种类、混凝土强度等级等有变化时，应重新进行配合比设计及试拌，必要时应重新铺筑试验路段，合格后方可搅拌生产。

1. 水泥混凝土的拌和

（1）组成材料计量与进料顺序

进行拌和时，掌握好混凝土施工配合比，严格控制加水量，应根据砂、石料的实测含水率，调整拌和时的实际用水量。

（2）拌和时间

拌和时间依赖于叶片总行程，从控制拌和物的黏聚性、匀质性及强度稳定性的角度出发，规定不同搅拌楼的总拌和时间及纯拌和时间。搅拌均匀的核心问题并非取决于时间，而是依赖于叶片总行程。由于负载大小不同，叶片行程也不同，因此，时间控制只有在额定容量时才正确，所以也可控制叶片总行程即叶片搅拌总周长。

拌和时间确定应同时考虑质量和产量。拌和时间确定是要在提高拌和物质量要求延长时间与提高拌和物产量和拌和效率这对矛盾中取得最佳的平衡。我国所有高速公路水泥混凝土路面滑模摊铺时的拌和均在铺筑初期。以质量控制为主，总拌和时间与纯拌和时间均比规范规定的时间要长，纯拌和时间一般不小于 45 s，施工正常时，在确保质量的前提下，提高产量，再调整到 35~40 s。规范给出的总拌和时间 60 s 与纯拌和时间 35 s 是最短时间，不得突破。

2. 水泥混凝土的运输

混合料宜采用翻斗车或自卸车运输，当运距较远时，宜采用水泥混凝土搅拌运输车运输。运送混凝土的车辆装料前，应清理箱罐、洒水润壁、排干积水。装料时，自卸车应挪动车位，防止离析。搅拌楼卸料落差不应大于 2 m。混凝土运输过程中应防止漏浆、漏料和污染路面，途中不得随意耽搁。自卸车运输应减少颠簸，防止拌和物离析。车辆起步和停车应平稳。

运输到现场的拌和物必须具有适宜摊铺的工作性。

烈日、大风、雨天和低温天远距离运输时，自卸车应遮盖混凝土，罐车宜加保温隔热套。运输车辆在模板或导线区调头或错车时，严禁碰撞模板或基准线，一旦碰撞，应告知测工重新测量纠偏车辆倒车及卸料时，应有专人指挥。卸料应到位，严禁碰撞摊铺机和前场施工设备及测量仪器，卸料完毕，车辆应迅速离开。

（四）三辊轴机组与小型机具施工

三辊轴机组铺筑工艺可用于二级及二级以下公路的水泥混凝土路面面层、桥面和隧道混凝土面层的施工，也可用于高速、一级公路硬路肩、匝道、收费广场边板、封闭式中央分隔带、弯道超高加宽段硬路肩及局部异形面板等的施工。

小型机具铺筑工艺可用于三、四级公路水泥混凝土面层的施工，不得用于隧道路面与桥面铺装。小型机具施工中、轻交通的低等级水泥混凝土路面时仍可使用。它技术简单成熟，施工便捷，不需要大型设备，主要靠人工。但劳动强度最大，使用的劳动力数量最多，是劳动密集型的水泥混凝土路面施工方式。

1. 水泥混凝土面层的安装模板

定模摊铺，使用量最大、最多的是边缘侧向模板。首先要求模板为钢模板，公路混凝土路面板、桥面板和加铺层的施工模板应采用刚度足够的槽钢、钢制边侧模板，不应使用木模板、塑料模板等其他易变形的模板。原因是木模板的刚度偏小，其平整度的表面基准不能满足高速公路、一级公路平整度要求。另外，木模板吸水易于变形，周转率低。

模板的高度为面板设计厚度。模板顶面用水准仪检查标高，不符合要求时予以调整。施工时，要经常检查模板平面和高程，并严加控制。模板长度以人工便于架设为准，一般为 3~5 m，且不宜短于 3 m。在小半径弯道，为了渐变弯道，可使用较短的模板。横向连接摊铺须设置拉杆时应按设计要求的拉杆距离，在模板上预留拉杆插入孔。为了提高模板的架设稳固性，要求每米模板应设置一处支撑固定装置进行水平固定。固定的作用主要是防止振捣机、三程轴、振捣梁、滚杠振动和重力作用下向外水平位移口模板垂直度用垫木楔方法调整。模板底部的空隙，宜使用砂浆垫实或铺垫塑料薄膜，以防止振捣漏浆。立好的模板在浇筑混凝土之前，其表面应涂刷肥皂液、废机油等防黏剂，以便拆模。

横向施工缝端模板应为焊接钢制或槽钢模板，并按设计规定的传力杆直径和间距设置传力杆插入孔和定位套管。横向施工缝端头模板上的传力杆设置精确度要求较高，施工定位精确度不足时，传力杆将顶坏水泥路面。两边缘传力杆到自由边距离不宜小于 150 mm。每米设置一个垂直固定孔套。

模板数量应根据施工进度和施工气温确定，并应满足拆模周期内周转需要。一般情况下，模板总量不宜少于两次周转的需要。

模板安装前在基层上应进行模板安装及摊铺位置的测量放样，每 20 m 应设中心桩；每 100 m 宜布设临时水准点；核对路面标高、面板分块、胀缝和构造物位置。测量放样的质量要求和允许偏差应符合相应测量规范的规定。纵横曲线路段应采用短模板，每块模板中点应安装在曲线切点上。以便较圆滑顺畅过渡曲线，并使混凝土用量最省。

模板应安装稳固、顺直、平整，无扭曲，相邻模板连接应紧密平顺，底部不得有漏浆、前后错槎、高低错台等现象。模板应能承受摊铺、振实、整平设备的负载行进、冲击和振动时不发生位移。严禁在基层上挖槽，嵌入安装模板。模板架设最主要的要求是稳固，在上部机械和机具的摊铺、振捣、整平及饰面作业下不位移且不妨碍各项作业。规定每米一个固定栓杆，小型机具作业时，稳固要求低些，三辊轴机组支模稳固性要求高些。

当混凝土抗压强度不小于 8.0MPa 时方可拆模。适宜的拆模时间与施工时当地的昼夜平均气温和所用的水泥品种有关，气温高，水泥中掺加的混合材少者，则拆模时间短，反之拆模时间长。要注意的是，路面混凝土中掺加粉煤灰时，正常气温下，一般应延长 1~2 d 拆模，低温条件下应延长 3~5 d 拆模。

拆模不得损坏板边、板角和传力杆、拉杆周围的混凝土，也不得造成传力杆和拉杆松动或变形。模板拆卸宜使用专用拔楔工具，严禁使用大锤强击拆卸模板。主要目的是在拆模时，不得损伤或撬坏路面，同时不得敲打和损坏模板。拆下的模板应将黏附的砂浆清除干净，并矫正变形或局部损坏，不符合要求的模板应废弃，不得再使用。

2. 水泥混凝土面层三辊轴机组铺筑

三辊轴机组铺筑水泥混凝土面层时，应按照支模、安装钢筋、布料、振捣、三辊轴整平、精平、养生、刻槽、切缝、填缝的工艺流程进行。三根轴整平机应由振动辊、驱动辊和甩浆辊组成，材质应为三根等长度同直径无缝钢管，并具有足够的刚度和耐磨性。三辊轴整平机的技术参数应根据面层厚度、拌和物工作性和施工进度等合理选用。

三辊轴整平机使用功能应符合下列规定：三根轴整平机辊轴长度应比实际铺筑的面层宽度至少多出 0.6 m，两端应搭在两侧模板顶面。振动辊相应安装在整平机前侧，由单独的动力驱动。甩浆辊的转动方向应与铺筑前进方向相反，不振动时可提离模板顶面。

三辊轴机组铺筑水泥混凝土面层时，应配备振捣机。振捣机应符合下列规定：振捣机应由机架、行走机构和一排振捣棒组成，并配备螺旋布料器和送方控制刮板，具备自行或推行功能；连续式振捣机的振捣棒组宜水平或小角度布置，直径宜为 80~100 mm，振动频率宜为 100~200Hz，工作长度宜为 400~500 mm，振捣棒的间距宜为 350~500 mm。振捣机的移动速度应可调整，调整范围宜为 0.5~2 m/min；间歇式振捣机的振捣棒可垂直或大角度布置，振捣棒的直径、振动频率、工作长度和间距要求应与连续式振捣机相同。振捣棒每次插入振动最短时间不应短于 20 s，振捣棒应缓慢抽出后，再移动振捣机，每次移动距离不应超过振捣棒有效作用半径的 1.5 倍，并不宜大于 0.6 m。振捣梁应设置在三辊轴整平机前方。当铺筑厚度不大于 200 mm 时，其振动频率宜为 50~60Hz，振动加速度宜为 4~5g（g 为重力加速度）。当一次铺筑宽度大于 4.5 m 时，纵缝拉杆宜使用预设钢筋支架固定。横向连接纵缝处的拉杆应在边模板预留孔中插入，并振实黏牢。松动的拉杆应在连接摊铺前重新牢固植入。

横缝传力杆应采用预制钢筋支架法安装固定，不得手工设置传力杆。宜使用手持振捣棒专门振实传力杆支架范围内的混凝土。

纵坡路段宜向上坡方向铺筑，应全断面布料，松铺高度符合要求后，再使用振捣机开始振捣。振捣机应匀速缓慢、连续地振捣行进作业。振捣后的混凝土面层应成为连续均匀的整体，并达到所要求的密实度。振捣机振实后，料位应高于模板顶面 5~15 mm，局部坑洼不得低于模板顶面。过高时应铲除，过低应及时补料。

三辊轴整平机作业应符合下列规定：三辊轴整平机应按作业单元分段整平，作业单元长度宜为 10~30 m，施工开始或施工温度较高时，可缩短作业单元长度，最短不宜短于 10 m。振捣机振实与三辊轴整平两道工序之间的间隔时间不宜超过 15 min；在作业单元长度内，三辊轴整平机应采用前进振动、后退静滚方式作业；三辊轴整平机整平水泥混凝土面层不同料位高差的滚压遍数，可按拌和物坍落度初步设置，并根据试铺效果最终确定；三辊轴整平作业时，应处理整平轴前料位的高低情况，过高时应铲除，轴下的间隙应采用混凝土补平；振动滚压完成后，应升起振动辊，用甩浆辊抛浆整平一遍，再用整平轴前、后静滚整平，直到平整度符合要求、表面砂浆厚度均匀为止。路面表层砂浆的厚度宜控制为 4 mm±1 mm。过厚的稀砂浆应及时刮除丢弃，不得用于路面补平。三根轴整平机整平后，应采用 3~5 m 刮尺，纵、横两个方向精平饰面，纵向不少于 3 遍，横向不少于 2 遍。也可采用旋转抹面机密实精平饰面 2 遍，直到平整度符合要求；饰面完成后，应立即开始保湿养生。

3. 水泥混凝土面层小型机具铺筑

小型机具铺筑宽度不大于 4.5 m 时，铺筑能力不宜小于 20 km/h。混凝土拌和物摊铺前，应对模板的位置及支撑稳固情况，传力杆、拉杆的安设等进行全面检查。修复破损基层，并洒水润湿；用厚度标尺板全面检测板厚与设计值相符，方可开始摊铺。卸料时须专人指挥自卸车，尽量准确卸料。人工布料应用铁锹反扣，严禁抛掷和搂耙。人工摊铺混凝土拌和物的坍落度应控制为 5~20 mm，拌和物松铺系数宜控制 k = 1.10~1.25，料偏干，取较高值；反之，取较低值。松铺系数控制的实际目的是估计布料高度超出边缘模板多少是合适的，小型机具施工与其他定模摊铺的方式一样，均要求布料高度应高出边模一定高度，以便振捣梁和辊杠能够起到挤压、振动及密实饰面的作用。

水泥混凝土路面铺筑的振实和面层处理程序如下：

（1）插入式振捣棒振实

在待振横断面上，每车道路面应使用 3 根振捣棒，振捣棒的功率不应小于 1.1 kW，组成横向振捣棒组，沿横断面连续振捣密实，并应注意路面板底、内部和边角处不得欠振或漏振。振捣棒应轻插慢提，不得猛插快拔，严禁在拌和物中推行和拖拉振捣棒振捣。振捣棒移动距离不应大于有效作用半径的 1.5 倍，并不大于 500 mm，每处振动时间不宜短于 30 s，边角插入振捣棒模板的距离不应大于 150 mm，并避免碰撞模板。振捣时，应辅以人工补料，应随时检查振实效果、模板、拉杆、传力杆和钢筋网的移位、变形、松动、漏浆等情况，并及时纠正。

（2）振动板振实

在振捣棒已完成振实的部位，可开始振动板纵横交错两遍全面提浆振实，每车道路面应配备 2 台振动板。振动板须由两人提拉振捣和移位，不得自由放置或长时间持续振动。振动板移位时，应重叠 100~200 mm，每处振动时间不应少于 15 s。移位控制以振动板底部和边缘泛浆厚度 4 mm±1 mm 为限。缺料的部位，应辅以人工补料找平。

（3）振动梁振实

每车道路面宜使用 1 根振动梁，长度应比路面宽度每侧宽出 300~500 mm。振动梁上应安装 2 台附着式表面振动器，振动器功率不应小于 1.1 kW。振动梁应具有足够刚度和质量，底部应焊接或安装深度 4 mm 左右的粗集料压实齿。振动梁应垂直路面中线沿纵向拖行，往返 2~3 遍，使表面泛浆均匀平整。在振动梁拖振整平过程中，缺料处应使用混凝土拌和物填补，不得用纯砂浆填补；料多的部位应铲除。

（4）滚杠提浆整平

每个作业面应配备 2 根整平滚杠，一根用于施工，一根浸泡清洗备用。滚杠应使用直径为 100 mm 或 125 mm 的无缝钢管制成，振动梁振实后，应拖动滚杠往返 2～3 遍体浆整平。第一遍应短距离缓慢推滚或拖滚，以后应较长距离匀速拖滚，并将水泥浆始终赶在滚杠前方。多余水泥浆应铲除。

（5）压实整平

拖滚后的表面宜采用 3 m 刮尺，纵横各 1 遍整平饰面，或采用叶片式或圆盘式抹面机往返 2～3 遍压实整平饰面。抹面机配备每车道路面不宜少于 1 台。

（6）精品饰面

在抹面机完成作业后，应进行清边整缝，清除黏浆，修补缺边、掉角。应使用抹刀将抹面机留下的痕迹抹平，当烈日暴晒或风大时，应加快表面的修整速度，或在防雨篷遮阴下进行。精平饰面后的面板表面应无抹面印痕，致密均匀，无露骨，平整度应达到规定要求。

4. 碾压混凝土路面施工

碾压工艺可用于二、三、四级公路混凝土面层与高速公路、一级公路复合式路面碾压混凝土下面层施工。碾压铺筑应按卸料进摊铺机、摊铺机摊铺、拉杆设置、钢轮压路机初压、振动压路机复压、轮胎压路机终压、抗滑处理、养生、切缝等工艺流程进行。碾压混凝土面层摊铺，宜选用沥青混凝土摊铺机。摊铺机应具有振动压实功能，摊铺密实度不应小于 85%。

采用沥青混凝土摊铺机摊铺时，松铺系数宜控制为 1.05～1.15。采用基层摊铺机摊铺时，松铺系数宜控制为 1.15～1.25，应通过试铺确定松铺系数。

摊铺前应洒水湿润基层。摊铺作业应均匀、连续，摊铺过程中不得随意变换速度或停顿。弯道及超高路段铺筑时，应及时调整左右两侧分料器的转速，保证两侧供料均衡、充足。两台摊铺机前后紧随摊铺时，两幅摊铺间隔时间应控制在 1h 之内。拉杆设置应与摊铺同步进行。采用打入法时，应根据设计间距设醒目的定位标记，准确打入拉杆。摊铺后，应立即对所摊铺混凝土表面进行检查，局部缺料部位，应及时补料。局部粗集料聚集部位，应在碾压前挖除并用新混凝土填补。

碾压应紧随摊铺机碾压。碾压宜分初压、复压和终压三个阶段进行，并应符合下列规定：压路机应匀速稳定、连续行进，中间不应停顿、等候和拖延，也不得相互干扰；压路机起步、倒车和转向均应缓慢柔顺，碾压过程中不得中途急停、急拐、紧急起步及快速倒车；初压宜采用钢轮压路机或振动压路机静碾压，重叠量宜为 1/4～1/3 钢轮宽度；复压宜采用 10～15 t 振动压路机振动碾压，重叠量宜为 1/3～1/2 振动碾宽度。复压遍数应以实测满足规定压实度值为停止复压标准；终压应采用 15~25 t 轮胎压路机静碾压，以弥合表面微裂纹和消除轮迹为停压标准。

碾压密实后的表面应及时喷雾、洒水，并尽早覆盖养生。施工过程中应采取措施控制碾压混凝土表面裂纹的产生。碾压终了后的面层表面不应有可见微裂纹。

碾压混凝土面层横向施工缝施工应符合下列规定：在施工段终点处应设压路机可上、下面层的纵向斜坡；第二天摊铺开始前，应检测前一施工段终点厚度及平整度不合格段落；应全厚度切除不合格段落的混凝土；纵向连接摊铺新路面时，施工缝侧壁应涂刷水泥浆；受设备限制，切缝深度不能达到混凝土面层全厚时，切缝深度不应小于 800 mm，并应将施工缝下部凿顺直。

碾压混凝土面层胀缝应与下面层或基层中的胀缝对齐。纵、横向缩缝应采用硬切缝，硬切缝及填缝要求与水泥混凝土面层相同。碾压混凝土面层抗滑构造采用表面露石构造时，粗集料的磨光值 PSV 不应小于 35，洛杉矶磨耗损失不宜大于 35%。在混凝土终凝之前，应扫除表面的砂浆。露石面积不宜少于 70%。

（五）面层接缝、抗滑构造施工及养生

各级公路行车道与超车道面层表面应制作细观抗滑纹理和宏观抗滑构造，不得遗留光滑的表面。纹理和构造深度应均匀一致。各种水泥混凝土面层、隧道路面、桥面铺筑完成后，均应立即开始保湿养生，养生龄期应满足强度增长的要求。

1. 接缝施工

（1）变宽路段切缝

在变宽度路面上，宜先切缝划分板宽。匝道上的纵缝宜避开轮迹位置，横缝应垂直于每块面板的中心线。变宽度路面缩缝，允许切割成小转角的折线，相邻板的横向缩缝切口必须对齐，允许偏差不得大于 5 mm。在弯道加宽段、渐变段、平面交叉口和匝道进出口横向加宽或变宽路面上，横向缩缝切缝必须缝对缝，无法对齐时，可采用小转角折线缩缝。其原因是纵缝有拉杆传递拉开变形，将未对缝的面板拉断。若不对缝，又不允许拉断，变宽路面纵缝两侧应采用钢筋混凝土或配边缘补强钢筋。

在极重、特重和重交通公路、收费广场、邻近胀缝或路面自由端的缩缝应采用假缝加传力杆型。传力杆设置方式有两种：一是用滑模摊铺机配备的传力杆自动插入装置在摊铺时置入；二是使用前置钢筋支架法施工。

（2）横向缩缝切缝

目前，水泥混凝土路面切缝技术有很大进展，设备有软切缝机、普通切缝机、支架切

缝机等；切缝方式有全部硬切缝、软硬结合切缝和全部软切缝三种；切缝方式的选用，应由施工期间该地区路面摊铺完毕到切缝时的昼夜温差确定。根据我国南北方各地的施工经验观察，给出了在当地日温差条件下适宜的切缝方法和深度。

对分幅摊铺的路面应在先摊铺的混凝土板横缩缝已断开的部位做标记，在后摊铺的路面上应对齐已断开的横缩缝提前软切缝。分幅横向连接摊铺纵缝有拉杆的水泥混凝土路面，对先铺路面已经断开的缩缝，由于拉杆会传递拉应变，导致后铺路面在硬切缝之前就断板了，应特别注意提前软切缝防止断板。

对纵向带拉杆假缩缝及横向带传力杆缩缝的切缝应高度重视，近年来，采用滑模摊铺机和三辊轴机组一次摊铺两个车道不小于 7.5 m 的路面，由于假纵缝和传力杆缩缝切缝深度过浅和切缝时间太短，引起了一些拉杆和传力杆端部的纵向开裂现象，因此规定已设置拉杆的假纵缝和设有传力杆的缩缝，切缝深度不应小于 1/4 板厚，最浅不小于 70 mm；无传力杆缩缝的切缝深度应为 1/5~1/4 板厚，最浅不得小于 60 mm。最迟切缝时间不宜超过 24h。

高温期施工时，顺直路段中可根据设计要求减少胀缝的设置；春秋季施工时，两端构造物间距大于 500 m 时，宜在顺直路段中间设一道或若干道胀缝；低温期施工时，两端构造物间距大于 350 m 时，宜设置顺直路段胀缝。

胀缝应采用前置钢筋支架法施工，也可采用预留一块面板，高温时再铺封。前置法施工、应预先加工、安装和固定胀缝钢筋支架，并在使用手持振捣棒振实胀缝板两侧的混凝土后再摊铺。胀缝板应连续贯通整个路面板宽度。胀缝施工的关键技术有两条：一是保证钢筋支架和胀缝板准确定位，使机械或人工摊铺时不产生推移、支架不弯曲、胀缝板不倾斜，要求支架和胀缝板较有力地固定；二是胀缝板上部软嵌入临时木条，胀缝板顶部会提前开裂，来不及硬切缝，已经弯曲断开，缝宽不一致，很难处理。解决办法是临时软嵌（20~25 mm）×20 mm 木条，保持均匀缝宽和边角完好性，直到填缝，剔除木条，再粘胀缝多孔橡胶条或填缝。

（3）胀缝填缝

路面胀缝和桥台隔离缝等应在填缝前，凿去接缝板顶部嵌入的木条，涂胶黏剂后，嵌入胀缝专用多孔橡胶条或灌进适宜的填缝料，当胀缝的宽度不一致或有啃边、掉角等现象时，必须灌缝，不得嵌缝，因为只要有一侧边角破损时，是无法进行嵌缝的。

从胀缝很大的变形量来看，胀缝中的填缝料不宜使用各种密实型填缝材料，因为填料在热天容易被挤出、带走或磨掉，而冬季则会收缩成槽，所以推荐上表面较厚的几重防护的多孔橡胶条。桥面伸缩缝应按伸缩缝厂商提供的配套填缝材料和要求填缝。

每天摊铺结束或摊铺中断时间超过 30 min 时，混凝土已经初凝、中断或结束摊铺应使用端头钢模板设横向施工缝。横向施工缝位置宜与胀缝或缩缝重合，横向施工缝与胀缝重合时，应按胀缝施工，胀缝两侧补强钢筋笼宜分两次安装。

使用常温聚氨酯和硅树脂等填缝料时，应按规定比例将两组分材料按 1h 灌缝量混拌均匀后使用；使用加热填缝料时，应将填缝料加热至规定温度。加热过程中应将填缝料彻底熔化，搅拌均匀，并保温使用。

灌缝的形状系数宜控制在 2 左右，灌缝深度宜为 15~20 mm，最浅不得小于 15 mm。先挤压嵌入直径 9~12 mm 多孔泡沫塑料背衬条，再灌缝。灌缝顶面气温高时应与板面齐平；一般气温应填为凹液面，中心低于板面 3 mm。填缝必须饱满、均匀、厚度一致并连续贯通，填缝料不得缺失、开裂和渗水。

高速公路、一级公路推荐使用树脂、橡胶和改性沥青类填缝材料；二、三级公路可用热灌沥青和胶泥类填缝材料。

常温施工是填缝料的养生期，低温天宜为 24h，高温天宜为 10h；加热施工式填缝料的养生期，低温天宜为 2h，高温天宜为 6h。在灌缝料养生期间应封闭交通，常温反应固化型及加热施工填缝料均需要封闭交通养生。

2. 抗滑构造施工

人工修整表面时，宜使用木抹子。用钢抹子修整过的光面，必须再拉毛处理，以恢复细观抗滑构造。

细观纹理的施工应符合下列规定：细观纹理宜在精平后的湿软表面，使用钢支架拖挂 1~3 层叠合麻布、帆布等布片拖出。布片接触路面的长度宜为 0.7~1.5 m，细度模数较大的粗砂，接触长度宜取小值；细度模数较小的细砂，接触长度宜取大值；用抹面机修整过较干硬的光面，可采用较硬的竹扫帚扫出细观纹理；已经硬化后的光滑表面可采用钢刷刷毛、喷砂打毛、喷钢丸打毛、稀盐酸腐蚀、高压水射流等方式制作细观纹理。

极重、特重和重交通荷载等级公路水泥混凝土面层应采用刻槽法制作宏观抗滑构造。中、轻交通荷载等级公路水泥混凝土面层可使用拉槽法制作宏观抗滑构造。在水平弯道路段、桥面、隧道路面宜使用纵向槽。当组合坡度小于 3% 时，要求减噪的路段可使用纵向槽。组合坡度大于或等于 3% 的纵坡路段，应使用横向槽。

采用刻槽法制作宏观抗滑构造时，刻槽机最小刻槽宽度不应小于 500 mm。衔接距离与槽间距相同。刻槽过程中应避免槽口边角损坏，不得中途抬起刻槽机或改变刻槽方向。刻槽不得刻穿纵、横缩缝，刻槽后表面应随即冲洗干净，并恢复路面的养生。

当工程量较小时，可使用人工拉槽施工；当工程量较大、施工速度较快时，宜采用拉毛机施工。当日施工进度超过 500 m 时，抗滑沟槽制作宜选用拉毛机械施工。没有拉毛机时，可采用人工拉槽方式。在混凝土表面泌水完毕 20~30 min 内应及时进行拉槽。拉槽深度应为 3~4 mm，槽宽为 3~5 mm，每把之间距离与槽间距为 12~25 mm。槽深基本均匀。

极重、特重和重交通混凝土路面宜采用硬刻槽，凡使用圆盘、叶片式抹面机整平后的混凝土路面、钢纤维混凝土路面必须采用硬刻槽方式制作抗滑沟槽。可采用等间距刻槽，其几何尺寸同上，为降低噪声宜采用非等间距刻槽，尺寸宜为：槽深 3~5 mm，槽宽 3 mm，槽间距 12~24 mm，随机调整。对路面结冰地区，硬刻槽的形状宜使用上宽 6 mm、下宽 3 mm 的梯形槽；硬刻槽机质量宜大不宜小，一次刻槽最小宽度不应小于 500 mm，硬刻槽时不应掉边角，也不得中途抬起或改变方向，并保证硬刻槽刻到面板边缘。抗压强度达到 40% 后可开始硬刻槽，并宜在两周内完成。硬刻槽后应随即冲洗干净路面，并恢复路面的养护。

当面层粗集料的磨光值 PSV>42 时，可使用露石抗滑构造。其施工应符合下列规定：宜采用在饰面后的表面喷洒超缓凝剂，再用刷毛机洗刷出粗集料的方法；二级以下公路也可使用硬度适宜的秃竹扫帚在初凝到终凝时段内扫洗出粗集料的方法；露石面积宜控制在 65%~75%；实测表面摩擦系数 SFC 和构造深度 TD 应达到特殊路段的抗滑要求。

3. 水泥混凝土面层养生

面层养生应合理选择养生方式，保证混凝土强度增长的需要，防止养生过程中产生微裂纹与裂缝。混凝土路面铺筑完成后应立即开始养生。高速公路、一级公路混凝土面层宜采用养护剂加覆膜养生。在雨天或养生用水充足的情况下，也可采用覆盖保湿膜、土工毡、土工布、麻袋、草袋、草帘等洒水湿养生方式，不宜使用围水养生方式。在缺水条件下，宜采用覆盖节水保湿养护膜养生，并应洒透第一遍养生水。

养护剂的喷洒应符合下列规定：喷洒应均匀，喷洒后的表面不得有颜色差异。成膜厚度应满足产品要求，并足以形成完全密闭水分的薄膜；养护剂的喷洒宜在表面抗滑纹理做完后即刻进行。刚铺筑的湿软混凝土面层遭遇刮风或暴晒天气，摊铺现场水分蒸发率接近 0.50kg/（h·m²），开裂风险较大时，可提前喷洒养护剂养生；喷洒高度宜控制为 0.10~0.30 m。现场风大时，可采用全断面喷洒机贴近路面喷洒的方式喷洒；养护剂的现场平均喷洒剂量宜在实验室测试剂量基础上，一等品再增加不小于 40%，合格品增加不小于 60%；不得使用易被雨水冲刷掉的、阳光暴晒可融化的或引起表面开裂、卷起薄壳的养护剂。

覆盖保湿养护膜应符合下列规定：覆盖养生的初始时间，应为不压坏表面细观抗滑纹理的最短时；养护膜材料的最窄幅宽不宜小于 2 m；两条膜层对接时，纵向搭接宽度不宜小于 400 mm，横向搭接不宜小于 200 mm。养生期间应始终保持薄膜完整盖满；应有专人巡查养护膜覆盖完整情况。养生期间被掀起或撕破养生片材均应及时重新洒水，并完整覆盖；当现场瞬间风力大于 4 级时，宜在养护膜表面罩绳网或土工格栅，并压牢固，防止养护膜被大风吹破。

低温期或夏季夜间气温有可能低于 0℃ 的高原、山区施工水泥混凝土路面和桥面时，应采取保温保湿双重养生措施。保温养生材料可选用干燥的泡沫塑料垫、棉絮片、苇片、草帘等。养生期间遭遇降雨时，应在保温片材上、下表面采取包覆隔水膜层等防水措施。实测混凝土强度大于设计强度的 80% 后，可停止养生。

混凝土板养生初期，严禁人、畜、车辆通行，在达到设计强度的 40% 后，行人方可通行。在路面养生期间，平交道口应搭建临时便桥。面板达到设计弯拉强度后，方可开放交通。

（六）滑模机械铺筑混凝土面层

滑模摊铺技术是指采用滑模摊铺机铺筑混凝土路面的施工工艺。其特征是不架设边缘固定模板，能够一次完成布料摊铺、振捣密实、挤压成型、抹面修饰等混凝土路面摊铺功能。目前，滑模摊铺技术已成为我国在高等级公路水泥混凝土路面施工中广泛采用的工程质量最高、施工速度最快、装备最现代化的高新成熟技术，是我国高速、一级、二级公路水泥混凝土路面施工必须采用的装备和工艺技术。

滑模摊铺工艺宜用于高速、一级、二级公路普通水泥混凝土面层、配筋混凝土面层、纤维混凝土面层、钢筋混凝土桥面、隧道混凝土面层、混凝土路缘石、路肩石及护栏等的滑模施工。上坡纵坡大于 5%、下坡纵坡大于 6%、半径小于 50 m 或超高超过 7% 的路段，不宜采用滑模摊铺机进行摊铺。

1. 准备工作

高速公路、一级公路推荐采用整幅滑模摊铺机施工，宜选配能一次摊铺 2~3 个车道宽度的滑模摊铺机，尽量使用整幅 12.5 m 宽度的大型滑模摊铺机，以减少纵向连接部位的不平整及存水现象。二级公路推荐 9 m 整宽滑模摊铺机，二级及以下公路路面的最小摊铺宽度不得小于单车道设计宽度，同时，在二级公路上有条件时，推荐采用中央设路拱的 8~9 m 宽滑模摊铺机。在大多数情况下，二级公路无运输便道，必须预留一半宽度的路面，用作混凝土运输通道。

滑模摊铺选配机械设备的关键：一是按工艺要求配备齐全，缺一不可；二是生产稳定可靠，故障率低。加强混凝土运输组织，保证供料速度与摊铺速度相适应，避免发生料多废弃或等料停机现象。滑模摊铺机械系统应配套齐全，辅助设备的数量及生产能力应满足铺筑进度的要求。所有施工设备和机具均应处于良好状态，试运转正常，并全部就位。

摊铺段夹层或封层质量应检验合格，对于破损或缺失部位，应及时修复。表面应清扫干净并洒水润湿，还应采取防止施工设备和车辆碾坏封层的措施。

摊铺前应检查并调试施工设备。滑模摊铺机首次作业前，应挂线对其铺筑位置、几何参数和机架水平度进行设置、调整和校准，满足要求后方可用于摊铺作业。

滑模摊铺面层前，应准确架设基准线。基准线架设与保护应符合下列规定：滑模摊铺高速公路、一级公路时，应采用单向坡双线基准线；横向连接摊铺时，连接一侧可依托已铺成的路面，另一侧设置单线基准线。滑模整体铺筑二级公路的双向坡路面时，应设置双线基准线，滑模摊铺机底板应设置为路拱形状。基准线桩纵向间距直线段不宜大于 10 m，桥面铺装、隧道路面及竖曲线和平曲线路段宜为 5～10 m，大纵坡与急弯道可加密布置。基准线桩最小距离不宜小于 2.5 m。基准线桩夹线臂夹口到桩的水平距离宜为 300 mm。基准线桩应固定牢固。单根基准线的最大长度不宜大于 450 m。架设长度不宜大于 300 m。基准线宜使用钢绞线。采用直径 2.0 mm 的钢绞线时，张线拉力不宜小于 1 000N；采用直径 3.0 mm 钢绞线时，不宜小于 2 000N。

基准线设置形式有单向坡双线式、单向坡单线式和双向坡双线式三种。

（1）单向坡双线式

所摊铺的混凝土面板横向坡度为单向坡，而拉线位于摊铺机两侧，这种拉线形式称为单向坡双线式。两条拉线间反映路面横坡。顺直段平面上两条拉线相等并平行。高速、一级、二级公路水泥混凝土路面铺筑单向横坡车道面板时，是使用最多的形式。

（2）单向坡单线式

所摊铺的混凝土面板横向坡度为单向坡，而拉线仅位于摊铺机其中一侧，已铺筑好的一侧不拉线，这种拉线形式称为单向坡单线式。这种拉线形式在路面分多幅摊铺的情况下，于后幅摊铺时采用。这时，修筑好的路面、边沟或缘石可作为摊铺机的不拉线一侧的平面参考系。

（3）双向坡双线式

所摊铺的混凝土面板横向坡为双向坡，而拉线位于摊铺机两侧，这种拉线形式为双向坡双线式。顺直段上两条拉线完全平行，对应高程相等，拉线上没有横坡。这种基准线形式使用在滑模摊铺二级及其以下公路。

横向连接摊铺时，前次摊铺路面纵缝溜肩胀宽部位应切割顺直。侧边拉杆应校正扳直，缺少的拉杆应钻孔锚固植入。纵向施工缝的上半部缝壁应满涂沥青。这些是保证纵缝顺直及防水密封的措施。

板厚控制必须在摊铺前的拉线上进行，并要求场站监理认可，否则摊铺后不合格很难弥补。问题在于板厚偏薄将如何处置，以往的方法是铣刨基层，但是。铣刨基层的效果并不好：一是基层表面损伤有微裂缝，而且基层厚度不足；二是铣刨后的基层部位与平整基层对面板的摩擦力相差过大，会造成路面运行的前两年内断板大大增加。因此，必须严格控制基层标高；同时，在面板标高误差范围内，可适当调整面板高程，为了保证调整高程后，高速行车路面的动态平整度及行车无跳车感，应按1/500纵坡调整。

按下列规定对板厚进行校验：采用垂直于两侧基准线横向拉线，用直尺或加垂头的方法，对预备路段的板厚进行复核测量；单车道铺筑时，一个横断面横向应测不少于3个点；双车道及全幅时，应测不少于5个点。纵向每200 m应测不少于10个断面；横断面板厚测量值的算数平均值不应薄于设计板厚，极小值不应薄于控制极值；纵向以200 m为单元，全部板厚总平均值不应薄于设计板厚。

顺直度、张紧度或板厚不满足要求时，应重新测量架设基准线。

当面层传力杆、胀缝钢筋采用前置支架法施工时，应在表面先安装和固定支架，保证传力杆中部对中缩缝切割位置，且不会因布料、摊铺而导致推移。支架可采用与锚入基层的钢筋焊接等方法固定。

2. 水泥混凝土面层滑模摊铺机铺筑

滑模摊铺机的施工参数设定及校准应符合下列规定：振捣棒应均匀排列，间距宜为300~450 mm；混凝土摊铺厚度较大时，应采用较小间距两侧最边缘振捣棒与摊铺边缘距离不宜大于200 mm。振捣棒下缘位置应位于挤压底板最低点以上；挤压底板前倾角宜设置为3°。提浆夯板位置宜在挤压底板前缘以下5~10 mm；边缘超铺高度应根据拌和物稠度确定，宜为3~8 mm；板厚较厚、坍落度较小时，边缘超铺高度宜采用较小值；搓平梁前沿宜调整到与挤压底板后沿高程相同的位置；搓平梁的后沿应比挤压底板后沿低1~2 mm，并与路面高程相同；符合铺筑精度要求的摊铺机设置应加以固定和保护；当基底高程等摊铺条件发生变化，铺筑精度超出范围时，可由操作手在行进中通过缓慢微调加以调整。

滑模摊铺混凝土机前布料，应采用机械完成，布料高度应均匀一致，不得采用翻斗车直接卸料方式。

布料尚应符合下列规定：卸料、布料速度应与摊铺速度协调一致，不得局部或全断面缺料。发生缺料时应立即停止摊铺；采用布料机布料时，布料机与滑模摊铺机之间施工距离宜为5~10 m；现场蒸发率较大时，宜采用较小值；当坍落度为10~30 mm时，布料松铺系数宜为1.08~1.15；应保证滑模摊铺机前的料位高度位于螺旋布料器叶片最高点以下，最高料位高度不得高于松方控制板上缘。使用布料犁布料时，应按松放高度严格控制料位高度；当面层传力杆、胀缝与隔离缝钢筋采用前置支架法施工时，不得在支架顶面直接卸料。传力杆以下的混凝土宜在摊铺前采用手持振捣棒振实。

滑模摊铺机起步时，应先开启振捣棒，在 3 min 内调整振捣到适宜振捣频率，使进入挤压底板前沿拌和物振捣密实，无大气泡冒出破灭，方可开动滑模机平稳推进摊铺。当天摊铺施工结束，摊铺机脱离拌和物后，应立即关闭振捣棒组。

摊铺过程中应随时调整松放高度板位置控制摊铺机进料，保证进料充足。起步时宜适当调高，料位高低波动宜控制在±30 mm 之内。

滑模摊铺应缓慢、匀速、连续不间断地作业。滑模摊铺速度应根据板厚、混凝土工作性、布料能力、振捣排气效果等确定，可为 0.75~2.5 m/min，宜采用 1 m/min。滑模摊铺水泥混凝土面层时，严禁快速推进、随意停机与间歇摊铺。

滑模摊铺振捣频率应根据板厚、摊铺速度和混凝土工作性确定，以保证拌和物不发生过振、欠振或漏振。振捣频率可为 100~183Hz，宜为 150Hz。可根据拌和物的稠度大小，采取调整摊铺的振捣频率或速度等措施，保证摊铺质量稳定。当拌和物稠度发生变化时，宜先采取调振捣频率的措施，后采取改变摊铺速度的措施。

配备振动搓平梁时，摊铺过程中搓平梁前方砂浆卷直径宜控制在 100 mm±30 mm，应避免砂浆卷中断、散开或摊展并通过控制抹平板压力的方法，使其底部不小于 85%长度接触新铺混凝土。

在开始摊铺 5~10 m 内，应在铺筑行进中对摊铺出的路面高程、边缘厚度、中线、横坡度等参数进行复核测量，必要时可缓慢微调摊铺参数，保证路面摊铺质量。

滑模摊铺推进应匀速、平稳，滑出挤压底板或搓平梁的拌和物表面应平整、无缺陷，两侧边角应为 90°，光滑规则，无塌边溜肩，表层砂浆厚度不宜大于 3 mm。除露石混凝土路面外，滑模摊铺水泥混凝土面层表面不应裸露粗集料。

滑模摊铺采用传力杆插入装置设置传力杆与拉杆时，应符合下列规定：应安排专人负责对中横向缩缝位置，应一次振动插入整排全部传力杆；插入传力杆时，应缓慢插入，防止快速插入导致阻力过大使滑模摊铺机整体抬升；拉杆插入装置应根据一次摊铺的车道数和设计选用；与未摊铺水泥混凝土面层连接的拉杆应采用侧向拉杆插入装置插入；两个以上车道摊铺，在摊铺范围内的拉杆应采用拉杆压入装置压入；中央拉杆可自动定位插入或手工操作在规定位置插入，应一次插入到位；边缘拉杆应一次插入到位，不得在脱模后多次插入或手工反复打进。插入就位的拉杆应妥善保护，避免拉杆与混凝土的黏结力丧失。

摊铺上坡路段时，挤压底板前仰角宜适当调小，并适当调小抹平板压力；摊铺下坡路段时，前仰角宜适当调大，并适当调大抹平板压力。

摊铺小半径水平弯道时，弯道外侧的抹平板到摊铺边缘的距离应向内调整，两侧的加长侧模应采用可水平转动的铰接，不得固结。

抗滑纹理做完，应立即开始保湿养生。养生龄期不应少于 5 d，且混凝土强度满足要求后，方可连接摊铺相邻车道面板。履带在新铺面层上行走时，钢履带底部应铺橡胶垫或使用有橡胶垫履带的摊铺机。纵缝横向连接高差不应大于 2 mm。

摊铺中应经常检查振捣棒的工作情况和位置。面层出现条带状麻面现象时，应停机检查振捣棒是否损坏；振捣棒损坏时，应更换振捣棒。摊铺面层上出现发亮的砂浆条带时，应检查振捣棒位置是否异常；振捣棒位置异常时，应将振捣棒调整到正常位置。

当摊铺宽度大于 7.5 m 时，应加强左右两侧拌和物工作性检查。发现不一致时，摊铺速度应按偏干一侧进行微调，并采取将偏稀一侧的振捣棒频率调小等措施，避免局部过振。当拌和物严重离析或离散时，应停止摊铺，废弃已拌和混合料，查找并解决问题后，重新开始摊铺。

在不影响路面总体耐久性的前提下，可采取调整拌和物稠度、挤压底板前仰角、起步及摊铺速度等措施，减少水泥混凝土面层横向拉裂现象。

当滑模摊铺机停机等料时间预计会超过运至现场混凝土的初凝时间时，应将滑模摊铺机迅速开出摊铺工作面，制作横向施工缝。

滑模摊铺时，应保证自动抹平板装置正常工作。局部麻面或少量缺料部位，可在搓平梁前补充适量拌和物，利用搓平梁与抹平板修平表面。

滑模摊铺的水泥混凝土面层纵缝边缘出现局部倒边、塌边、溜肩现象，或表面局部存在小缺陷时，可用人工进行局部修整。

修整作业应符合下列规定：局部修整后应精确整平，整平用抄平器长度不应短于 2 m；面层边缘应采用设置侧模或在上部支方形金属管，控制修整时的变形；纵、横向施工接头处存在明显高差时，可整平后采用手持振捣棒振捣密实和水准仪测量，整平用的抄平器长度应不短于 3 m；表面修补作业需要补料时，可使用从摊铺拌和物中筛出的细料进行，须洒水、撒水泥粉；不得采用薄层贴补的办法进行表面修补。

摊铺机开出后，应丢弃摊铺机振动仓内遗留下来的纯砂浆，及时清洗、清除滑模摊铺机中的混凝土残留物。

横向施工缝可采用架设端模板的方法施作，并宜与胀缝或隔离缝合并设置，无法与胀缝合并设置时，应与缩缝合并设置。横向施工缝部位应满足面层平整度、高程、横坡的质量要求。

施工缝端部两侧可采取架设侧模的方法，使侧边向内收进 20~40 mm，方便后续连续摊铺。侧边向内收进长度宜比滑模摊铺机侧模板略长。

滑模摊铺机配备传力杆自动插入装置时，应通过试验路段采用非破损方法对传力杆插入深度进行校准，施工中应进行传力杆精度复核。检测可使用钢筋保护层厚度测试仪或专用传力杆位置检测仪进行。

滑模摊铺结束后的工作：彻底清洁保养滑模摊铺机，彻底清洗滑模摊铺机与混凝土接触的工作部位，已经结硬的混凝土必须剔除干净，并进行当日保养，加油加水、打润滑油等。

（七）特殊气候条件下水泥混凝土路面的施工

水泥混凝土面层铺筑期间，应收集当地月、旬、日天气预报资料。高速公路、一级公路宜在现场设置简易气象站。遭遇危害路面铺筑质量的灾害性天气和气象要素时，应进行及时观测与快速通报，并制订特殊天气的专项施工方案和应急处理预案。水泥混凝土面层施工如遇下列天气条件之一者，必须停工，不得强行铺筑：

1. 现场降雨或下雪；风力达到 6 级及 6 级以上的强风天气。

2. 现场气温高于 40℃或拌和物摊铺温度高于 35℃。

3. 摊铺现场连续 5 昼夜平均气温低于 5℃或夜间最低气温低于−3℃。

施工过程中，铺筑现场发生影响铺筑面层质量的瞬间强风、下雷阵雨或冰雹时，应即刻停工。

1. 雨期施工

雨期施工时，应准备足量的防雨篷、帆布和塑料布或塑料薄膜等防雨器材与材料。防雨篷支架宜采用可推行的焊接钢结构，其高度应满足人工饰面、拉槽的要求。

摊铺中遭遇阵雨时，应立即停止混凝土拌和及铺筑工作，并使用防雨篷、塑料布或塑料薄膜覆盖尚未硬化的水泥混凝土面层。

水泥混凝土面层因阵雨冲刷导致平整度与抗滑构造不满足要求时，应采用先磨平恢复平整度，再刻槽恢复抗滑构造措施处置。被暴雨冲刷后，路面与桥面局部成坑部位或边部冲毁的，应铲除重铺。

开工前应排除现场、车厢内、设备内、拌和站、集料堆场内的积水或淤泥。运输便道应排除积水；陷车的运输道路与便道应进行修整。摊铺前应清扫干净基层、夹层、封层上的积水，并保持表面处于湿润状态。

2. 刮风天施工

刮风天施工时，宜采用风速计在摊铺现场测风速，也可根据经验采用观测自然现象等方法，确定风级，并根据经验采取防止塑性收缩开裂的措施。

在刮风天应加强混凝土拌和站粗、细集料的覆盖及其含水率检测，并根据粗、细集料含水率的变化及时微调加水量。自卸车上的混凝土拌和物应加遮盖。

在持续刮 4~5 级风的天气施工水泥混凝土路面和桥面时，应采取下列防裂措施：尽快喷洒足量养护剂，喷洒机宜具有相对密闭的低矮喷洒空间，保证养护剂喷洒效果；当覆盖材料不压出折印时，应尽早覆盖节水保湿养生材料等保湿养生。养护膜表面宜罩绳网或土工格栅，并压牢，防止养护膜被大风吹破或掀起；养生过程中，应有专人负责巡视和检查覆盖养生情况，被大风掀起或吹破的养生膜材应重新洒水，及时恢复覆盖。

3. 高温期施工

铺筑现场连续 4h 平均气温高于 30℃或日间最高气温高于 35℃时，应按高温期施工的技术要求进行水泥混凝土面层施工。

高温期宜选择在早晨、傍晚或夜间施工，避开中午高温时段施工。夜间施工应有良好的操作照明，并确保施工安全。

集料堆应设遮阳篷。搅拌用水宜采用新抽地下冷水或在水中加冰屑降温。应选用中、低热普通型水泥，不宜使用 R 型高热水泥。高温期施工配合比可掺适量的粉煤灰，不得掺硅灰。可采用适当的缓凝剂延长混凝土凝结时间。

采用自卸车运输时，混凝土拌和物应加遮盖，避免阳光直射；采用罐车运输时，混凝土罐仓外应贴隔热层。

应加快施工各环节的衔接，采取压缩运输、布料、摊铺、饰面等各工艺环节所耗费的时间等措施，缩短从拌和至抹面完成时间。

在每日气温最高和日照最强烈时段施工时，应采取防止阳光直射措施。可以利用防雨篷遮挡阳光。高温期施工时，应控制混凝土拌和物的出料温度低于 35℃。

施工中应随时检测气温，以及水泥、搅拌水和拌和物温度，监控水泥混凝土面层温度，温度过高时应及时采取措施。必要时，可增加对混凝土水化热的检测。

采用洒水覆盖保湿养生时，应控制养生水温与混凝土面层表面的温差不大于 12℃、与混凝土桥面的温差不大于 10℃。不得采用冰水或冷水养生造成骤冷而导致表面开裂。

切缝应按不可边或不超过 250℃·h 控制，高温期宜采用比常温施工提早切缝的措施，以减少断板。在夜间降温幅度较大时或风雨后，应提早切缝。

4. 低温期施工

当铺筑现场连续五昼夜平均气温高于 5℃，夜间最低气温为-35℃至 5℃时，应按低温期施工的技术要求进行水泥混凝土面层施工。

拌和物中宜加入早强剂、防冻剂或促凝剂，并根据试验确定其适宜掺量。应选用 R 型水泥。配合比中可掺矿渣粉、硅灰，不宜掺粉煤灰。拌和物出搅拌机的温度不得低于 10℃，摊铺混凝土温度不得低于 5℃。可采用热水或加热集料搅拌混凝土，热水温度不得高于 80℃，集料温度不宜高于 50℃。应采取保温保湿覆盖养生的方法进行养生。保温垫上、下表面均宜采取隔水措施。

施工过程中应随时监测气温，以及水泥、搅拌水和集料温度，每工班应至少实测 3 次拌和物及面层温度。养生期间，应始终保持混凝土板内最低温度不低于 10℃。水泥混凝土面层弯拉强度未达到 1.0MPa 前，混凝土桥面抗压强度未达到 5.0MPa 前，应严防路面和桥面受冻。

低温期施工的混凝土路面覆盖保温保湿养生天数不得低于 28 d。低温环境下立模施工方式施工混凝土路面拆模时间应符合规定。

（八）水泥混凝土路面的施工质量标准与控制

水泥混凝土路面施工应建立健全施工质量保证体系，对施工全过程进行全面的质量控制。应按铺筑工艺与进度要求，配备足量质检仪器设备和人员。对面层施工各工艺环节的各项质量标准应做到及时检测，根据检测结果对施工进行动态控制，保证施工各项质量指标合格、稳定。

水泥混凝土面层施工过程中应采取有效措施，严防出现质量缺陷。铺筑过程中发现质量缺陷时，应加大检测频率，必要时应停工整顿，查找原因，提出处置对策，恢复到正常铺筑工况和良好质量状态再继续施工。施工关键工序宜拍摄照片或进行录像，作为现场记录保存。施工结束后，应清理现场，处理废弃物，恢复耕地或绿化，做到工完场清。

各级公路水泥混凝土面层在施工过程中宜用 3 m 直尺检测与控制平整度指标。

各级公路面层弯拉强度应采用标准小梁试件评定，采用钻芯取样圆柱体劈裂强度换算的弯拉强度验证。检测标准小梁弯拉强度后，宜用试件完好部分实测劈裂强度与抗压强度。

板厚应采用面层边缘的平均厚度、板中钻芯平均厚度及其变异系数三项指标综合判定，钻芯平均厚度应满足有关的规定。

当弯拉强度或板厚不足、返工凿除面板时，应避免扰动邻近面层。损坏的上基层、夹层或封层应重新铺设。

高速公路、一级公路应对所有行车道与超车道连续检测摩擦系数，二级及二级以下公路应检测特殊路段的摩擦系数。各级公路硬路肩可免检摩擦系数。高速公路、一级公路硬路肩可仅检测构造深度，其他公路硬路肩可免检构造深度。

局部抗滑性能不足的路段，可重新打磨细观纹理和硬刻抗滑沟槽，进行摩擦系数与抗滑构造的恢复。

混凝土路面完工后，应根据设计文件、竣工资料和施工单位提供的交工验收申请报告，按国家有关规定组织进行验收。

施工单位应根据国家有关竣工文件编制的规定，提出施工总结报告、质量测试报告或采用新材料新技术研究报告，连同竣工图表，形成完整的施工资料档案，一并交业主及档案管理部门。

施工总结报告的内容应包括工程概况、设计图纸及变更、基层、原材料、施工组织、机械及人员配备、施工工艺、进度、工程质量评价、工程预决算等。

施工质量管理与测试报告的内容应包括施工组织设计、质量保证体系、试验段铺筑报告、施工质量达到或超过现行规范规定情况、原材料和混凝土检测结果、施工中路面质量自检结果、交工复测结果、工程质量评价、原始记录相册和录像资料等。

第八章 桥梁工程施工

第一节 桥梁基础与墩台施工技术

一、桥梁基础施工技术

桥梁上部承受的各种荷载，通过桥台或桥墩传至基础，再由基础传至地基。基础是桥梁下部结构的重要组成部分，因此基础工程在桥梁结构物的设计与施工中，占有极为重要的地位，它对结构物的安全使用和工程造价有很大的影响。

（一）桥梁基础概述

1. 基础的作用与要求

基础指桥梁结构物直接与地基接触的部分，是桥梁下部结构的重要组成部分。承受基础传来荷载的那一部分地层则称为地基。地基与基础受到各种荷载后，其本身将产生应力和变形。为了保证桥梁的正常使用和安全，地基和基础必须具有足够的强度和稳定性，变形也应在容许范围之内。

根据地基土的土层变化情况、上部结构的要求和荷载特点，桥梁基础可采用各种类型。基础类型的选定主要取决于地质土层的工程性质与水文地质条件、荷载特性、桥梁结构及使用要求，以及材料的供应和施工技术等因素。

选择的原则是：力争做到使用上安全可靠、施工上简便可行、经济上节约合理。因此，必要时应做不同方案的比较，从中得出较为适宜与合理的设计和施工方案。

众多工程实例表明，桥梁基础的设计与施工质量的好坏，是关系到整座桥梁质量的根本问题。基础工程是隐蔽工程，如有缺陷，较难发现，也较难弥补或修复，而这些缺陷往往直接影响整座桥梁的使用甚至安危。基础工程施工的进度，经常控制全桥施工进度。下部工程的造价，尤其是在复杂地质条件下或深水基础，通常占全桥相当大的比重。因此，从事这项工作必须做到精心设计、精心施工，确保万无一失。

桥梁结构是一个整体，上下部结构和地基是共同工作、相互影响的。地基的任何变形都必然引起上下部结构的相应位移，上下部结构的受力行为也必然联系到地基的强度和稳定条件。所以，桥梁基础的设计、施工都应紧密结合桥梁结构的特点和要求，全面分析、综合考虑。

2. 桥梁基础的特点

桥梁基础起着支承桥跨结构，保持体系稳定的作用，它把上部结构、墩台自重及车辆荷载传递给地基，是桥梁结构物的一个重要组成部分。地基即基础下面的地层。作为整个桥梁的载体，地基承受基础传来的荷载。

为了保证结构物的安全和正常使用，要求地基必须有足够的强度和稳定性；同时，变形也应在容许范围之内。对于浅基础而言，从地基的层次和位置看，它有持力层和下卧层之分。持力层即与浅基础底面相接触的那部分地层，直接承受基底压应力作用，持力层以下的地层称为下卧层。要保证建筑物的质量，必须保证有可靠的地基与基础，否则，整个建筑物就可能遭到损坏或影响正常使用。

从实践来看，建筑工程质量事故往往是地基与基础的失稳、破坏造成的，究其原因也是多方面的。第一，从客观上看，地基和基础属于隐蔽工程，施工条件差，一旦出现问题，很难发现，也很难处理、修复；第二，地基与基础在地下或水下，往往导致主观上的轻视；第三，地基和基础所占造价比重较大。因此，要求充分重视地基和基础的设计、施工质量，严格执行现行部颁公路桥涵设计、施工相关技术规范、标准。

3. 桥梁基础的分类

地基可分为天然地基和人工地基。直接在其上修筑基础的地层称为天然地基；如天然地层土质过于软弱或有不良工程地质问题时，则需要经过人工加固或处理后才能修筑基础，这种地基称为人工地基。

在一般情况下，应尽量采用天然地基。基础的类型，可按基础的刚度、埋置深度、构造形式及施工方法来划分。分类目的在于了解各种类型基础的特点，以便在设计时，根据具体情况合理选用。

（1）按基础的刚度划分

按基础刚度分类，根据基础受力后的变形情况，可分为刚性和柔性基础。

受力后，不发生挠曲变形的基础称为刚性基础，一般可用抗弯拉强度较差的圬工材料做成。这种基础不需要钢材，造价较低，但黏土体积较大，且支承面积受一定的限制。

受力后，容许发生较大挠曲变形的基础称为柔性基础或弹性基础，其通常须用钢筋混凝土做成。由于钢筋可以承受较大的弯拉应力和剪应力，所以当地基承载力较小时，采用这种基础可以有较大的支承面积。在桥梁工程中，一般情况下，多数采用刚性基础。

（2）按基础埋置深度的分

按基础埋置深度不同，可分为浅基础和深基础两种。

当浅层地基承载力较大时，可采用埋深较小的浅基础。浅基础施工方便，通常用明挖法从地面开挖基坑后，直接在基坑底面砌筑、浇筑基础，是桥梁基础首选方案。

如果浅层土质不良，须将基础埋置于较深的良好土层中，这种基础称为深基础。深基础设计和施工较复杂，但具有良好的适应性和抗震性。因此，目前高等级公路普遍应用，常见的形式有桩基础、沉井等基础形式。

（3）按构造形式划分

从桥梁基础来说，可归纳为实体式和桩柱式两类。

当整个基础都由坞工材料筑成时称为实体式基础。其特点是基础整体性好，自重较大，对地基承载力要求也较高。实体式基础由多根基桩或小型管桩组成，并用承台连接成整体的基础，称为桩柱式基础。这种基础较实体式基础坞工体积小、自重较轻，对地基强度的要求相对较低，桩柱本身一般要用钢筋混凝土制成。

（4）按施工方法划分

按施工方法不同，可分为明挖法、沉井、沉箱、沉桩、沉管灌注桩、就地钻孔灌注桩等。明挖法最为简单，但只适用于浅基础，其他方法均用于深基础。

（5）按基础的材料划分

目前，我国公路构造物基础大多采用混凝土或钢筋混凝土结构，少部分采用钢结构。在石料丰富的地区，按照因地制宜、就地取材的原则，也常用砌石基础。只有在特殊情况下（如抢修、林区便桥），才采用临时的木结构。

（二）桥梁浅基础施工

1. 桥梁浅基础的构造形式

（1）刚性扩大基础

由于地基强度一般较墩台强度低，因而需要将基础平面尺寸扩大，以适应地基强度的要求；同时，相对于地基而言，基础类似于一个强大的刚体，故常被称为刚性扩大基础。

作为刚性基础，其每边的最大尺寸应该受到其自身材料刚性角的限制。当基础较厚时，可以利用刚性角将基础做成阶梯状，这样既可以减少基础的坞工量，又可以发挥基础的承载作用。

刚性角是材料的一种性质，由于刚性角的存在，设计基础时应当根据刚性角的限定范围将基础按照阶梯形状逐步放大，以便让放大的尺寸尽可能与刚性角保持一致，基础的高度与底边宽度不得随意设定。在充分考虑材料刚性角的前提下进行基础施工，既可以较好地扩散基底应力，又可以节省基础建造材料。

（2）单独基础和联合基础

单独基础是立柱式桥墩中常用的基础形式之一，它的纵、横剖面均可砌筑成台阶式。但当两个立柱式桥墩相距较近，每个单独基础为了适应地基强度的要求而必须扩大基础平面尺寸时，有可能导致相邻的单独基础在平面上相接甚至重叠，此时可将基础扩大部分连在一起，形成联合基础。

（3）条形基础

条形基础是指基础长度远大于宽度和高度的基础形式，分为墙下钢筋混凝土条形基础和柱下钢筋混凝土条形基础。柱下条形基础又可分为单向条形基础和十字交叉条形基础。

条形基础必须有足够的刚度将柱子的荷载较均匀地分布到扩展的条形基础底面积上，并且调整可能产生的不均匀沉降。当单向条形基础底面积不足以承受上部结构荷载时，可在纵横两个方向将柱基础连成十字交叉条形基础，以增加桥梁的整体性，减小基础的不均匀沉降。

条形基础可分为梁板式条形基础和板式条形基础两类。梁板式条形基础适用于钢筋混凝土框架结构、框架-剪力墙结构、框支结构和钢结构。板式条形基础适用于钢筋混凝土剪力墙结构和砌体结构。

2. 桥梁浅基础基坑开挖

（1）基坑定位放样

在桥梁施工过程中，首先，要建立施工控制网；其次，进行桥梁轴线标定和墩台中心定位；最后，进行墩台施工放样，定出基础和基坑的各部分尺寸。桥梁的施工控制网除了用来测定桥梁长度外，还要用于各个位置控制，保证上部结构的正确连接。

施工控制网常用三角控制网，其布设应根据总平面图设计和施工地区的地形条件来确定，并作为整个工程施工设计的一部分。布网时要考虑施工程序、方法以及施工场地的布置情况，可以用桥址地形图拟订布网方案。

桥梁轴线的位置是在桥梁勘测设计中根据路线的总走向、地形、地质、河床情况等选定的，在施工时必须现场恢复桥梁轴线位置，并进行墩台中心定位。中小桥梁一般采用直接丈量法标定桥轴线长度并定出墩台的中心位置，有条件的可以用测距仪或全站仪直接确定。

施工放样贯穿于整个施工过程，是质量保证的一个方面。施工放样的目的是将设计图上的结构物位置、形状、大小和高低在实地标定出来，以作为施工的依据。

桥梁施工放样的主要内容：墩台纵横向轴线的确定；基坑开挖及墩台扩大基础的放样；桩基础的桩位放样；承台及墩身结构尺寸、位置放样；墩帽和支座垫石的结构尺寸、位置放样；各种桥型的上部结构中线及细部尺寸放样；桥面系结构的位置、尺寸放样；各阶段的高程放样。

基础放样是以实地标定的墩台中心位置为依据来进行的，在无水地点可直接将经纬仪安置在中心位置，用木桩准确固定基础纵横轴线和基础边缘。由于定位桩随着基坑开挖必将被挖去，所以必须在基坑开挖范围以外设置定位桩的保护桩，以备施工中随时检查基坑位置或基础位置是否正确，基坑外围通常用龙门板固定或在地上用石灰线标出。对于建筑物标高的控制，常将拟建建筑物区域附近设置的水准点引测到施工现场附近不受施工影响的地方，设置临时水准点。

（2）陆上基坑开挖

①浅基坑无水开挖。浅基坑无水开挖指的是在陆地深水位地层中的开挖工作。由于这种类型的基坑很浅，而水位又很深，因此，整个开挖过程都是在无水或者渗水很少的情况下进行的。基坑壁的稳定性不会受到水的影响，开挖工作可以比较简单地进行。坑壁形态可根据土质情况灵活选择，可选择竖直状、斜坡状、阶梯状。

②深基坑无水开挖。深基坑无水开挖是指开挖较深的基坑，但地下水依旧位于基坑地面以下，坑内有较少的渗水，一般情况下只须在坑底设置几个集水坑进行抽水即可。少量的渗水不会影响基坑壁的稳定性。

若条件允许，可以采用坑壁放坡或修筑台阶的方式进行开挖；若条件不允许全方位大尺度扩口，则应当采取适当的护壁措施进行开挖，以防止坑壁发生坍塌。通常采用的护壁措施有插打钢板桩围堰、钢轨、木桩，也可以采用挂网喷射混凝土、地下连续墙、钻孔搅拌桩连续墙等防护措施。

③浅基坑渗水开挖。如果桥梁施工位置的地下水位很浅，会出现严重渗水甚至涌水的情况。在这样的状态下，如果不消除水的影响，那么后续的工作将无法正常开展。

目前使用较多的排水方法主要有以下三种：降水井抽水排水法；钢板桩围堰封闭排水法；地下连续墙封闭排水法。其中，降水井抽水排水法适用于陆地高水位环境；钢板桩围堰封闭排水法既适用于水中基坑开挖，又适用于陆地高水位环境；地下连续墙封闭排水法适用于陆地高水位环境。在水中环境和陆地高水位环境中，采用集水坑抽水排水的方法是难以奏效的。

④深基坑渗水开挖。在水中开挖深基坑是浅基础施工中难度最大的。根据长期的工程

实践经验，利用钢板桩围堰封闭开挖空间，使之与外围水源隔绝，在无渗水、无坑壁坍塌的环境中进行水中深基坑的开挖是值得推荐的方法。

（3）水中基坑开挖

桥梁墩台基础大多位于地表水位以下，有时水流还比较大，施工时都希望在无水或静止水条件下进行。桥梁水中基础最常用的施工方法是围堰法。

围堰的作用主要是防水和围水，有时还起着支撑施工平台和基坑坑壁的作用。围堰的结构形式和材料要根据水深、流速、地质情况、基础形式以及通航要求等条件进行选择。任何形式和材料的围堰，均必须满足下列要求：

第一，围堰顶高宜高出施工期间最高水位 70 cm，最低不应小于 50 cm，用于防御地下水的围堰宜高出水位或地面 20~40 cm。

第二，围堰外形应适应水流排泄，大小不应过多压缩流水断面，以免壅水过高危害围堰安全，影响通航、导流等。围堰内的平面尺寸应满足基础施工的要求，并留有适当的工作面积。

第三，围堰的填筑应分层进行，减少渗漏，并应满足堰身强度和稳定性的要求，基坑开挖后，围堰不致发生破裂、滑动或倾覆。围堰要求防水严密，应尽量采取措施防止或减少渗漏，减轻排水工作。围堰施工一般安排在枯水期进行。

（4）地基处理

①多年冻土地基的处理。基础不应置于季节冻融土层上，并不得直接与冻土接触；基础的基底修筑于多年冻土层上时，基底之上应设置隔温层或保温层材料，且铺筑宽度应在基础外缘加宽 1 m。按保持冻结原则设计的明挖基础，其多年平均地温等于或高于 3℃时，应于冬季施工；多年平均地温低于 -3℃时，可在避开高温季节的其他季节施工。施工前做好充分准备，组织快速施工。做好的基础应立即回填封闭，不宜间歇。必须间歇时，应以草袋、棉絮等加以覆盖，防止热量侵入。施工过程中，严禁地表水流入基坑。明水应在距坑顶 10 m 之外修排水沟。水沟之水，应远离坑顶排放并及时排除融化水。施工时，必须搭设遮阳棚和防雨篷，并及时排除季节冻层内的地下水和冻土本身的融化水。

②岩层基底的处理。风化的岩层，应挖至满足地基承载力要求或其他方面的要求为止；在未风化的岩层上修建基础前，应先将淤泥、苔藓、松动的石块清除干净，并洗净岩石；坚硬的倾斜岩层，应将岩层面凿平；倾斜度较大，无法凿平时，则应凿成多级台阶，台阶的宽度宜不小于 0.3 m。

③溶洞地基的处理。影响基底稳定的溶洞，不得堵塞溶洞水路；干溶洞可用砂砾石、碎石、干砌或浆砌片石及灰土等回填密实；基底干溶洞较大，回填处理有困难时，可采用桩基处理，桩基应进行设计，并经有关单位批准。

④泉眼地基的处理。可将有螺口的钢管紧紧打入泉眼，盖上螺帽并拧紧，阻止泉水流出，或向泉眼内压注速凝的水泥砂浆，再打入木塞堵眼。堵眼有困难时，可采用管子塞入泉眼，将水引流至集水坑排出或在基底下设盲沟引流至集水坑排出，待基础圬工完成后，向盲沟压注水泥浆堵塞。利用引流排水时，应注意防止砂土流失，引起基底沉陷。

（5）基坑施工过程中注意要点

在基坑顶缘四周适当距离处设置截水沟，防止水沟渗水，避免地表水冲刷坑壁，影响坑壁稳定性；坑壁边缘应留有护道，静荷载距坑边缘不小于 0.5 m，动荷载距坑边缘不小于 1.0 m，垂直坑壁边缘的护道还应适当增宽，水文地质条件欠佳时应有加固措施。

应经常注意观察坑边缘顶面土有无裂缝，坑壁有无松散塌落现象发生；基坑施工不可延续时间过长，自开挖至基础完成，应抓紧时间连续施工。

如用机械开挖基坑，挖至坑底时，应保留不小于 30 cm 厚度的底层，在基础浇筑圬工前用人工挖至基底标高；基坑应尽量在少雨季节施工；基坑宜用原土及时回填，对桥台及有河床铺砌的桥墩基坑，则应分层夯实。

（三）桩基础施工

1. 沉入桩基础施工

当地基浅层土质较差，持力土层埋藏较深，需要采用深基础才能满足结构物对地基强度变形和稳定性要求时，可用桩基础。桩基础是常用的桥梁基础类型之一。应用锤击沉桩、振动沉桩、射水沉桩、静力压桩等施工方法的称为沉入桩。

基桩按材料分类有木桩、钢筋混凝土桩、预应力混凝土桩与钢桩，桥梁基础应用较多的是中间两种。

（1）沉入桩基础施工准备工作

沉桩前应掌握工程地质钻探资料、水文资料和打桩资料；沉桩前必须处理地上障碍物，平整场地，且应满足沉桩所需的地面承载力；应根据现场环境状况采取降噪声措施；城区、居民区等人员密集的场所不应进行沉桩施工。

（2）锤击沉桩法

锤击沉桩一般适用于中密沙类土、黏性土。由于锤击沉桩依靠桩锤的冲击能量将桩打入土中，对沉桩设备要求较高，因此，一般桩径不能太大，入土深度在 40 m 左右。沉桩设备是桩基施工成败的关键，应根据土质、工程量，桩的种类、规格、尺寸，施工期限、现场水电供应等条件选择。

①沉桩设备：锤击沉桩的主要设备有桩锤、桩架、桩帽及送桩等。

桩锤：桩锤可以分为坠锤、单动气锤、双动气锤、柴油锤和液压锤等。

桩架：桩架是沉桩的主要设备。它的主要作用是装吊锤、吊桩、插桩、吊插射水管和在桩下沉过程中用于导向。桩架主要由吊杆、导向架、起吊装置、撑架和底盘组成。

桩架可以用木料和钢材做成，分为轨道式桩架、液压步履式桩架、悬臂履带式桩架和三点支承式桩架，工程中常用的是钢制轨道式桩架。

桩帽：打桩时，要在锤和桩之间设置桩帽。它既要起缓冲保护桩顶的作用，又要保持沉桩效率。

因此，在桩帽上方（锤与桩帽接触一方）填充硬质缓冲材料，如橡木、树脂、硬桦木、合成橡胶等；在桩帽下方应垫以软质缓冲材料，如麻饼、草垫、废轮胎等。

送桩：在桩顶设计的标高在导杆以下时，须用送桩。送桩可以用硬木、钢或钢筋混凝土等制成。

②施工技术要求：

第一，水泥混凝土桩要达到100%设计强度并具有28 d龄期。

第二，重锤低击混凝土管桩桩帽上宜开逸气孔。

第三，打桩顺序一般是由一端向另一端打；密集群桩由中心向四边打；先打深桩，后打浅桩；先打坡顶，后打坡脚；先打靠近建筑的桩，然后往外打；遇到多方向桩，应设法减少变更桩机斜度或方向的作业次数，避免桩顶干扰。

第四，在桩的打入过程中，应始终保持锤、桩帽和桩身在同一轴线上。

第五，沉桩时，以控制桩尖设计标高为主。桩尖标高等于设计标高，而贯入度较大时应继续锤击，使贯入度接近控制贯入度。当贯入度达到控制贯入度，而桩尖标高未达到设计标高时，应继续锤击100 mm左右。如无异常变化，即可停锤。

第六，无论桩多长，打桩和接桩均须连续作业，中间不应有较长时间的停歇。

第七，在一个墩、台桩基中，同一水平面内的桩接头数不得超过桩基总数的1/4，但采用法兰盘按等强度设计的接头可不受此限制。

第八，沉桩过程中，若遇到贯入度剧变，桩身突然发生倾斜、位移或有严重回弹，桩顶或桩身出现严重裂缝、破碎等情况，应暂停沉桩，分析原因，采取有效措施。

第九，在硬塑黏土或松散的砂土地层下沉群桩时，如在桩的影响区内有建筑物，应防止地面隆起或下沉对建筑物的破坏。

（3）振动沉桩法

振动沉桩法是用振动打桩机（振动桩锤）将桩打入土中的施工方法。其原理是：振动打桩机使桩产生上下方向的振动，在清除桩与周围土层间摩擦力的同时，松动桩尖地基，从而使桩贯入或拔出。振动沉桩法一般适用于砂土、硬塑及软塑的黏性土和中密及较软的碎石土。振动沉桩施工要点及注意事项如下：

①振动时间的控制：

每次振动时间应根据土质情况及振动机能力大小，通过实地试验决定，一般不宜超过10~15 min。一般当振动下沉速度由慢变快时，可以继续振动。由快变慢，如下沉速度小于 5 cm/min 或桩头冒水时，即应停振。当振幅过大而桩不下沉时，则表示桩尖端土层坚实或桩的接头已振松，应停振继续射水，或另做处理。

②振动沉桩停振控制标准。应以通过试桩验证的桩尖标高控制为主，以最终贯入度或可靠的振动承载力公式计算的承载力作为校核。如果桩尖已达标高而最终贯入度或计算承载力相差较大时，应查明原因，报有关单位研究后另行确定。

③管桩改用开口桩靴振动吸泥下沉。若桩基土层中含有大量卵石、碎石或破裂岩层，采用高压射水振动沉桩难以下沉，可将锥形桩尖改为开口桩靴，并在桩内用吸泥机配合吸泥，非常有效。

④振动沉桩机、机座、桩帽应连接牢固。沉桩机和桩中心轴应尽量保持在同一直线上；开始沉桩时宜用自重下沉或射水下沉，桩身有足够稳定性后，再采用振动下沉。

（4）射水沉桩法

射水施工方法的选择应视土质情况而定，在沙夹卵石层或坚硬土层中，一般以射水为主，锤击或振动为辅；在亚黏土或黏土中，为避免降低承载力，一般以锤击或振动为主，以射水为辅，并应适当控制射水时间和水量；下沉空心桩，一般用单管内射水。当下沉较深或土层较密实，可用锤击或振动，配合射水；下沉实心桩，将射水管对称地装在桩的两侧，并沿着桩身上下自由移动，以便在任何高度上射水冲土。不论采取何种涉水施工方法，在沉入最后阶段至设计标高 1~1.5 m 时，应停止射水，单用锤击或振动沉入至设计深度。

射水沉桩的主要设备包括水泵、水源、输水管路和射水管等。射水沉桩的施工要点是：吊插基桩时要注意及时引送输水胶管，防止拉断与脱落；基桩插正立稳后，压上桩帽桩锤，开始用较小水压，使桩靠自重下沉。初期应控制桩身不使下沉过快，以免阻塞射水管嘴，并注意随时控制和校正桩的方向；下沉渐趋缓慢时，可开锤轻击，沉至一定深度已能保持桩身稳定后，可逐步加大水压和锤的冲击动能；沉桩至距设计标高一定距离停止射水，拔出射水管，进行锤击或振动使桩下沉至设计要求标高。若采用中心射水法沉桩，要在桩垫和桩帽上留有排水通道，防止射水从桩尖孔返入桩内，产生水压，造成桩身胀裂。管桩下沉到位后，如设计要求以混凝土填芯，应用吸泥法等清除沉渣以后，再用水下混凝土填芯。

（5）静力压桩法

静力压桩适用于高压缩性黏土或砂性较轻的软黏土地基。

①静力压桩的特点。施工时无冲击力，噪声和振动较小；桩顶不易损坏，可预估和验证桩的承载力；较难压入 30 m 以上的长桩，但可通过接桩，分节压入；机械设备的拼装和移动耗时较多。

②静力压桩施工要求。选用压桩设备的设计承载力宜大于压桩阻力的 40%；压桩前检查各种设备，使压桩工作不至于间断；用 2 台卷扬机同时启动，放下压梁时，必须使其同步运行；压桩尽量避免中途停歇；当桩基标高接近设计标高时应严格控制进程；遇到特殊情况，应暂停施压。

2. 钻孔灌注桩施工

钻孔灌注桩桩长可以根据持力土层的起伏面变化，按使用期间可能出现的最不利内力组合配置钢筋。钢筋用量较少，便于施工，且承载能力强，故应用较为普遍。钻孔灌注桩施工的主要工序有埋设护筒、制备泥浆、钻孔、清底、钢筋笼制作与吊装、灌注水下混凝土等。

（1）埋设护筒

护筒能稳定孔壁、防止坍孔，还有隔离地表水、保护孔口地面、固定桩孔位置和起到钻头导向作用等。护筒要求坚固耐用、不漏水，其内径应比钻孔直径大，每节长度约 2 ~ 3 m。

一般常用钢护筒，在陆上与深水中均能使用，钻孔完成可取出重复使用。在深水中埋设护筒时，应先打入导向架，再用锤击或振动加压沉入护筒。护筒入土深度视土质与流速而定。护筒平面位置的偏差不得大于 5 cm，倾斜度不得大于 1%。

（2）泥浆制备

钻孔泥浆由水、黏土和添加剂组成，具有浮悬钻渣、冷却钻头、润滑钻具，增大静水压力，并在孔壁形成泥皮，隔断孔内外渗流，防止坍孔的作用。通常采用塑性指数大于 25、粒径小于 0.005 mm、颗粒含量大于 50% 的黏土，通过泥浆搅拌机或人工调和，储存在泥浆池内，再用泥浆泵输入钻孔内。

（3）钻孔

①正循环回转钻机钻孔。开始钻孔时，应稍提钻杆，在护筒内打浆，开动泥浆泵进行循环，待泥浆均匀后开始钻进；在黏土中宜选用尖底钻头，用中等转速、大泵量、稀泥浆的方法钻进，在砂土或软土层中宜选用平底钻头，用控制进入深度、轻压、低挡慢速、大泵量、稠泥浆的方法钻进；在钻孔过程中，钻机的主吊钩应始终吊住钻具，钻机的全部重量不全由孔底承受，这样既可避免钻杆折断，又可保证钻孔质量。

②反循环回转钻机钻孔。反循环程序是泥浆由孔外流入孔内，用真空泵或其他方法，

将钻渣通过钻杆中心从钻杆顶部吸出，或将吸浆泵随钻锥一同钻进，从孔底将钻渣吸出孔外。钻孔过程中，必须连续不断地补充水量或泥浆，保证护筒内水位稳定，维持应有的高度。

③冲击锥钻进成孔。利用钻锥不断地提锥、落锥，反复冲击孔底土层，把土层中的泥沙、石块挤向四壁或打成碎渣，钻渣悬浮于泥浆中，利用掏渣筒取出，重复上述过程冲击钻进成孔。要求：钻头应有足够的重量、适当的冲程和冲击频率，以使它有足够的能量将岩石打碎。

④冲抓锥钻进成孔。用兼有冲击和抓土作用的抓土瓣，通过钻架，由带离合器的卷扬机操纵，靠冲锥自重冲下，使抓土瓣锥尖张开插入土层，然后由带离合器的卷扬机锥头收拢抓土瓣将土抓出，弃土后继续冲抓成孔。钻锥常采用六瓣和四瓣冲抓锥冲抓成孔适用于黏性土、砂性土及夹有碎卵石的砂砾土层，成孔深度宜小于 30 m。

（4）清孔

钻孔深度达到设计标高后，应对孔深、孔径进行检查，符合要求后方可清孔。清孔方法应根据设计要求、钻孔方法、机具设备条件和地层情况决定。在吊入钢筋骨架后，灌注水下混凝土之前，应再次检查孔内泥浆性能指标和孔底沉淀厚度，如超过规定，应进行第二次清孔，符合要求后方可灌注水下混凝土。

（5）钢筋骨架的制作、运输及吊装

钢筋骨架采用在场内制作，长桩骨架宜分段制作，分段长度应根据吊装条件确定，且应确保不变形，接头应错开。应在骨架外侧设置控制保护层厚度的垫块，其间距竖向为 2 m，横向圆周不得少于 4 处。骨架顶端应设置吊环，骨架入孔一般用吊机，无吊机时，可采用钻机钻架、灌注塔架。起吊应按骨架长度的编号入孔。钢筋骨架的制作和吊放的允许偏差为：主筋间距±10 mm、箍筋间距±20 mm、骨架外径±10 mm、骨架倾斜度±0.5%、骨架保护层厚度±20 mm、骨架中心平面位置±20 mm、骨架顶端高程±20 mm，骨架底面高程±50 mm。

（6）灌注水下混凝土

灌注水下混凝土时，配备的搅拌机等设备，应能使桩孔在规定时间内灌注完毕。灌注时间不得长于首批混凝土初凝时间。若估计灌注时间长于首批混凝土初凝时间，则应掺入缓凝剂。水下混凝土一般用钢导管灌注，导管内径为 200~350 mm，视桩径大小而定。导管使用前应进行水密承压和接头抗拉试验，严禁用压气试压。混凝土拌和物运至灌注地点时，应检查其均匀性和坍落度等。如不符合要求，应进行第二次拌和，若仍不符合要求，不得使用。首批灌注混凝土的数量应满足导管首次埋置深度和填充导管底部的需要。首批混凝土拌和物下落后，混凝土应连续灌注。在灌注过程中，导管的埋置深度宜控制在 2~6 m，在灌注过程中，应经常测探井孔内混凝土面的位置，及时调整导管埋深。为防止钢筋骨架上浮，当灌注的混凝土顶面距钢筋骨架底部 1 m 左右时，应降低混凝土的灌注速度。当混凝土拌和物上升到骨架底口 4 m 以上时，提升导管，使其底口高于骨架底部 2 m 以上，即可恢复正常灌注速度。在灌注过程中，特别是潮汐地区和有承压水地区，应注意保持孔内水头；在灌注过程中，应将孔内溢出的水或泥浆引流至适当地点处理，不得随意排放，污染环境及河流；灌注中发生故障时，应查明原因，确定合理处理方案，及时处理。

3. 挖孔灌注桩施工

（1）开挖桩孔

一般采用人工开挖，开挖之前应清除现场四周及山坡上悬石、浮土等，排除一切不安全的因素，做好孔口四周临时围护和排水设备。孔口应采取措施防止土石掉入孔内并安排好排土提升设备，布置好弃土通道，必要时孔口应搭雨棚。挖孔过程中要随时检查桩孔尺寸和平面位置，防止误差。注意施工安全，下孔人员必须佩戴安全帽和安全绳，提取土渣的机具必须经常检查。孔深超过 10 m 时，应经常检查孔内二氧化碳含量，如超过 0.3% 应增加通风措施。孔内如用爆破施工，采用浅眼爆破法，严格控制炸药用量并在炮眼附近加强支护，以防止振坍孔壁。孔深大于 5 m 时，应采用电雷管引爆，爆破后应先通风排烟 15 min 并经检查孔内无毒后，施工人员方可下孔继续开挖。

（2）护壁和支撑

挖孔桩开挖过程中，开挖和护壁两个工序必须连续作业，以确保孔壁不坍塌。应根据水质、水文条件、材料来源等情况因地制宜选择支撑及护壁方法。桩孔较深、土质较差、出水量较大或遇流沙等情况时，宜采用就地灌注混凝土护壁，每下挖 1 m~2 m 灌注一次，随挖随支。护壁厚度一般采用 0.15 m~0.20 m，混凝土为 C15~C20，必要时可配置少量的钢筋，也可采用下沉预制钢筋混凝土圆管护壁。

（3）排水孔

内部渗水量不大，可采用人工排水；渗水量较大，可用高扬程抽水机或将抽水机吊入孔内抽水。若同一墩台有几个桩孔同时施工，可以安排一孔超前开挖，使地下水集中在一孔排除。

（4）吊装钢筋骨架及灌注桩身混凝土

挖孔达到设计深度后，应进行孔底处理。必须做到孔底表面无松渣、泥、沉淀土，保证桩身混凝土与孔壁及孔底密贴，受力均匀。如地质复杂，应钎探了解孔底以下地质情况是否能满足设计要求，否则应与监理、设计单位研究处理。吊装钢筋骨架及灌注水下混凝土的有关方法及注意事项与钻孔灌注桩基本相同。

（四）沉井基础施工

沉井基础是桥梁工程中经常用到的基础形式，因沉井在最初制作时无底无盖，形似筒状，故又称为井筒。

沉井通常采用钢材、混凝土或钢筋混凝土制成，具有强度高、质量大、外形庞大、容易下沉的特点。当采用合适的方式将其沉降到稳定地层中时，沉井将因其稳定的状态和较大的支撑截面，为建造在其顶面上的结构物提供强大、稳定的支撑。

因此，在软土沉积很厚的地方常选择沉井作为桥墩基础。沉井主要由井壁、刃脚和隔墙等组成。沉井既是基础结构的组成部分，又在下沉过程中起着挡土和挡水的围护作用，不需要再另设坑壁支护结构，施工工艺简单，技术稳妥可靠，不需特殊的专业设备。此外，其可做成补偿性基础，既节省了材料又简化了施工，因而在深基础或地下结构中被广泛应用。

1. 沉井的类型

（1）按平面外形划分

按照平面外形，沉井可分为圆形沉井、矩形沉井和圆端形沉井。

圆形沉井：易控制下沉方向，取土方便，在水压力作用下，井壁只承受环向压力。

矩形沉井：制造简单，基础受力有利。其四角一般做成圆角，以减小井壁的摩阻力和取土清底的困难。但其阻水面积大，易造成严重冲刷，井壁承受的挠曲弯矩较大。

圆端形沉井：介于上述两者间，在控制下沉、受力状态、阻水冲刷方面较矩形沉井有利，但制造相对复杂。

（2）按舱室分布分类

当沉井平面尺寸较大时，往往根据井壁侧向承受的弯矩、施工要求及上部结构的需要，在沉井中设置面墙，将沉井平面分成多格，沉井内部空间被分成多个舱室。按照舱室的分布，沉井可分为圆形单仓沉井和矩形三仓沉井。

2. 沉井的构成

（1）刃脚

刃脚在沉井的最下端，用钢板做成，形如刀刃。当沉井下沉时，起切入土中的作用。

（2）井壁

井壁是沉井的外壁，用钢筋混凝土逐节现浇而成。下沉的过程中，除起挡土作用外还以其自重克服外壁与地基土间的摩阻力和刃脚底部的土阻力，使沉井逐渐下沉直至设计高程。

（3）隔墙

隔墙把沉井分成若干小间，以减小外侧土压力对井壁的弯矩，加强沉井的刚度。此外，在施工时，便于挖土和可以控制沉井下沉的偏差。

（4）井孔

井孔是挖土排土的工作场所和通道。井孔尺寸应满足施工要求，宽度不宜小于 3 m。井孔布置应对称于沉井中心轴，便于对称挖土使沉井均匀下沉。

（5）凹槽

凹槽设在井孔下端近刃脚处，其作用是使封底混凝土与井壁有较好的结合，封底混凝土底面的反力更好地传给井壁（如井孔全部填实的实心沉井也可不设凹槽）。凹槽的深度约 0.15 m~0.25 m，高约 10 m。

（6）射水管

当沉井下沉深度大，穿过的土质又较好，估计下沉会产生困难，可在井壁中预埋设水管组。射水管应均匀布置，以利于控制水压和水量来调整下沉方向，一般水压不小于 600kPa。

（7）封底和盖板

沉井沉至设计高程进行清基后，便浇筑封底混凝土。混凝土达到设计强度后，可从井孔中抽干水并填满混凝土或其他坏工材料。如井孔中不填料或仅填砂砾，则须在沉井顶面浇筑钢筋混凝土盖板，盖板厚度般为 1.5~2.0 m。

封底混凝土底面承受地基土和水的反力，这就要求封底混凝土有一定的厚度，其厚度根据经验也可取不小于井孔最小边长的 1.5 倍。封底混凝土顶面应高出刃脚根部不小于 0.5 m，并浇灌到凹槽上端。封底混凝土强度等级对岩石地基用 C15，一般地基用 C20。井孔中充填的混凝土，其强度等级不应低于 C10。

3. 水中沉井的施工

（1）筑岛法

水流速不大，水深在 3 m 或 4 m 以内，可用水中筑岛的方法。筑岛材料为砂或砾石，周围用草袋围护，如水深较大可做围堰防护。岛面应比沉井周围宽出 2 m 以上，作为护道，并应高出施工最高水位 0.5 m 以上。砂岛地基强度应符合要求，然后在岛上浇筑沉井。如筑岛压缩水面较大，可采用钢板桩围堰筑岛。

（2）浮运法

水深较大，如超过 10 m 时，筑岛法很不经济，且施工也困难，可改用浮运法施工。沉井在岸边做成，利用在岸边铺成的滑道滑入水中，然后用绳索引到设计墩位。

沉井井壁可做成空体形式或采用其他措施使沉井浮于水上，也可以在船坞内制成用浮船定位和吊放下沉，或利用潮汐，水位上涨浮起，再浮运至设计位置沉井就位后，用水或混凝土灌入、徐徐下沉直至河底。或依靠在悬浮状态下接长沉井及填充混凝土，使它逐步下沉。每个步骤均须保证沉井本身足够的稳定性。沉井刃脚切入河床一定深度后，可按前述下沉方法施工。

4. 陆地沉井的施工

陆地上的沉井采用在墩台位置处就地制造，然后取土下沉的施工方法。因这种施工方法是在原地制作，故不需要大型设备，且施工方便、成本低。通常情况下，沉井比较高，故可以分段制造、分段下沉。其中，第一节沉井的制作和下沉尤为重要。

（1）第一节沉井的制作

第一节沉井应建造在较好的土质上。当土质强度不能满足第一节沉井制作的质量要求时，可对地基进行处理或减小沉井节段的高度。由于沉井自重较大，刃脚底部窄，应力集中，所以应在沉井刃脚下对称的位置铺垫枕木，再立模、绑扎钢筋，浇筑第一节沉井混凝土，下沉时，应按顺序对称地抽出枕木，以防止沉井出现倾斜和开裂。

（2）沉井下沉

在沉井舱室内不断取土可使沉井下沉。下沉方法可分为排水下沉和不排水下沉两种，两种方法对沉井下沉过程中井壁外侧的摩擦力有较大影响。

对于水位以上部分或渗水量小的土层，可采取人工和机械挖土；当井内水位上升时，可采用抓土斗或水力吸泥机取土，待沉井顶面高出地面1~2 m时应停止挖土，接高沉井。

（3）封底、填充填料及浇筑盖板

封底之前应对基底进行检验和处理，一般情况下，采用不排水封底，封底厚度应满足沉井底部不渗水的要求。封底施工完毕后再填充填料，浇筑盖板。

二、桥梁墩台施工技术

桥墩、桥台为桥梁的下部结构，是桥梁的重要组成部分。桥梁墩台的主要作用是承受上部结构传来的荷载，并将荷载及桥梁墩台本身自重传给地基。桥墩支承相邻的两孔桥跨，居于桥梁的中间部位。桥台居于全桥的两端，它的前端支承桥跨，后端与路基衔接，起着支撑台后路基填土并把桥跨与路基连接起来的作用。

桥梁墩台除承受上部结构的作用力外，桥墩还承受风力、流水压力及可能发生的冰压力、船只和漂流物的撞击力，桥台还需要承受台背填土及填土车辆荷载产生的附加侧压力。因此，桥梁墩台不仅本身应具有足够的强度、刚度和稳定性，而且对地基的承载能力沉降量、地基与基础之间的摩阻力等也都有一定的要求。

（一）桥墩

1. 桥墩的分类

按构造特征分为：重力式桥墩、薄壁空心桥墩、多柱式柔性桥墩、V形桥墩等。

按变形能力分为：刚性桥墩、柔性桥墩。

按截面形状分为：矩形墩、圆形墩、圆形端墩、尖端形墩、组合截面墩。

2. 重力式桥墩

重力式桥墩依靠自身的重量和桥面传来的永久荷载抵抗水平荷载，通常截面尺寸较大。重力式桥墩在水平荷载作用下，桥墩内将产生弯矩，最大弯矩在墩底截面。

在此弯矩作用下，横截面内将产生弯曲正应力，一部分截面受拉、一部分截面受压；桥墩在自重和桥跨传来的竖向永久荷载作用下，横截面内产生压应力；此压应力完全抵消弯曲拉应力，因而最终横截面上没有拉应力。

重力式桥墩多采用简单的流线型截面形状，如圆端墩、尖端墩、圆角形墩等，以便桥下水流顺畅绕过桥墩，减少阻水及墩旁冲刷。因重力式桥墩横截面内没有拉应力，一般采用抗拉强度很低的砖石材料或混凝土材料。

3. 空心桥墩

（1）部分镂空实体桥墩

部分镂空实体桥墩仍保持了重力式桥墩的基本特点，如较大的轮廓、较大的施工量、较少的钢筋量等。镂空的目的是在截面强度和刚度足以承担外荷载的条件下减少圬工量，使桥墩结构更经济。

但镂空部位受到一定的条件限制，如在墩帽下一定高度范围内，为保证上部结构的荷载能安全有效地传递给墩身镂空部分的墩壁，应设置一定的实体过渡段。在镂空部分与实体部分连接处，应设置倒角或配置构造钢筋，以避免在墩身的传力路径中产生局部应力集中。对于易遭漂浮物撞击或易磨损、须防冰害的墩身部分，一般不宜镂空。

（2）薄壁空心桥墩

针对重力式桥墩建筑材料用量大、力学性能利用低的情况，空心薄壁桥墩应运而生。一般高度的空心墩比实体墩省工20%~30%左右，钢筋混凝土空心墩则可省工50%左右。

当墩高小于50 m时，混凝土空心墩的壁厚一般要求不小于30 cm。有资料表明，跨度在12~26 m的多跨连续梁桥，桥墩壁厚可做成40~80 cm，造价比一般桥墩节约20%以上。

空心桥墩的截面形式有圆形、圆端形、长方形等。沿墩高一般采用可滑模施工的变截面，即斜坡式立面布置，墩顶和墩底部分，可设实心段，以便设置支座与传递荷载。

4. 柔性桥墩

柔性桥墩是指在墩帽上设置活动支座，桥梁热胀冷缩时产生的水平推力以及刹车制动力，通过桥梁对桥墩的水平力，都因活动支座而使桥墩免于承受这些压力。

柔性桥墩墩身比刚性桥墩细，柔性桥墩对水平力是柔的而不是刚的。柔性桥墩造型纤细，为了承受竖向荷载，墩身要加入一些粗钢筋和采用高强度材料。柔性桥墩也可以做成空心、薄壁的。

5. V 形桥墩

V 形桥墩的出现不仅扩展了桥墩的类型，还给桥梁结构的造型增添了新的形态。V 形桥墩在改变桥墩受力特征的同时，也改变了桥墩以往那种拙朴的外形，使得桥梁结构的整体造型更显轻巧、美观。V 形桥墩包括纵向和横向两个方向，扩展的 V 形桥墩还包括 Y 形、X 形、倒梯形等。V 形桥墩可以缩短梁的跨径，从而可以采用更为简单的梁截面，进而可降低梁的高度和造价，增强桥梁的跨越能力，还可以改善桥梁结构的造型。V 形桥墩与主梁的连接可以是固接，也可以是铰接。前者连接后部分称为 V 形桥墩斜撑刚架，后者连接后部分称为 V 形桥墩连续梁。V 形桥墩斜撑刚架两斜撑的夹角根据桥下通航净空及斜撑与主梁的内力关系来确定。

（二）桥台

1. 重力式桥台

重力式桥台主要靠自重来平衡台后的土压力，桥台本身多数由石砌、片石混凝土或混凝土等圬工材料建造，并用就地浇筑的方法施工。重力式桥台依据桥梁跨径、桥台高度及地形条件的不同有多种形式，常用的类型有 U 形桥台、埋置式桥台、八字式和一字式桥台。

2. 轻型桥台

轻型桥台一般由钢筋混凝土材料建造，其特点是用这种结构的抗弯能力来减少圬工体积而使桥台轻型化。常用的轻型桥台有薄壁轻型桥台和支撑梁轻型桥台。轻型桥台适用于小跨径桥梁，桥跨孔数与轻型桥墩配合使用时不宜超过 3 个，单孔跨径不大于 13 m，多孔全长不宜大于 20 m。

3. 框架式桥台

框架式桥台是一种在横桥向呈框架式结构的桩基础轻型桥台，它所承受的土压较小，适用地基承载力较低、台身较高、跨径较大的梁桥。其构造形式有柱式、垒墙式、半重力式和双排架式、板凳式等。

4. 组合式桥台

为使桥台轻型化，桥台本身主要承受桥跨结构传来的竖向力和水平力，而台后的土压力由其他结构来承受，形成组合式的桥台。常见的有锚定板式、过梁式、框架式以及桥台与挡土墙的组合等形式。

（三）桥梁墩台施工

1. 钢筋混凝土墩台施工

（1）墩台模板

①模板设计原则。根据我国相关规定，模板的设计原则如下：

宜优先使用胶合板和钢模板；在计算荷载作用下，对模板结构按受理程序分别验算其强度、刚度及稳定性；模板板面之间应平整，接缝严密，不漏浆，保证结构物外露面美观，线条流畅，可设倒角；结构简单，制作、拆装方便。模板可采用钢材、胶合板、塑料和其他符合设计要求的材料制成；浇筑混凝土之前，木板应涂刷脱模剂，外露面混凝土模板的脱模剂应采用同一种品种，不得使用废机油等油料，且不得污染钢筋及混凝土的施工缝处。重复使用的模板应经常检查、维修。

②模板的类型和构造。混凝土及钢筋混凝土墩台的模板主要有固定式模板、拼装式模板、整体吊装模板、组合式定型钢模板。

拼装式模板：拼装式模板系用各种尺寸的标准模板，利用销钉连接，并与拉杆、加劲构件等组成墩台所需形状的模板。将墩台表面划分为若干小块，尽量使每部分板扇尺寸相同，以便周转使用。板扇高度通常与墩台分节灌注高度相同。一般可为 3~6 m，宽度可为 1~2 m，具体视墩台尺寸和起吊条件而定。拼装式模板由于在厂内加工制造，因此，板面平整、尺寸准确、体积小、质量轻，拆装容易、快速，运输方便，故应用广泛。

整体吊装模板：根据墩台高度分层支模和浇筑混凝土，每层的高度应视墩台尺寸、模板数量和浇筑混凝土的能力而定，一般为 2~4 m；用吊机吊起大块板扇，按分层高度安装好第一层模板，其组装方法同低墩台组装模板；模板安装完成后在浇筑第一层混凝土时，应在墩台身内预埋支承螺栓，用以支承第二层模板和安装脚手架。

组合型钢模板：组合型钢模板系以各种长度、宽度及转角标准构件，用定型的连接件将钢模拼成结构用模板。组合型钢模板具有体积小、质量轻、运输方便、装拆简单、接缝紧密等优点，适用于在地面拼装/整体吊装的结构上。

滑动钢模板：滑动钢模板适用于各种类型的桥墩。各种模板在工程上的应用，可根据墩台高度、墩台形式、机具设备、施工期限等条件，因地制宜，合理选择。

验算模板的刚度时，其变形值不得超过下列数值：结构表面外露的模板，挠度为模板构件跨度的 1/400；结构表面隐蔽的模板，挠度为模板构件跨度的 1/250；钢模板的面板变形为 1.5 mm，钢模板的钢棱、柱箍变形为 3.0 mm。

模板安装前应对模板尺寸进行检查；安装时要坚实牢固，以免振捣混凝土时引起跑模漏浆；安装位置要符合结构设计要求。

（2）混凝土的浇筑

桥梁墩台具有垂直高度较大、平面尺寸相对较小的特点，其混凝土浇筑方法有别于梁或承台等构件的混凝土浇筑方法。墩台混凝土运输方式不仅有水平运输，还有难度较大的垂直运输。

通常采用的混凝土运输方法有：利用卷扬机和升降电梯平台运送混凝土手推车；利用塔式起重机吊斗输送混凝土；利用混凝土输送泵将混凝土送至高空建筑点等。

混凝土在运输过程中应有足够的初凝时间，保证混凝土的浇筑质量。混凝土的拌和、运输及浇筑速度应大于墩台混凝土浇筑体积与配制混凝土的初凝时间之比。

对于泵送混凝土，应防止堵管现象的发生。在进行大体积墩台混凝土浇筑时应分层分块浇筑。同时，应控制混凝土的水化热。一般情况下，其应符合相关桥涵施工质量标准的要求。当平截面面积过大，次层混凝土不能在前层混凝土初凝或被重塑前浇筑完成时，可进行分块浇筑。

2. 砌筑墩台施工

（1）施工准备

①对石料、砂浆与脚手架的要求。对石料与砂浆的要求：石砌墩台系用片石、块石及粗料石以水泥砂浆砌筑的，石料与砂浆的规格要符合有关规定。

浆砌片石一般适用于高度小于 6 m 的墩台身、基础、镶面及各式墩台身填腹；浆砌块石一般用于高度大于 6 m 的墩台身、镶面或应力要求大于浆砌片石砌体强度的墩台；浆砌粗料石则用于磨耗及冲击严重的分水体及破冰体的镶面工程以及有整齐美观要求的桥墩台身等。

对脚手架的要求：将石料吊运并安装到正确位置是砌石工程中比较复杂的工序。

当重量小或距地面不高时，可用简单的马凳跳板直接运送；当重量较大或距地面较高时，可采用固定式动臂吊机或桅杆式吊机或井式吊机将材料运到墩台上，然后再分运到安砌地点。

用于砌石的脚手架应环绕墩台搭设，用以堆放材料并支承施工人员砌镶面定位行列及勾缝。脚手架一般常用固定式轻型脚手架、简易活动脚手架以及悬吊式脚手架。

②注意事项。第一，砌块在使用前必须浇水湿润，表面如有泥土、水锈，应清洗干净。砌筑基础的第一层砌块时，若基底为岩层或混凝土基础，应先将基底表面清洗、湿润，再做浆砌筑；若基底为土质，可直接做浆砌筑。第二，砌体应分层砌筑，砌体较长时可分段分层砌筑，但两相邻工作段的砌筑差一般不宜超过 1.2 m；分段位置宜尽量设在沉降缝或伸缩缝处，各段水平砌缝应一致。第三，为使外表美观，石砌墩台常选择较整齐的石料砌筑外层。里层则可使用一般石料，但应注意里外交错地连接成一体，不可砌成外面一环后，里面杂乱填芯。第四，砌筑上层块时，应避免振动下层砌块。砌筑工作中断后恢复砌筑时，已砌筑的砌层表面应加以清扫和湿润。第五，墩台侧面为斜面时，为砌筑方便，当用料石或预制块砌筑时，可用收台方式形成墩台身的斜面。此时，台阶内凹顶点的连接线应与墩台设计线相一致。第六，在砌筑中应经常检查平面外形尺寸及侧面坡度是否符合设计要求。检查平面尺寸时，应先用经纬仪恢复墩台中心线位置，再按中心线量出外轮廓尺寸。至少每 2 m 高度应复测一次。有偏差但不超过允许值时，在下一段砌筑时逐渐纠正。若超出允许偏差时，应返工重砌。第七，砌筑完后所有砌石（块）均应勾缝，勾缝必须平顺，无脱落现象。

（2）砌筑方法

同一层石料及水平灰缝的厚度要均匀一致，每层按水平砌筑，丁顺相间，砌石灰缝应互相平行。砌石顺序为先用石，再镶面，后填腹。

填腹石的分层高度应与镶面相同；圆端、尖端及转角形砌体的砌石顺序应自顶点开始，按丁顺排列安砌镶面石。

（3）墩、台帽施工

①放样。墩、台混凝土浇筑或砌石砌至离墩、台帽下缘约 300～500 mm 高度时，即须测出墩、台帽纵横中心轴线，并开始树立墩、台帽模板，安装锚栓孔或安装预埋支座垫板，绑扎钢筋等；桥台台帽放样时，应注意不要以基础中心线作为台帽背墙线；模板立好后，在浇筑混凝土前应再次复核，以确保墩、台帽中心、支座垫石等位置、方向和高程不出差错。

②墩、台帽模板安装。墩、台帽系支承上部结构的重要部分，其位置、尺寸和高程的准确度要求较严，墩、台身混凝土浇筑至墩、台帽下约 300～500 mm 处就应停止浇筑，以上部分待墩、台帽模板立好后一次浇筑，以保证墩、台帽底有足够厚度的紧密混凝土。

③钢筋和支座垫板的安设。墩、台帽钢筋绑扎应遵照有关钢筋工程的规定。墩、台帽上支座垫板的安设一般采用预埋支座垫板和预留锚栓孔的方法。前者须在绑扎墩台帽和支座垫石钢筋时，将焊有锚固钢筋的钢垫板安设在支座的准确位置上，即将锚固钢筋和墩、台帽骨架钢筋焊接固定。同时，用木架将钢垫板固定在墩、台帽模板上。此法在施工时垫

板位置不易准确，应经常校正。后者须在安装墩台帽模板时，安装好预留孔模板，在绑扎钢筋时注意将锚栓孔位置留出，安装支座施工方便，支座垫板位置准确。

3. 装配式墩台施工

装配式墩台可用于预应力混凝土、钢筋混凝土薄壁空心墩或轻型桥墩，采用拼装法施工。拼装式桥墩主要由实体部分墩身、拼装部分墩身和基础组成。实体墩身与基础采用就地现浇施工，在浇注实体墩身与基础时应考虑其与拼装部分的连接、抵御洪水和漂流物的冲击、锚固预应力筋、调节拼装墩身高度等问题。

拼装部分墩身由基本构件、隔板、顶板和顶帽等部分组成，在工厂制作，运到桥位处拼装成桥墩。装配部分墩身的分块根据桥墩的结构形式、吊装、起重和运输能力决定。拼装要根据施工现场的具体情况拟定施工细则，认真组织施工。

（1）拼装接头

①承插式接头。承插式接头连接是将预制构件插入相应的承台预留孔内，插入长度一般为 1.2~1.5 倍的构件宽度，底部铺设 2 cm 厚的砂浆，四周以半干硬性混凝土填充，这种方法常用于立柱与基础的接头连接。

②钢筋锚固接头。钢筋锚固接头连接是使构件上的预留钢筋形成钢筋骨架，插入另一构件的预留槽内，或将钢筋互相焊接后再浇筑混凝土，这种方法多用于立柱与墩帽处的连接。

③焊接接头。焊接接头连接是将预埋在构件中的钢板与另一构件的预埋钢板用电焊连接，外部再用混凝土封闭。这种方法易于调整误差，多用于水平连接杆与立柱间的连接。

④扣环式接头。扣环式接头连接即相互连接的构件按预定位置预埋环式钢筋。安装时，柱脚先安置在承台的柱心上，上、下环式钢筋互相错接，扣环间插入 U 形钢筋焊接，之后立模浇筑外侧接头混凝土。

⑤法兰盘接头。采用法兰盘接头时，在连接构件两端安装法兰盘，连接时要求法兰盘预埋件的位置必须与构件垂直，接头处可以不采用混凝土封闭。

（2）砌块式墩台施工

砌块式墩台安装前的准备工作与石砌墩台相同，只是预制砌块的形式因墩台形状不同而有很多变化。基坑坑底整平后，经检验合格后铺设砂、砾石或碎石垫层并夯实整平，铺好坐浆后安装墩台。其施工方法和注意事项主要包括以下几点：预制砌块时，吊环宜设于凹窝内，使其不凸出顶面，以免妨碍拼装，同时，也省去切除吊环工序；吊运安装机具可采用各种自行式吊车、龙门架、简易缆索吊机设备或各种扒杆；砌块安装时应对准位置安放平稳，若位置不准确时，应吊起重放，不得用撬棍拔移；安砌时，平缝用较干砂浆。砌缝宽度应不大于 1 cm，为防止水平缝砂浆全被上层砌块挤出，可在水平缝中垫以铁片，其厚度须小于铺筑的砂浆。竖向砌缝中砂浆应插捣密实，砌筑外露面时应预留 2 cm 的空缝备作勾缝之用，隐蔽面砌缝可随砌随刮平。竖向砌缝错缝应不小于 20 cm；每安装高 1 m 左右的砌块应进行找平，控制灰缝厚度和标高。

（3）柱式墩施工

装配式柱式墩系将桥墩分解成若干轻型部件，在工厂或工地集中预制，再运送到现场装配桥梁。其形式有双柱式、排架式、板凳式和钢架式等。装配式柱式墩台应注意几个问题：

第一，墩台柱构件与基础顶面预留环形基座应编号，并检查各个墩、台高度是否符合设计要求；基础口四周与柱边的空隙不得小于 2 cm。

第二，墩台柱吊入基坑内就位时，应在纵横方向测量，使柱身垂直度或倾斜度以及平面位置均符合设计要求；对重大、细长的墩柱，须用风缆或撑木固定，方可摘除吊钩。

第三，在墩台柱顶安装盖梁前，应先检查盖梁口预留槽眼位置是否符合设计要求，否则应先修凿。柱身与盖梁安装完毕并检查符合要求后，可在基坑空隙与盖梁槽眼处灌注稀砂浆，待其硬化后，撤除楔子、支撑或风缆，再在楔子孔中灌填砂浆。

第四，在基础或承台上安装预制混凝土管节、环圈做墩台的外模时，为使混凝土基础与墩台连接牢固，应由基础或承台中伸出钢筋插入管节、环圈中间的现浇混凝土内，插入钢筋的数量和锚固长度应按设计规定或通过计算决定。

（4）后张法预应力钢筋混凝土装配式墩台施工

后张法预应力钢筋混凝土装配式墩台采用的预应力钢材主要有高强度低松弛率钢丝和冷拉Ⅳ级粗筋两种。

高强度低松弛率钢丝的强度高，张拉力大，因此，所需预应力束的数量较少，施工时穿束较容易。在预应力钢束连接处，受预应力钢束连接器的影响，需要局部加厚构件的混凝土壁。对于冷拉Ⅳ级粗钢筋，要求混凝土预制构件中的预留孔道精度高，以利于冷拉Ⅳ级粗钢筋的连接。

后张法预应力钢筋混凝土装配式墩台的预应力张拉方式有两种，即在墩帽顶上张拉预应力钢束和在墩台底的实体部位张拉预应力钢束，一般在墩帽顶上张拉预应力钢束。

①在墩帽顶上张拉预应力钢束。在墩帽顶上张拉预应力钢束的主要特点是：张拉作业为高空作业，虽然张拉操作方便，但安全性较差；预应力钢束锚固端可以直接埋入承台，而不需要设置过渡段；在墩台底截面受力最大的位置可以发挥预应力钢束抗弯能力强的特点。

②在墩台底的实体部位张拉预应力钢束。在墩台底的实体部位张拉预应力钢束的主要特点是：张拉作业为地面作业，施工安全且方便；在墩台底要设置过渡段，既要满足预应

力钢束张拉千斤顶的安放要求，又要布置较多的受力钢筋，以满足截面在运营阶段的受力要求；过渡段构件中预应力钢束的张拉位置与竖向受力钢筋间的相互关系较为复杂。

应特别注意的是，压浆时最好由下而上压注，构件装配的水平拼装缝采用 35 号水泥砂浆，砂浆厚度为 15 mm。一方面，可以起到调节水平的作用；另一方面，可避免因渗水而影响预制构件的连接质量。

4. 滑模施工

滑动模板是整体地支在桥墩墩脚处，借助液压千斤顶和顶杆使模板沿墩身向上滑升，目前滑动模板的高度已达百米。

其主要优点为：施工进度快，在一般情况下，每昼夜平均进度可达 5~6 m；混凝土质量好，采用干硬性混凝土，机械振捣，连续作业可提高墩台质量；节约木材和劳力；滑动模板可用于直坡墩身也可用于斜坡墩身。

（1）滑模施工步骤

①滑模组装。在墩位上就地进行组装时，安装步骤如下：在基础顶面搭枕木垛，定出桥墩中心线；在枕木垛上先安装内钢环，并准确定位，再依次安装辐射梁、外钢环、立柱、千斤顶、模板等；提升整个装置，撤去枕木垛，再将模板落下就位，随后安装余下的设施；内外吊架待模板滑升至一定高度，及时安装；模板在安装前，表面须涂润滑剂，以减少滑升时的摩阻力；组装完毕后，必须按设计要求及组装质量标准进行全面检查，并及时纠正偏差。

②灌注混凝土。滑模宜灌注低流动度或半干硬性混凝土，灌注时应分层、分段对称地进行，分层厚度 20~30 cm 为宜，灌注后混凝土表面距模板上缘宜有不小于 10~15 cm 的距离。

混凝土入模时，要均匀分布，应采用插入式振动器捣固，振捣时应避免触及钢筋及模板，振动器插入下一层混凝土的深度不得超过 5 cm；脱模时混凝土强度应为 0.2~0.5MPa，以防在其自重压力下坍塌变形。

为此，可根据气温、水泥强度等级经试验后掺入一定量的早强剂，以加速提升；脱模后 8h 左右开始养生，用吊在下吊架上的环绕墩身的带小孔的水管来进行。养生水管一般设在距模板下缘 1.8~2.0 m 处效果较好。

③提升与收坡。整个桥墩灌注过程可分为初次滑升、正常滑升和最后滑升三个阶段。

从开始灌筑混凝土到模板首次试升为初次滑升阶段；初灌混凝土的高度一般为 60~70 cm，分几次灌注，在底层混凝土强度达到 0.2~0.4MPa 时即可试升。将所有千斤顶同时缓慢起升 5 cm，以观察底层混凝土的凝固情况。现场鉴定可用手指按刚脱模的混凝土表面，若基本按不动，但留有指痕，砂浆不沾手，用指甲划过有痕，滑升时能耳闻"沙沙"的摩擦声，这些现象表明混凝土已具有 0.2~0.4MPa 的出模强度，可以开始再缓慢提升 20 cm 左右。

初升后经全面检查设备，即可进入正常滑升阶段。即每灌注一层混凝土，滑模提升一次，使每次灌注的厚度与每次提升的高度基本一致。在正常气温条件下，提升时间不宜超过 1h。

滑升阶段是混凝土已经灌注到需要高度，不再继续灌注，但模板尚须继续滑升的阶段。灌完最后一层混凝土后，每隔 1~2h 将模板提升 5~10 cm，滑动 2~3 次后即可避免混凝土模板胶合。滑模提升时应做到垂直、均衡一致，顶架间高差不大于 20 mm，顶架横梁水平高差不大于 5 mm。并要求三班连续作业，不得随意停工。随着模板的提升，应转动收坡丝杆，调整墩壁曲面的半径，使之符合设计要求的收坡坡度。

④接长顶杆、绑扎钢筋。模板每提升至一定高度后，就需要穿插进行接长顶杆、绑扎钢筋等工作。为了不影响提升时间，钢筋接头均应事先配好，并注意将接头错开。对预埋件及预埋的接头钢筋，滑模抽离后，要及时清理，使之外露。

在整个施工过程中，由于工序的改变，或发生意外事故，使混凝土的灌注工作停止较长时间，即需要进行停工处理。例如，每隔半小时左右稍微提升模板一次，以免黏结；停工时在混凝土表面要插入短钢筋等，以加强新老混凝土的黏结；复工时还须将混凝土表面凿毛，并用水冲走残渣，湿润混凝土表面，灌注一层厚度为 2~3 cm 的 1∶1 水泥砂浆，然后再灌注原配合比的混凝土，继续滑模施工。

爬升模板施工与滑动模板施工相似，不同的是支架通过千斤顶支承于预埋在墩壁中的预埋件上。待浇筑好的墩身混凝土达到一定强度后，将模板松开。千斤顶上顶，把支架连同模板升到新的位置，模板就位后，再继续浇筑墩身混凝土。如此往复循环，逐节爬升每次升高约 2 m。

翻升模板施工是采用一种特殊钢模板，一般由三层模板组成一个基本单元，并配置有随模板升高的混凝土接料工作平台。当浇筑完上层模板的混凝土后，将最下层模板拆除翻上来拼装成第四层模板，以此类推，循环施工。翻升模板也能够用于有坡度的桥墩施工。

（2）滑升模板施工方法的特点

①机械化程度高。整套滑升模板均由电动液压机械提升，机械化程度高。

②施工速度快。施工过程中只需要进行一次模板组装，大大减少了模板拆装工序，实现了连续作业。竖向结构施工速度快，在一般气温下，每个昼夜的平均施工进度可达 5 m ~6 m。

③结构整体性好。滑升模板体系刚度高且可连续作业，各层混凝土之间不留施工缝，从而大大提高了墩台混凝土浇筑的内在质量和外观质量。

④节约模板和劳动力，有利于安全施工。滑升模板事先在地面上组装，施工中不再变化，模板的利用率很高。这不但可以大量节约模板，还极大地减少了装拆模板的劳动力，方便浇筑混凝土，改善了操作条件，因而有利于安全施工。

⑤适应性强。该方法不但可用于直坡墩身的施工，还可用于斜坡墩身的施工。

滑升模板施工方法具有以下缺点：一次性投资大；建筑物立面造型受到一定限制；需要较高的施工管理水平和技术水平。

第二节 桥梁上部结构施工技术

桥梁上部结构是直接承载车辆载荷的部分，上半部分的施工质量对桥梁的整体质量和使用寿命有巨大的影响。在施工过程中，需要根据实际特点选择合适的施工方式。

一、混凝土简支梁施工技术

简支梁桥属于静定结构，它受力明确、构造简单、施工方便，是中小跨度桥梁中应用最广泛的桥型。简支梁桥的结构尺寸设计的系列化、标准化，有利于在工厂内或工地上广泛采用工业化制造，组织大规模预制生产，并利用起重设备或架桥机进行架设。

采用预制装配式的施工方法，可以节约模板及支架材料、降低劳动强度、提高质量、缩短工期，显著加快建桥速度。因此，国内外中小跨径的桥梁，绝大部分采用装配式的简支混凝土梁、钢梁或结合梁。

（一）简支梁桥的分类

从梁的截面形式来区分，混凝土简支梁桥可以分为三种类型：板桥、肋板式桥和箱梁桥。

1. 板桥

板桥的承重结构就是矩形截面的钢筋混凝土或预应力混凝土板，其主要特点是构造简单、施工方便、建筑高度较小。板桥通常有三种结构形式，即装配式板桥、整体式板桥、组合式板桥。这三种结构形式的板式梁因结构上的差异而导致使用中受力与变形方面的不同，从而导致承载能力的不同，因而适用的场合和跨径也不同。

（1）整体式板桥

整体式板桥是小跨径桥梁中常用的形式，因其具有结构整体性强、刚度大，成桥后桥面状况好等优势而得到广泛应用。

但整体式板桥的施工存在如下不便之处：需要现场浇筑，机械化程度低，施工速度慢，支架和模板使用量大，在架空太高或深水环境中难以施工等。

整体式板桥梁的截面形式主要有实心式、空心式、矮肋式。其通常在桥位处现场浇筑；当具有充分的吊装条件时，也可以先在桥下预制整体式板梁，然后吊装就位。整体式板桥在车辆等荷载的作用下，其变形和内力分布均表现为空间板结构的空间受力状态。受力时，发现其不但绕受力方向产生双向弯矩，而且由于弯曲曲率逐点不同，还将导致围绕法线的扭矩产生。因此，整体式板桥的承载能力优于装配式板桥。

（2）装配式板桥

装配式板桥一般由数块一定宽度的实心或空心预制板组成。各板利用板间企口缝填充混凝土相连接。在荷载作用下，每块板相当于单向受力的梁式窄板，除在主跨径方向承受弯曲外，还承受通过板间接缝传递剪力而引起的扭转。因此，每块预制板除承受本板内的荷载外，还承受相邻板块作用而引起的竖向剪力和其他内力作用。由于其他内力与竖向剪力相比，对确定板的内力影响很小，所以设计中多采用铰接板法确定其板中内力。板中主要受力钢筋的数量由计算得到的内力确定。此外，在板中布置适量的构造钢筋以承受计算时忽略的某些内力。装配式板桥的截面形式有实心板、空心板两种。

（3）组合式板梁

组合式板桥通常采用"装配+整体现浇"的方式成型，因而也称为叠合桥。施工中，通常在桥下将组合式板梁的底层分片预制成构件，然后在墩顶进行装配，最后以装配构件为底模，整体浇筑梁体部，从而完成组合式板桥的施工。

组合式板桥在荷载作用下的变形和受力与整体式板桥类似，属于双向受力弹性薄板。其刚度介于整体式板桥和装配式板桥之间。从组合式板梁的施工过程和成桥后的受力特点可以看出，组合式板梁在施工过程中可以充分利用装配式板梁成桥的优点，先将部分梁体在桥下预制成构件，然后将预制构件安装于墩顶，作为上部梁体浇筑时的底模，从而大大减少了施工时所需的支撑和模板数量。组合式板梁在成桥之后又具有整体式板梁的承载能力，因此，在小跨度简支梁桥的建设中得到了广泛应用。

2. 肋板式桥

在横截面内形成明显肋形结构的梁桥称为肋板式梁桥，或简称肋梁桥。在此种桥上，梁肋与顶部的钢筋混凝土桥面板结合在一起作为承重结构。由于肋与肋之间处于受拉区域的混凝土得到很大程度的挖空，显著减小了结构自重。特别对于仅承受正弯矩作用的简支梁来说，既充分利用了扩展的混凝土桥面板的抗压能力，又有效地发挥了集中布置在梁肋下部的受力钢筋的抗拉作用，从而使结构构造与受力性能达到理想的配合。与板桥相比，对于梁肋较高的肋梁桥来说，由于混凝土抗压和钢筋受拉所形成的力偶臂较大，因而肋梁桥也具有更大的抵抗荷载弯矩的能力。目前，中等跨径的简支梁桥通常多采用肋板式梁桥。

3. 箱形梁桥

箱形梁是指桥横截面形式为箱形的桥。由于箱形截面具有闭合性，当荷载作用于梁上任何位置时，箱形梁桥结构的所有组成部分将同时参与受力，使其具有较大的抗扭刚度和抗弯刚度，因而其可制作成薄壁结构，从而节省大量建造材料。同时，因为箱形梁桥顶、底板具有较大的面积，能有效地抵抗正、负弯矩的作用，所以满足较大跨度简支桥梁建设的需要。

此外，对于曲线半径较大的弯桥和变宽度的桥梁，采用小箱梁布置有较好的适应。在设计中，通常根据现场条件，经技术、经济等多种因素的方案比选来确定最适宜的梁型。一般来说，整体现浇的梁桥具有整体性好、刚度大、易于做成复杂形状等优点，但其施工速度慢、工业化程度较低，又要耗费大量支架模板材料。

（二）混凝土简支梁桥施工

1. 支架与模板

（1）支架

支架的类型和结构。就地浇筑简支梁桥的上部结构时，应在桥孔位置搭设支架，以支承模板和钢筋混凝土以及其他施工荷载。支架的类型主要有以下几个：

满布式木支架。满布式木支架常用于陆地、不通航的河道、桥墩不高或桥位处水位不深的桥梁。其形式可采用排架式、人字撑式或八字撑式。排架式是最简单的满布式支架，主要由排架和纵梁等部件组成，纵梁为抗弯构件，跨径一般不大于 4 m。人字撑式和八字撑式支架构造较复杂，纵梁须加设可变形的人字撑或八字撑。因此，在浇筑混凝土时应适当安排浇筑程序，均匀、对称地进行浇筑，以防发生较大变形。此类支架的跨径可达 8 m 左右。满布式木支架的排架，可设置在枕木或桩基上，基础须坚实可靠，以保证排架的沉陷值不超过规定要求。当排架较高时，为保证支架的横向稳定，除在排架上设置撑木外，还须在排架两端外侧设置斜撑木或斜立柱。满布式支架的卸落设备一般采用木楔、木马或砂桶等，可设置在纵梁支点处或桩顶帽木上面。

钢木混合支架。钢木混合支架为加大支架跨径、减少排架数量，支架的纵梁可采用工字钢，其跨径可达 10 m。但在这种情况下，支架多采用木框架结构，以提高支架的承载力及稳定性。

万能杆件拼装支架。用万能杆件可拼装成各种跨度和高度的支架，其跨度须与杆件本身长度成整数倍。用万能杆件拼装的架的高度，可达 2 m、4 m、6 m 或 6 m 以上。当高度为 2 m 时，腹杆拼为三角形；高度为 4 m 时，腹杆拼为菱形；高度超过 6 m 时，则拼成多斜杆的形式。用万能杆件拼装的支架，在荷载作用下的变形较大，而且难以预计其数值。因此，必要时应考虑预压重。预压质量相当于浇筑的混凝土及其模板和支架上机具、人员的质量。

装配式公路钢桥架节拼装支架。用装配式公路钢桥桁架节可拼装成桁架梁和支架，为加大桁架梁孔径和利用墩台做支承，也可拼成八字斜撑以支撑桁架梁。

轻型钢支架。桥下地面较平坦，有一定承载力的梁桥，为节省木料，宜采用轻型钢支架。轻型钢支架的梁和柱，以工字钢、槽钢或钢管为主要材料，斜撑、联结系等可采用角钢；构件应制成统一规格和标准；排架应预先拼装成片或组，并以混凝土、钢筋混凝土枕木或木板作为支承基底。为了防止冲刷，支承基底须埋入地面以下适当深度。为适应桥下高度，排架下应垫以一定厚度的枕木或木楔等。为便于支架和模板的拆卸，纵梁支点处应设置木楔。

墩台自承式支架。在墩台上留下承台式预埋件，上面安装横梁及架设适宜长度的工字钢或槽钢，即构成模板的支架。这种支架适用于跨径不大的梁桥，但支立时仍须考虑梁的预拱度、支架梁的伸缩以及支架和模板的卸落等所需条件。

模板车式支架。这种支架适用于跨径不大、桥墩为立桩式的多跨梁桥的施工。在墩柱施工完毕后即可立即铺设轨道，拖进空间，进行模板的安装，这种方法可简化安装工序、节省安装时间。当上部构造混凝土浇筑完毕，且强度达到要求后，模板车即可整体向前移动，但移动时须将斜撑取下，将插入式钢梁节段推入中间钢梁节段内，并将千斤顶放松。

支架的制作要求。支架宜采用标准化、系列化、通用化的钢构件制作拼装；制作木支架时，两相邻立柱的连接接头宜分设在不同的水平面上，并应减少长杆件接头。主要压力杆的接长连接，宜使用对接法，采用木夹板或铁夹板夹紧；次要构件的连接可采用搭接法。

支架的安装要求。支架应按施工图设计的要求进行安装。立柱应垂直，节点连接应可靠。支架在纵桥向和横桥向均应加强水平、斜向连接，增强整体稳定性。高支架应设置足够的斜向连接、扣件或缆风绳，横向稳定应有保证措施。

应通过预压的方式，消除支架地基的不均匀沉降和支架的非弹性变形，并获取弹性变形参数，或检验支架的安全性。预压荷载宜为支架须承受全部荷载的 1.05~1.10 倍，预压荷载的分布应模拟需要承受的结构荷载及施工荷载。

支架在安装完成后，应对其平面位置、顶部高程、节点连接及纵横向稳定性进行全面检查。检查符合要求，方可进行下一工序。

设置支架的预拱度和卸落装置。设置的预拱度值，应包括结构本身需要的预拱度和施工需要的预拱度两个部分。

施工预拱度应考虑下列因素：模板、支架承受施工荷载引起的弹性变形；受载后由于杆件接头的挤压和卸落装置压缩而产生的非弹性变形；支架地基在受载后的沉降变形。

专用支架应按其产品的要求进行模板的卸落；自行设计的普通支架应在适当部位设置相应的木楔、木马或千斤顶等卸落装置，并应根据结构形式、承受的荷载大小确定卸落量。支架制作、安装质量应分别符合模板、支架的制作、安装质量标准。

（2）模板

①模板的类型与结构。就地浇筑的桥梁模板主要有木模和钢模。模板形式的选择主要取决于同类桥跨结构的数量和模板材料的供应。

当建造单跨或跨度不等的多跨桥梁结构时，一般采用木模；而对于多跨相同跨径的桥梁，可采用大型模板块件组装或采用钢模。模板制造宜选用机械化的方法，以保证模板形状的正确和尺寸的精度。模板制作尺寸偏差、表面平整度和安装偏差均应符合有关规定，尤其要保证模板具有足够的强度、刚度和稳定性。

木模包括用胶合板制成的大型整体定型的块件模板，以及局部构造较复杂部位采用的模板。大型整体定型的块件模板可按结构要求预先制作，然后在支架上用连接件迅速拼装。钢模大多做成块件，由钢板和加劲骨架焊接而成，钢板厚度通常为 $4 \sim 8$ mm。骨架由水平肋和竖向肋组成，肋由钢板或角钢做成。大型钢模块件用螺栓或销钉连接。对于多次周转使用的钢模，在使用前应用化学方法或机械方法清扫，在浇筑混凝土前，应在模板内壁涂脱模剂，以利脱模。

②模板的制作与使用要求。模板虽然是施工中的临时性结构，但对于梁体的制作十分重要。模板不仅控制着梁体尺寸的精度，直接影响施工进度和混凝土的灌筑质量，而且关系到施工安全。因此模板应符合下列要求。

具有足够的强度、刚度和稳定性，能安全可靠地承担施工中可能出现的各种荷载。保证结构的设计形状、尺寸及各部分相互之间位置的准确性。模板的接缝必须密合，确保混凝土浇筑过程中不漏浆。构造简单，拆装方便，便于周转使用，应尽量做成装配式组件或块件。

（3）预拱度的设置

在简支梁就地浇筑施工过程中，模板和支架因承受巨大的混凝土荷载作用而产生弹性和非弹性变形。如果不加以控制，势必导致现浇梁成型后垮中起拱。为避免这种情况的发生，保证桥梁竣工后线形准确，在进行模板与支架安装时须设置一定的预拱度。

2. 钢筋的制作与安装

（1）准备工作

①钢筋的检查与保管。

钢筋的外观检查和力学性能检查。进场钢筋应具有出厂质量证明书和试验报告单。进场时除应检查外观和标志外，还应按不同的钢种、等级、牌号、规格及生产厂家分批抽取试样进行力学性能检验，检验试验方法应符合现行国家标准的规定。钢筋经进场检验合格后方可使用。钢筋的保管。钢筋进场后，应妥善保管，具体应做到以下几点：钢筋堆放选择在地势较高处，上用料棚遮盖，下设垫块，不能直接置于地面；钢筋应按不同钢种、等级、牌号、规格及生产厂家等分类挂牌堆放，并标明数量；钢筋在运输过程中应避免锈蚀、污染或被压弯。

②钢筋的调直。直径 10 mm 以下的细钢筋多卷成盘形，粗钢筋常弯成"发卡"形，以便运输和储存。因此，运到工地的钢筋应先调直。

③钢筋的除锈。钢筋表面应洁净、无损伤，使用前应将表面的油渍、漆皮等清除干净，保证钢筋与混凝土间的黏结力得以充分发挥。可用钢丝刷或喷枪喷沙进行除锈去污，也可将钢筋在沙堆中来回抽拉以除锈去污。带有颗粒状或片状老锈的钢筋不得使用；当除锈后钢筋表面有严重的麻坑、斑点，已伤蚀截面时，应降级使用或剔除不用。

（2）钢筋的连接

①焊接。钢筋的焊接接头宜采用闪光对焊，或采用电弧焊、电渣压力焊或气压焊，但电渣压力焊仅可用于竖向钢筋的连接，不得用作水平钢筋和斜筋的连接钢筋焊接接头形式。

每批钢筋焊接前，应先选定焊接工艺和焊接参数，按实际条件进行试焊，并检验接头外观质量及规定的力学性能，试焊质量经检验合格后方可正式施焊。焊接时，对施焊场地应有适当的防风、防雨、防雪、防严寒的设施。

电弧焊宜采用双面焊缝，仅在双面焊无法施焊时，方可采用单面焊缝。

②机械连接。

锥螺纹连接。钢筋锥螺纹连接是利用锥形螺纹套筒将两根钢筋端头对接在一起，利用螺纹的机械咬合力传递拉力或压力。锥螺纹连接套是在工厂专用机床上加工制成的，钢筋套丝的加工是在钢筋套丝机上进行的。

直螺纹连接。直螺纹连接是将钢筋待连接的端头滚轧成规整的直螺纹，再用相配套的直螺纹套筒，将两钢筋相对拧紧，实现连接。该技术的优点在于无虚拟螺纹，力学性能好，连接安全可靠，接头强度能达到与钢筋母材等强。

套筒挤压连接。钢筋套筒挤压连接是一项新型钢筋连接工艺，它改变了电弧焊、电渣焊、闪光焊、气压焊等传统焊接工艺的热操作方法，是在常温下采用特制钢筋连接机，将钢套筒和两根待接钢筋压接成一体，使套筒塑性变形后与钢筋上的横肋纹紧密地咬合在一起，从而达到连接效果的一种机械接头方式。冷压接头具有性能可靠、操作简便、施工速度快、施工不受气候影响、省电等优点。两根钢筋插入钢套筒后，用带有梅花齿形内模的钢筋连接机对套筒外壁加压，螺纹钢筋的横肋间隙中，继续加压使钢套筒的金属冷塑性变形程度加剧，进一步加强硬化程度，其强度提高 110~140MPa。

③绑扎。当没有焊接条件时，接头可用铁丝绑扎搭接，但钢筋直径不能超过 25 mm。但对轴心受拉和小偏心受拉构件，主钢筋均应焊接，不得采用绑扎接头。

当混凝土在凝固过程中受力钢筋易受扰动时，其搭接长度宜适当增加。

在任何情况下，纵向受拉钢筋的搭接长度不应小于 300 mm，受压钢筋的搭接长度不宜小于 200 mm。

当混凝土强度等级低于 C20 时，I 级、HRB335 钢筋的搭接长度应按表中 C20 的数值相应增加 10 d；HRB500 钢筋不宜采用绑扎接长。

对有抗震要求的受力钢筋的搭接长度，当抗震烈度为 7 度时，应增加 5 d；两根不同直径的钢筋搭接长度，以较细的钢筋直径计算。

（3）钢筋的安装

第一，钢筋的级别、直径和根数等应符合设计的规定；对于多层多排钢筋，宜根据安装需要在其间隔外设立一定数量的架立钢筋或短钢筋，但架立钢筋或短钢筋端头不得伸入混凝土的保护层内；当钢筋过密影响到混凝土质量时，应及时与设计人员协商解决。

第二，钢筋与模板之间应设置垫块，垫块应与钢筋绑扎牢固，其绑丝的丝头不应进入混凝土保护层内。混凝土浇筑前，应对垫块的位置、数量和紧固程度进行检查，不符合要求时应及时处理，保证钢筋混凝土保护层的厚度满足设计要求和规范的规定。

第三，钢筋骨架的焊接拼装应在坚固的工作台上进行。拼装前应按设计图纸放样，放样时应考虑焊接变形的预留。拱度拼装时，需要焊接的位置宜采用楔形卡卡紧，防止焊接时局部变形。

第四，骨架焊接时，不同直径钢筋的中心线应在同一平面上，较小直径的钢筋在焊接时，下面宜垫以厚度适当的钢板。施焊顺序宜由中到边对称地向两端进行，先焊骨架下部，后焊管架上部、相邻的焊缝应采用分区对称跳焊，不得顺方向一次焊成。

第五，绑扎或焊接的与钢筋网和钢筋骨架不得有变形、松脱和开焊。

3. 混凝土工程

（1）混凝土的配合

试验室配合比计算是以干燥材料为基准的，而施工现场存放的砂石材料都含有一定水分，所以要将试验室配合比换算为施工配合比，下面介绍混凝土施工配合比的确定。施工时，每立方米混凝土水、砂和石的实际称量为：

水的称量=用水量-砂、石材料中含水的质量；

砂的称量=砂的用量+砂中含水的质量；

石的称量=石的用量+石料中含水的质量；

水泥称量不变。

（2）混凝土的拌制

混凝土应采用机械拌制，人工拌制仅用于少量的辅助或修补工程。混凝土的配料宜采用自动计量装置，各种衡器的精度应符合要求，计量应准确。计量器具应定期标定，迁移后应重新进行标定。拌制混凝土所用的各项材料应按质量投料。

混凝土拌制时，将全部材料加入搅拌筒。开始搅拌至开始出料的最短拌制时间，应按搅拌机产品说明书的要求并经试验确定。混凝土拌和物应搅拌均匀、颜色一致，不得有离析和泌水现象。混凝土搅拌完毕后，应检测混凝土拌和物的坍落度及损失。

（3）混凝土的运输

运输能力应与混凝土的凝结速度和浇筑速度相适应，应使浇筑工作不间断且混凝土运到浇筑地点时仍能保持其均匀性和规定的坍落度。

混凝土的运输宜采用搅拌运输车，或在条件允许时采用泵送方式输送；采用吊斗或其他方式运输时，运距不宜超过 100 m 且不得使混凝土产生离析。

采用搅拌运输车运输混凝土时，途中应以 2~4 r/min 的慢速进行搅动，卸料前应以常速再次搅拌。混凝土运至浇筑地点后发生离析或坍落度不符合要求时，应进行第二次搅拌。

二次搅拌时不宜任意加水，确有必要时，可同时加水、相应的胶凝材料和外加剂，并保持其原水胶比不变；二次搅拌仍不符合要求时，则不得使用。

混凝土采用泵送方式时，混凝土的供应宜使输送混凝土的泵能连续工作，泵送的间歇时间不宜超过 15 min。

在泵送过程中，受料斗内应具有足够的混凝土，应防止吸入空气产生阻塞；输送管应顺直，转弯处应圆缓，接头应严密不漏气；向低处泵送混凝土时，应采取必要的措施，防止混凝土离析或堵塞输送管。

（4）混凝土的浇筑

①混凝土的浇筑速度。为了保证浇筑混凝土的整体性，防止混凝土在浇筑过程中出现破坏性扰动，浇筑混凝土时必须具有一定的速度，上层混凝土应当在下层已浇筑混凝土开始初凝之前完成浇筑。因此，混凝土浇筑层的最小增长速度为 h ≥ s/t。其中，h 为混凝土浇筑面的上升速度，s 为振捣棒的振捣深度，t 为混凝土的初凝时间。

②混凝土的浇筑顺序。

水平分层浇筑。对于跨径不大的简支梁，可以采用该方法。具体操作时，可以从梁体两端向跨中水平分层浇筑并在跨中合龙，然后掉头再向梁端浇筑。分层厚度视振捣器的能力而定，一般采用 15~30 cm。当采用人工捣实时，分层厚度可采用 15~20 cm。为避免振捣导致支架产生不均匀的沉降，浇筑时应保持合理的速度，以便在混凝土失去塑性之前完成浇筑工作。

斜层浇筑。采用斜层浇筑时，简支梁的混凝土应从主梁两端斜向跨中浇筑并在跨中合龙。因为箱形梁底板顶面没有模板，所以 T 梁和箱形梁所采用的斜层浇筑法在细节上是有差异的。当梁的跨度较大而采用梁式支架且在内部设置支点时，应在支架下沉量最大的部位先浇筑混凝土，使应该发生的支架变形及早完成，以保护先期浇筑的混凝土初凝后，不再发生更大的变形，避免混凝土内部微裂隙的产生。

单元浇筑。当桥面较宽且混凝土数量较大时，可分成若干纵向单元，分别浇筑每个单元可沿其长度分层浇筑，在纵梁间的横梁上设置连接缝，并在纵横梁浇筑完成后填缝连接，之后桥面板可沿桥全宽一次浇筑完成，桥面与纵横梁间设置水平工作缝。

（5）混凝土的养护

对新浇筑混凝土的养护，应满足其对温度、湿度和时间的要求。应根据施工对象、环境条件、水泥品种、外加剂或掺和料以及混凝土性能等因素，制订具体的养护方案，严格实施；混凝土浇筑完成后，应在其收浆后尽快予以覆盖并洒水保湿养护。

对于硬性混凝土、高强度和高性能混凝土、炎热天气浇筑的混凝土以及桥面等大面积裸露的混凝土，应加强初始保湿养护，具备条件的可在浇筑完成后立即加设棚罩，待收浆后再予以覆盖和洒水养护。覆盖时不得损伤或污染混凝土的表面。混凝土面有模板覆盖时，应在养护期间使模板保持湿润。

混凝土的养护不得采用海水或含有害物质的水。混凝土的洒水保湿养护时间应不少于7 d。对重要工程或有特殊要求的混凝土，应根据环境的湿度、温度、水泥品种以及掺用的外加剂和掺和料等情况，酌情延长养护时间，并应使混凝土表面始终保持湿润状态。当气温低于5℃时，应采取保温养护的措施，不得向混凝土的表面洒水。当采用喷洒养护剂对混凝土进行养护时，所使用的养护剂应不会对混凝土产生不利影响，且应通过试验验证其养护效果。

新浇筑的混凝土与流动的地表水或地下水接触时，应采取临时防护措施，保证混凝土在 7 d 以内且强度达到设计强度的 50% 以前，不受水的冲刷侵袭；当环境水具有侵蚀作用时，应保证混凝土在 10 d 以内且强度达到设计强度的 70% 以前，不受水的侵袭。

混凝土处于冻融循环作用的环境时，宜在结冰期到来 4 周前完成浇筑施工，且在混凝土强度未达到设计强度等级的 80% 前不得受冻，否则应采取技术措施，防止发生冻害。

4. 构件的安装

（1）陆地架梁法

①自行式吊车架梁。在桥不高，场内又可设置行车便道的情况下，用自行式吊车架设中、小跨径的桥梁十分方便。大型的自行式吊机逐渐普及，自行式吊机本身有动力，因而架设迅速，可缩短工期。不需要架设桥梁用的临时动力设备，不必进行任何架设设备的准备工作，不需要如其他方法架梁时所具备的技术工种。因此，一般中小跨径的预制梁的架设安装越来越多地采用自行式吊机。此法视吊装重量不同，可以采用一台吊机架设、两台吊机架设、吊机和绞车配合架设等方法。当预制梁重量不大，而吊机又有相当的起重能力，河床坚实无水或少水，允许吊机行驶、停搁时，可用一台吊机架设安装。用两台吊机架梁，是用两台自行式吊机各吊住梁的一端，将梁吊起并架设安装。此法应注意两吊机的互相配合。吊机和绞车配合架梁时，预制梁一端用拖履、滚筒支垫，另一端用吊机吊起，前方用绞车或绞盘牵引预制梁前进。梁前进时，吊机起重臂随之转动。梁前端就位后，吊机行驶到后端，提起后端取出拖履、滚筒，再将梁放下就位。

②移动式支架架梁法。陆地架梁法是在架设孔的地面上，顺桥轴线方向铺设轨道，其上设置可移动支架预制梁的前端搭在支架上，通过移动支架将梁移运到要求的位置后，再用龙门架或人字扒杆吊装；或者在桥墩上设枕木垛，用千斤顶卸下，再将梁横移就位。

③摆动式支架架梁法。摆动式支架架梁法通常是将预制梁沿路基牵引到桥台上并稍悬出一段，然后从桥孔中心河床上悬出的梁端底下设置人字扒杆或木支架。

④跨墩或墩侧龙门架架梁法。对于桥不太高，架桥孔数又多，沿桥墩两侧铺设轨道不困难的情况，可以采用跨墩或墩侧龙门吊车来架梁。通过运梁轨道或者用拖车将梁运到后，就用门式吊车起吊、横移，并安装在预定位置。当一孔架完后，吊车前移，再架设下一孔。用本方法的优点是架设安装速度较快，河滩无水时也较经济，而且架设时不需要特别复杂的技术工艺，作业人员较少。但龙门吊机的设备费用一般较高，尤其在高桥墩的情况下。

（2）浮吊架设法

①浮吊船架梁。在海上和深水大河上修建桥梁时，用可回转的伸臂式浮吊架梁比较方便。这种架梁方法高空作业少、施工比较安全、吊装能力大、工效高，但需要大型浮吊。

鉴于浮吊船来回运梁航行时间长，要增加费用，故一般采取用装梁船储梁后成批一起架设的方法。浮吊架梁时须在岸边设置临时码头移运预制梁。架梁时，浮吊要认真锚固。如流速不大则可用预先抛入河中的混凝土锚作为锚固点。

②固定式悬臂浮吊架梁。在缺乏大型伸臂式浮吊时，也可用钢制万能杆件或贝雷钢架拼装固定式的悬臂浮吊进行架梁。

（3）高空架梁法

①联合架桥机架梁。此法适用于架设安装 30 m 以下的多孔桥梁，其优点是完全不设桥下支架，不受水深流急影响，架设过程中不影响桥下通航、通车。预制梁的纵移、起吊、横移、就位都较方便。其缺点是架设设备用钢量较多但可周转使用。联合架桥机由两套门式吊机、一个托架、一根两跨长的钢导梁三部分组成。钢导梁由贝雷装配、梁顶面铺设的运梁平车、托架行走的轨道、门式吊机和工字梁组成，并在上下翼缘处及接头的地方用钢板加固，门式吊机顶横梁上设有吊梁用的行走小车。为了不影响架梁的净空位置，其立柱做成拐脚式。门式吊机的横梁高程，由两根预制梁叠起的高度加平车及起吊设备高确定。蝴蝶架是专门用来托运门式吊机转移的，它由角钢组成，整个蝴蝶架放在平车上，可沿导梁顶面轨道行走。

联合架桥机架梁顺序如下：在桥头拼装钢导梁，梁顶铺设钢轨并用绞车纵向拖拉导梁就位；拼装蝴蝶架和门式吊机，用蝴蝶架将两个门式吊机移运至架梁孔的桥墩上；由平车轨道运送预制梁至架梁孔位，将导梁两侧可以安装的预制梁用两个门式吊机吊起，横移并落梁就位；将导梁所占位置的预制梁临时安放在已架设好的梁上；用绞车纵向拖拉导梁至下一孔后，将临时安放的梁由门式吊机架设就位，做完梁的架设工作，并用电焊将各梁连接起来；在已架的梁上铺接钢轨，再用蝴蝶架顺序将两个门式吊机托起并运至前一孔的桥墩上。如此反复，直至将各孔梁全部架设好为止。

②双导梁架桥机架梁法。本法是在架设孔间设置两组导梁，导梁上安设配有悬吊预制梁设备的轨道平车和起重行车或移动式龙门吊机，将预制梁在双导梁内吊着运到规定位置后，再落梁、横移就位。

横移时一种方法是将两组导梁吊着预制梁整体横移；另一种是导梁设在桥面宽度以外，预制梁在龙门吊机上横移，导梁不横移，这比第一种横移方法安全。双导梁架桥机架梁法的优点与联合架桥机架梁法相同，适用于墩高、水深的情况下架设多孔中小跨径的装配式梁桥，但不需蝴蝶架。因配备双组导梁，故架设跨径可较大，吊装的预制梁较重。

③自行式吊车桥上架梁法。在预制梁跨径不大、重量较轻且梁能运抵桥头引道上时，可直接用自行式伸臂吊车来架梁。但是，对于架桥孔的主梁，当横向尚未连成整体时，必须核算吊车通行和架梁工作时的承载能力。此种架梁方法简单方便，几乎不需要任何辅助设备。

二、预应力混凝土桥梁施工技术

普通钢筋混凝土结构受弯构件在正常使用条件下，其受拉区是开裂的，影响构件的正常使用和耐久性，并限制了高强材料的应用。另外，普通钢筋混凝土结构的自重大，增加了施工的难度，大大地限制了桥梁的跨越能力。随着桥梁跨度的增大，预应力混凝土结构将更具有优势。

（一）预应力混凝土

预应力混凝土结构除了具有普通钢筋混凝土结构的优点外，还有下述重要特点：能最有效地利用高强钢筋、高强混凝土，减小截面，降低自重，增大跨越能力；与普通钢筋混凝土桥梁相比，一般可节省钢材 30%~40%，跨径越大，节省越多；预应力混凝土梁在正常使用条件下不出现裂缝，鉴于能全截面参与工作，故可显著减小建筑高度，使大跨径桥梁做得轻柔美观，扩大了对各种桥型的适应性，提高了结构的耐久性；预应力技术的采用，为现代装配式结构提供了最有效的装配、拼装手段。根据需要，可在纵向、横向及竖向施加预应力，使装配式结构集整成理想的整体，扩大了装配式桥梁的使用范围。

当然，预应力混凝土结构要有作为预应力筋的优质高强钢材，保证高强混凝土的制备质量；同时，要有一整套专门的预应力张拉设备和材质好、精度高的锚具，还要掌握复杂的施工工艺。

（二）预应力混凝土桥梁施工

1. 固定支架就地浇筑法

固定支架就地浇筑施工法是一种古老的施工方法，它是在固定支架上安装模板，绑扎及安装钢筋骨架，预留孔道，并在现场浇筑混凝土与施加预应力的施工方法。由于采用此种方法施工需用大量的支架，故其一般在桥墩较低的中小跨径桥梁或交通不便的边远地区采用。

近年来，随着桥梁结构形势的发展，出现了一些变宽的异形桥、弯桥等复杂的预应力混凝土结构。由于临时钢构件、万能杆件、贝雷梁和六四军用梁等大量应用，其他施工方法都比较困难；或经过比较固定支架就地浇筑施工法较方便、费用较低时，在大跨径桥梁中也可以采用这种施工方法。为了完成现浇梁桥的就地浇筑施工，应根据桥孔跨径、桥孔下面覆盖土层的地质条件、水的深浅等因素，合理地选择支架形式。

（1）支架

支架类型选择是就地浇筑施工的关键。就地浇筑连续梁桥施工所用支架与钢筋混凝土简支梁桥就地浇筑支架基本相同。

（2）浇筑

固定支架就地浇筑施工中与装配式预应力梁预制工艺相同的部分，此处不再赘述。以下仅就碗扣式钢管支架的搭设、混凝土的浇筑顺序、支架的拆除进行阐述。

①碗扣式钢管支架的搭设。采用碗扣式钢管支架时，其支架搭设应符合下列要求：

第一，模板支架应根据所承受的荷载选择立杆的间距和步距，底层纵、横向水平杆作为扫地杆，距地面高度应小于或等于 350 mm，立杆底部应设置可调底座或固定底座；立杆上端包括可调螺杆伸出顶层水平杆的长度不得大于 0.7 m。

第二，可调底座及可调托撑丝杆与调节螺母的啮合长度不得少于 6 扣，插入立杆内的长度不得小于 150 mm。

模板支架的斜杆设置应符合下列要求：

第一，当立杆间距大于 1.5 m 时，应在拐角处设置通高专用斜杆，中间每排每列应设置通高八字形斜杆或剪刀撑；当立杆间距小于或等于 1.5 m 时，模板支架四周应从底到顶连续设置竖向剪刀撑；中间纵横向应由底至顶连续设置竖向剪刀撑，其间距应小于或等于 4.5 m；剪刀撑的斜杆与地面间的夹角应为 45°~60°，斜杆应每步与立杆扣接。

第二，当模板支架高度大于 4.8 m 时，顶端和底部必须设置水平剪刀撑，中间水平剪刀撑设置间距应小于或等于 4.8 m。

第三，必须严格控制支架的垂直度，以免影响整体稳定性。垂直度偏差应小于或等于 H/500（H 为支架搭设高度），且不得大于 50 mm。

第四，当模板支架周围有桥梁墩台结构时，应建立与墩台的水平连接，以加强架体的安全可靠度。

第五，模板支架高宽比应小于或等于 2；当高宽比大于 2 时，可扩大下部架体尺寸或采取其他构造措施。

②混凝土的浇筑顺序。在浇筑混凝土时支架会产生不均匀沉降。为避免因支架不均匀沉降而导致混凝土在浇筑过程中出现内伤，要求混凝土的浇筑应从跨中向两侧墩台逐步推进，当整跨梁体浇筑完成后再浇筑跨越梁段。跨越梁段的浇筑应呈斜面逐层推进，浇筑完成时应保持混凝土顶面为斜面，以便与下一梁跨混凝土建立更好的连接。

③模板拆除及卸架。当混凝土的强度达到设计强度的 25% 以后可拆除侧模，当混凝土强度大于设计强度的 75% 以后可拆除梁体的各项模板。对于预应力混凝土梁，应在预应力钢束张拉完毕或张拉到一定数量后再拆除模板，以免梁体混凝土受拉。卸架程序应从梁体挠度最大处的支架节点开始，逐步卸落相邻两侧的节点。落梁要对称、均匀、有序。同时，要求各节点的卸落应分级多次进行，以使梁的沉落曲线逐步加大。

（3）固定支架预应力就地浇筑的特点

固定支架就地浇筑施工方法的特点包括以下几点：

第一，混凝土能整体浇筑，预应力筋整体张拉，桥梁的整体性较好。施工中不需要进行体系转换。对机具和起重能力要求不高，不需要大型起重设备，施工较简便、平稳、可靠。

第二，需要使用大量的施工支架，施工周期长，周转次数少，费用高；跨河桥梁搭设支架影响河道的通航与排洪，施工期间支架可能会受到洪水和漂流物的威胁。

第三，需要有较大的施工场地进行支架组拼、钢筋加工、模板制作、预应力筋加工等，因此施工管理较复杂。

2. 悬臂施工法

悬臂施工法是大跨度桥梁最常采用的施工方法，也是桥梁施工中难度较大的施工工艺，需要专门的施工设备和一支熟悉悬臂施工工艺的技术队伍。

采用该方法建造桥梁时，不需要在桥下搭设大量的支架，而是利用挂篮施工设备从墩顶已建梁段向两侧开始对称悬出接长，直至合龙。梁体每延伸一段，通过预应力钢筋将当前梁段与梁体连成一体。按照节段梁体的制作方法方式的不同，悬臂施工法可以分为悬臂浇筑法和悬臂拼装法。

悬臂筑注：在桥墩两侧对称逐段就地浇筑混凝土，待混凝土达到一定强度，张拉预应力钢筋，移动工具、模板继续施工。

悬臂拼装：将预制节段块件，从桥墩两侧依次对称安装，张拉预应力钢筋，使悬臂不断接长，直至合龙。

（1）悬臂浇筑施工

①施工挂篮。挂篮是一个能够沿轨道行走的活动脚手架，悬挂在已经张拉锚固的箱梁梁段上。挂篮的承重结构可用万能杆件或采用专门设计的结构。挂篮除了要能承受梁段自重和施工荷载外，还要求自重轻、刚度大、变形小、稳定性好、行走方便等。

用梁式挂篮浇筑墩侧初始几对梁段时，由于墩顶位置受限往往需要将两侧挂篮的承重结构临时联结在一起。待梁段浇筑到一定长度后，再将两侧承重结构分开。如果墩顶位置过于窄小，开始用挂篮浇筑困难时，可以设立局部支架。墩顶梁段或墩顶附近的梁段在支架上浇筑，施工挂篮就在已浇筑的梁段上拼装。

②悬浇施工工艺流程。当挂篮安装就位后，即可在其上进行梁段悬臂浇筑的各项作业，其工艺流程是按每一梁段的混凝土分两次浇筑排列的，即先浇筑底板混凝土，后浇筑肋板及顶板混凝土。当采用一次浇筑时，将浇筑底板混凝土的工序与浇筑肋板及顶板混凝土的工序合并，其他工序不变。

混凝土浇筑前，须用硬方木支垫于台车前轮分配梁上，以分布荷载，减小轮轴压力。浇筑混凝土的过程中，要随时观测挂篮由于受荷而产生的变形。挂篮负荷后，还可能引起新旧梁段接缝处混凝土开裂。尤其是采用两次浇筑法施工，第二次混凝土浇筑时，第一次浇筑的底板混凝土已经凝结。由于挂篮的第二次变形，底板混凝土就会在新旧梁段接缝处开裂。为了避免这种裂缝，可对挂篮采取预加变形的方法，如采用活动模板梁等。

悬臂浇筑一般采用由快凝水泥配制的 C40~C60 混凝土。在自然条件下，浇筑后 30~36h，混凝土强度达 30MPa。这样可以加快挂篮的移位。目前，每段施工周期 7~10 d，具体应视工程量、设备、气温等条件而定。

悬臂浇筑施工的主要优点是：预制场地小，逐段浇筑，易于调整和控制梁段的位置，且整体性好；不需大型机械设备，主要作业在没有顶棚的挂篮内进行；各段均属严密的重复作业，需要施工人员少，工作效率高等。

（2）悬臂拼装施工

①两段预制。悬拼施工是将梁沿纵轴，根据起吊能力分成适当长度的节段，在工厂或桥位附近的预制场进行预制，然后运到桥位处用吊机进行拼装。节段预制的质量直接关系着梁段悬拼施工的重量和速度，因此，预制时应严格控制梁段断面和形体的精确度，充分注意预制场地的选择与布置、台座和模板支架的制作、工艺流程的拟定以及养护和储运的每一环节。两段预制的方法通常有长线预制或短线预制法长线预制。

长线预制。长线预制是在预制厂或施工现场按梁底曲线制作固定台座，在台座上安装模板进行节段混凝土浇筑工作。组成箱梁的各梁段均在固定台座上的活动模板内且相邻段应相互贴合浇筑，缝面浇前涂抹隔离剂，以利脱模。

长线预制需要较大的场地，其底座的最小长度应为桥孔跨径的一半。梁体节段的预制一般在底板上进行。模板常采用钢模，以便于装拆使用。为加快施工进度，保证节段之间密贴，常采用先浇筑奇数节段，然后浇筑偶数节段。当节段混凝土强度达到设计强度 75% 以上后，可调出预制场地。

短线预制。短线预制是在固定台位且能纵移的模板内浇筑，由可调整内、外部模板的台车与端梁来完成。

由于长线台座可靠，因而成桥后梁体线形较好，长线的台座使梁段存贮有较大余地；但占地较大，地基要求坚实，混凝土的浇筑和养护移动分散。

短线预制场地相对较小，模板及设备基本不需移动，可调的底、侧模便于平、竖曲线梁段的预制；但精度要求高，施工严，周转不便，工期相对较长。

箱梁节段预制要求相邻节段之间接触紧密，故必须以前面浇筑完成的节段的端面作为后来浇筑节段的端模。同时，必须采用隔离剂使节段出坑时相互容易从接缝处脱离。

常用隔离剂可分：薄膜类，油脂类，皂类。

②节段运输。梁段运输有水、陆、栈桥及缆吊等各种形式。梁体节段自预制底座上出坑后，一般先存放于存梁场，节段拼装时由存梁场运至桥位处，预制块件的运输方式一般可分为场内运输、装船和浮运三个阶段。

场内运输节段。出坑和运输一般由预制场的龙门起重机担任。节段上船也可使用预制场的龙门起重机。当预制场与栈桥距离较远时，节段的运输应首先考虑采用平车运输。当采用无转向架的运梁平车运输时，运输轨道不得设平曲线，纵坡一般应为平坡。当地形条件受到限制时，最大纵坡不得大于1%。

装船阶段。装船应在专用码头上进行，码头的主要设施是施工栈桥和节段装船的起重机。栈桥的长度应保证在最低施工水位时驳船能够进港起运，栈桥的高度要保证在最高施工水位时栈桥主梁不被水淹。栈桥宽度要保证运梁驳船两侧与栈桥之间不少于0.5 m的安全距离。栈桥起重机的起重能力和主要尺寸应与预制场上的起重机相同。

浮运。浮运船只应根据节段的重量和高度来选择，可采用铁驳船、坚固的木虼船、水泥驳船或用浮箱装配。为了保证浮运安全，应设法降低浮运重心。

开口船面的船应尽量将快件置于船舱底板；必须置放在甲板面上时，必须在舱内。压重块件的支垫应按底面坡度用碎石子堆成，满铺支垫或加设三角形垫木，以保证块件安放平稳。另外，还须以缆索将块件系紧固定。

③悬拼方法。有浮吊拼装法、悬臂吊机拼装法、连续桁架拼装法。

浮吊拼装法。重型的起重机械装配在船舶上，全套设备在水上作业，在40 m的吊高范围内起重力大，所用辅助设备少。优点是相应的施工速度较快，一天可以完成2~4段的吊拼，但台班费用较高。

悬臂吊机拼装法。悬臂吊机由纵向主桁架、横向起重桁架、锚固装置、平衡重、起重系统、行走系统和工作吊篮等部分组成。纵向主桁为吊机的主要承重结构，可由贝雷桁片、万能杆件、大型型钢等拼制。一般由若干桁片构成两组，用横向连接系连成整体，前后用两根横梁支承。横向起重桁架是供安装起重卷扬机，直接起吊箱梁节段之用的构件，多采用贝雷架、万能杆件及型钢等拼配制作。纵向主桁架的外荷载就是通过横向起重桁架传递给它。横向起重桁架支承在轨道平车上，轨道平车搁置于铺设在纵向主桁架弦的轨道上，起重卷扬机安置在横向起重桁架的上弦。设置锚固装置和平衡重的目的是防止主桁架在起吊节段时倾覆翻转，保持其稳定状态。对于拼装墩柱附近节段的双悬臂吊机，可用锚固横梁及吊杆将吊机锚固于0号块上。对称起吊箱梁节段，不需要设置平衡重。单悬臂吊机起吊节段时，也可不设平衡重，而将吊机锚固定在节段吊环上或竖向预应力筋的螺丝端杆上。起重系统一般是由电动卷扬机、吊梁扁担及滑车组等组成。作用是将由驳船浮运到桥位处的节段提升到拼装高度以备拼装。滑车组要根据起吊节段的重量来选用。吊机的整体纵移可以采用钢管滚筒在木板上滚移，由电动卷扬机牵引。牵引绳通过转向滑车系于纵向主桁架前支点的牵引钩上。横向起重桁架的行走采用轨道平车，用倒链滑车牵引。工作吊篮悬挂于纵向主桁架前端的吊篮横梁上，吊篮横梁由轨道平车支承以便工作吊篮的纵向移动。工作吊篮供预应力钢丝穿束、千斤顶张拉、压注灰浆等操作之用。可设上、下两层，上层供操作顶板钢束用，下层供操作肋板钢束用。也可只设一层，工作吊篮可用倒链滑车调整高。

连续桁架拼装法。连续桁架拼装法可分移动式和固定式两类。移动式连续桁架的长度大于桥的最大跨径，桁架支承在已拼装完成的梁段和待拼墩顶上，由吊车在桁架上移运节段进行悬臂拼装。固定式连续桁架的支点均设在桥墩上，而不增加梁段的施工荷载。

④接缝处理及拼装程序。梁段拼装的接缝有湿接缝、干接缝和胶接缝等几种。不同的施工阶段和不同的部位，将采用不同的接缝形式。

湿接缝。1号块和调整块用湿接缝拼装。悬拼施工时，防止梁体上翘和下挠的关键是1号块的准确定位。1号块是基准块件，一般1号块与墩顶0号块以湿接缝相接。1号块定位后，可由起重机悬吊支承，也可用下面的临时托架支承。为便于接缝处管道接头操作接头钢筋的焊接和混凝土振捣作业，湿接缝宽度一般为0.1~0.2 m。

0、1号块间湿接缝处理程序：块件定位，中线以及高程测量；接头钢筋焊接，制孔器安放；湿接缝模板安放；湿接缝混凝土浇筑；湿接缝混凝土养护拆模；穿预应力钢束，张拉锚固。

跨度大的T形刚构桥，由于悬臂很长，往往在悬臂中部设置一道现浇箱梁横隔板。同时，设置一道湿接缝。这道湿接缝除了能增加箱梁的结构刚度外，还可以调整拼装位置。在拼装过程中，如拼装上翘的误差很大，用其他方法难以补救时，也可以通过增设一道湿接缝来调整。但应注意增设的湿接缝宽度必须用凿打块件端面的办法来提供。

干接缝或胶结缝拼装。除上述块件之间采用湿接缝外，一般块件之间采用干接缝或胶接缝。其他预制梁段拼装顺序包括以下几个步骤：

预制梁段提升，内移就位，试拼；预制梁段移开，与已拼装梁段保持约0.4 m间距；穿束；涂胶；梁段就位，检查位置、高程及吻合情况；预应力钢束张拉，观察预制梁段是否滑移，锚固。

环氧树脂胶接缝可使块件连接密贴，可提高结构抗剪能力、整体刚度和不透水性。环氧树脂胶由环氧树脂、固化剂、增塑剂、稀释剂、填料等组成，其配方应根据施工环境、温度、固化时间和强度要求选定。一般对接缝混凝土面先涂环氧树脂底层胶，然后再涂加入填料的环氧树脂胶，环氧树脂胶随用随配并调制。

⑤穿束与张拉。

穿束。T形刚构桥纵向预应力钢筋的布置有两个特点：一是较多集中于顶板部位；二是钢束布置对称于桥墩。因此，拼装每一对对称于桥墩块件的预应力钢丝束须按锚固这一对块件所需长度下料。明槽钢丝束通常按等间距排列，锚固在顶板加厚的部分，加厚部分预制时留有管道。穿束时先将钢丝束在明槽内摆放平顺，然后再分别将钢丝束穿入两端管道之内，钢丝束在管道两头伸出长度要相等。暗管穿束比明槽难度大。经验表明，60 m以下的钢丝束穿束一般均可采用人工推送。较长钢丝束穿入端，可电焊成箭头状缠裹黑胶布。60 m以上的钢丝束穿束时，可先从孔道中插入一根钢丝与钢丝束引丝连接，然后一端以卷扬机牵引，一端以人工送入。

张拉。钢丝束张拉前，先要确定合理的张拉次序，保证箱梁在张拉过程中每批张拉合力都接近于该断面钢丝束总拉力中心处。

钢丝束张拉次序的确定与箱梁横断面形式、同时工作的千斤顶数量、是否设置临时张拉系统等因素有关。

一般情况下，纵向钢丝束的张拉次序按下述原则确定：第一，对称于箱梁中轴线，钢丝束两端同时成对张拉；第二，先张拉肋束，后张拉板束；第三，肋束的张拉次序是先张拉边肋，后张拉中肋；第四，同一肋上的钢丝束先张拉下边的，后张拉上边的；第五，板束的次序是先张拉顶板中部的，后张拉边部的。

悬臂拼装法施工的主要优点是：梁体块件的预制和下部结构的施工可同时进行，拼装成桥的速度较现浇快，可显著缩短工期；块件在预制场内集中预制，质量较易保证；梁体塑性变形小，可减小预应力损失，施工不受气候影响等。

⑥压浆。管道压浆的目的是保证预应力筋不受腐蚀。目前的工艺是先用高压水检查管道的畅通、匹配面的密贴情况以及封端情况后再进行正式压浆，直到出浆口出浓浆。封闭出浆口持压 3~5 min，以保证水泥浆尽量充满管道。

压浆是在局部封锚后进行的，除了保证封端质量外，须在水泥浆中加入适量微膨胀剂，选取合适的配合比，既能使压浆工作顺利进行，又能使凝固后的水泥浆尽量充满管道，尽可能地排出管道内的水和空气，避免力筋受蚀。

⑦合龙段施工。用悬臂施工法建造的连续刚构桥、连续梁桥须在跨中将悬臂端刚性连接、整体合龙。合龙段施工有现浇和拼装两种方法，现浇方法与悬浇中跨合龙段施工方法相同，拼装方法与简支梁板的安装相同。

第三节　其他桥梁施工技术

拱桥、斜拉桥、悬索桥也是较为常见的几种桥梁，由于不同的桥梁具有不同的施工方式和使用特点，因此，在施工过程中需要施工人员慎重选择施工方法，提高桥梁的施工质量。

一、拱桥施工技术

拱桥施工方法按拱圈的制作方式可分为现浇法和预制装配法；按拱圈的架设施工方式可分为有支架施工和无支架施工两类。

有支架施工是拱桥施工的主要方法，尤其是石拱桥和混凝土拱桥，几乎全是采用搭设拱架的方法进行施工的，但这种方法需要耗费大量建筑材料和劳动力，并且工期较长，大大影响了拱桥的推广使用。

拱桥是一种能充分发挥圬工及钢筋混凝土材料抗压性能的合理桥型，其外形美观、维修费用低，具有向大跨度方向发展的优势。为了改善拱桥施工方法落后的状况，目前在施工方法和机具设备方面做了大量改进。

（一）混凝土拱桥施工

混凝土拱桥的施工按其主拱圈成形的方法可以分为以下几大类。

1. 就地浇筑法

就地浇筑法就是把拱桥主拱圈混凝土的基本施工工艺流程直接在桥孔位置来完成。按照所使用的设备来划分，包括以下两种：

（1）有支架施工法

这和梁式桥的有支架施工类似，与其支架类型、主拱圈混凝土浇筑的技术要求以及卸架方式等有关。

（2）悬臂浇筑法

悬臂浇筑法把主拱圈划分成若干个节段，并用专门设计的钢桁托架结构作为现浇混凝土的工作平台。托架的后端铰接在已完成的悬臂结构上，其前端则用刚性组合斜拉杆经过临时支柱和塔架，再由尾索锚固在岸边的锚碇上。但是钢桁托架本身较重，转移较难，钢筋骨架和混凝土法的运输须借助缆索吊装设备，施工比较麻烦，拱轴线上各点的高程也较难控制，故目前较少采用这种施工方法。

2. 预制安装法

预制安装法按主拱圈结构所采用的材料可以分为整体安装法和节段悬拼法两种。

（1）整体安装法

这种施工方法适合于钢管混凝土系杆拱的整片起吊安装，钢管混凝土拱肋在未灌混凝土之前具有质量轻的优点。例如某跨径为 45 m 的系杆拱片，经组合后，其吊装质量仅为 18.7 t，用起重量为 20 t 的浮吊，仅用了一天就把两片拱片全部安装完毕。被起吊的拱片应做以下三点验算：

拱肋从平卧到竖立的翻转过程中，形若一根简支曲梁。因此，应将此两个起吊点视为作用于其上的垂直集中力，来验算此曲梁的强度和刚度。

在竖向吊运过程中，须验算吊点截面的强度。

当两吊点间距较近时，须验算系杆在吊运过程中是否出现轴向压力及其外面的稳定性。应该科学地设计其施工顺序，使设计中对全桥横向稳定有利的杆件先安装或浇筑以尽早发挥作用。

（2）节段悬拼法

节段悬拼法是将主拱圈结构划分成若干节段，先放在现场的地面或场外工厂进行预制，然后运送到桥孔的下面，利用起吊设备提升就位，进行拼接，逐渐加长直至成拱。每拼完一个节段，必须借助辅助设备临时固定悬臂段。这种方法对钢筋混凝土或钢管混凝土主拱圈的施工都适用。常用的起重设备有以下两种：

①缆索吊装设备。缆索吊装设备主要由主索、工作索、塔架和锚固装置四个基本部分组成。其中包括主索、起重索、牵引索、结索、扣索、缆风索、塔架及索鞍、地锚、滑车、电动卷扬机等设备和机具。

②伸臂式起重机。伸臂式起重机每拼接好一个节段，即用辅助钢索临时拉住，每拼完三节，便改用更粗的主钢索拉住，再拆除辅助钢索，供重复使用。这种方法适用于特大跨径的拱桥施工。

3. 转体施工法

转体施工法的特点是将主拱圈从拱顶截面分开，把主拱圈混凝土高空浇筑作业改为放在桥孔下面或者两岸进行，并预先设置好旋转装置，待主拱圈混凝土达到设计强度后，再将它就地旋转就位成拱。按照旋转的几何平面又可分为以下几种：

（1）平面转体施工法

这种施工方法特点是：将主拱圈分为两个半跨，分别在两岸利用地形做简单支架，现浇或者拼装拱肋，再安装拱肋间横向联系，把扣索的一端锚固在拱肋的端部附近，经引桥桥墩延伸至埋入岩体内的锚锭中，再用液压千斤顶收紧扣索，使拱肋脱模，借助环形滑道和手摇卷扬机牵引，慢速地将拱肋转体 180°，最后再进行主拱圈合龙段和拱上建筑的施工。

（2）竖向转体施工法

当桥位处无水或水很浅时，可以将拱肋分成两个半跨放在桥孔下面预制。如果桥位处水较深，可以在桥位附近预制，然后浮运至桥轴线处，再用起吊设备和旋转装置进行竖向转体施工。这种方法最适宜钢管混凝土拱桥的施工。因为钢管混凝土拱桥的主拱圈必须先让空心与钢管成拱后再灌筑混凝土，故在旋转起吊时，不但钢管自重相对较轻，而且钢管本身强度也高，易于操作。

（3）平-竖相结合的转体施工法

这种施工方法综合吸收了上述两种转体施工方法的优点，具体体现在以下几点：利用竖向转体法的优点，变高空作业为地上作业，避免了长、大、重安装单元的运输和起吊；利用平面转体法的优点，将全桥三孔分为两段，放在主河道的两岸进行预制和拼装，将桥跨结构的施工对主航道航运的影响减到最低程度；利用边孔作为中孔半拱的平衡重，使整个转体施工形成自平衡体系，免除了在岸边设置锚碇构造。

（二）拱桥的有支架施工

1. 拱架

砌筑石拱桥或混凝土预制块拱桥，以及现浇混凝土或钢筋混凝土拱圈时，需要搭设拱架，以承受全部或部分主拱圈和拱上建筑的重量，保证拱圈的形状符合设计要求。拱架主要有钢桁架拱架、扣件式钢管拱架等。

（1）钢桁架拱架

①常备拼装式桁架形拱架。常备拼装式桁架形拱架是由标准节段、拱顶段、拱脚段和连接杆等用钢销或螺栓连接的，拱架一般采用三铰拱，其横桥向由若干组拱片组成，每组的拱片数及组数由桥梁跨径、荷载大小和桥宽决定，每组及各组间拱片由纵、横连接系连成整体。

②装配式公路钢桥桁架节段拼装式拱架。在装配式公路钢桥桁架节段的上弦接头处加上一个不同长度的钢铰接头，即可拼成各种不同曲度和跨径的拱架，在拱架两端应另加设拱脚段和支座，构成双铰拱架。拱架的横向稳定由各片拱架间的抗风拉杆、撑木和风缆等设备保证。

③万能杆件拼装式拱架。万能杆件拼装式拱架是用万能杆件补充一部分带铰的连接短杆，拼装时，先拼成桁架节段，再用长度不同的连接短杆连成不同曲度和跨径的拱架。

④装配式公路钢桥桁架或万能杆件桁架与木拱盔组合的钢木组合拱架。装配式公路钢桥桁架或万能杆件桁架与木拱盔组合的钢木组合拱架是由钢桁架及其上面的帽木、立柱、斜撑、横梁及弧形木等杆件构成。

（2）扣件式钢管拱架

扣件式钢管拱架一般有满堂式钢管拱架、预留孔满堂式钢管拱架、立柱式扇形钢管拱架等几种形式。

扣件式钢管拱架的基础可以采用在立柱下端垫上底座，使立柱承重后均匀沉降并有效地将荷载传递给地基。但由于立柱数量较多，分散面宽，每根立柱所处的地基不相同，除按一般基础处理外，还可采取分别确定立柱管端承载能力的方法，使各立柱承载后的不均匀沉降控制在允许的范围内。

2. 模板

（1）拱圈模板

拱圈模板的厚度应根据弧形木或横梁间距的大小而定，一般有横梁时为 40~50 mm，直接搁置在弧形木上时为 60~70 mm。有横架时为使顺向放置的模板与拱圈内弧线圆一致，可预先将木板压弯，但 40 m 以上跨径拱桥的模板可不必事先压弯。

混凝土和钢筋混凝土拱圈模板在拱顶处应铺设一段活动模板，在间隔缝处应设间隔缝模板并在底模或侧模上留置孔洞，待分段浇筑完后再堵塞孔洞，以便清除杂物。拱轴线与水平面倾角较大地段，须设置顶面盖板，以防混凝土流失。

（2）拱肋模板

拱肋模板的底模基本上与混凝土和钢筋混凝土拱圈相同，在拱肋间及横撑间的空当可不铺设底模。拱肋侧面模板一般先按样板分段制作，然后拼装于底模之上，并用拉木、螺栓拉杆及斜撑等固定。在安装时，应先安置内侧模板，等钢筋入模后再安置外侧模板，且应在适当长度内设置一道变形缝。拱肋盖板设置于拱轴线较陡的拱段，随浇筑进度装订。

3. 拱架卸落

拱架卸落的过程，就是由拱架支撑的拱圈的重力逐渐转移给拱圈自身来承担的过程，为了对拱圈受力有利，拱架不能突然卸除，而应按一定的卸架程序和方法进行。在卸架中，只有达到一定的卸落量时，拱架才能脱离拱圈体并实现力的转移。

为保证拱架能按设计要求均匀下落，必须设置专门的卸架设备。卸架用的设备在拱架安装时已预先就位，满布式拱架卸落设备则放在拱脚铰的位置。卸架设备常用木楔、木凳、沙桶等几种。

（三）拱桥的无支架施工

1. 缆索吊装施工

缆索吊装施工是指采用缆索结构吊运、安装桥梁的施工方法。缆索吊装具有跨越能力大，水平和垂直运输机动灵活，适应性广，施工稳妥、方便等优点，因而得到广泛采用，尤其在修建大跨径或连续多孔拱桥中更能显示这种施工方法的优越性。

缆索吊装施工主要用于预制安装的钢筋混凝土拱桥，同时，在劲性骨架施工中，拱桥的骨架安装、拱上结构安装、桁架、刚架拱桥施工甚至一般跨径的悬索桥加劲梁安装已得到广泛运用。

（1）主要设备和机具

缆索吊机的主要设备和机具有：承重索、起重索、牵引索、压塔索、缆风索、扣索、塔架（包括索鞍）地锚、滑轮、电动卷扬机及跑车等。

（2）缆索吊装施工工艺

缆索吊装施工主要包括拱肋预制、运输和吊装、主拱圈的安装、拱上建筑的砌筑、桥面构造的施工等主要工序。

拱桥的拱肋在河滩或桥头岸边分节预制后，送至缆索下面，由起重小车起吊送至桥位安装。为使端段基肋在合龙前保持在一定位置，在其上先用扣索临时系住，然后才能松开吊索。吊装应自一孔桥的两端向中间对称进行，在最后一节拱肋吊装就位，并将各接头位置调整到规定高程后，才能放松吊索并将各接头合龙，最后才能将所有扣索撤去。

吊装施工的成功，关键在于保证基肋有足够的强度和稳定性，不仅要按单根构件在运输和吊装时的情况复核其强度和稳定性，更重要的是按基肋合龙时及合龙后所承担的荷载，检算其强度和稳定性。

基肋吊装合龙要拟定正确的施工程序和施工细则。拱桥跨度较大时，最好采用双基肋或多基肋合龙。此时，基肋与基肋间的横系梁或横隔板必须紧随拱段的拼接及时焊接。必要时可在基肋的上下两面内侧设置临时交叉斜杆以缩短基肋的自由长度。端段拱肋就位后，除上端用扣索拉住使之不下坠外，还应在左右两侧各用一对风缆牵住以免左右摆动。

中段拱肋就位时，缓慢地松吊索，使各接头顶紧，尽量避免简支搁置和冲击作用。当拱肋分五段吊装时，由于最后一段就位时或多或少的简支作用，第一接头可能上升，而第二个接头可能下降，为此应在第一个接头下侧也设拉索牵住，以防失稳。

施工时一般在每一接头处都设一对横撑或一对横向风缆来加强基肋的稳定性，注意两侧横向风缆的角度要对称。

2. 劲性骨架拱圈浇筑施工

劲性骨架法是采用劲性材料作为拱圈的受力钢材，在施工过程中，先把这些钢骨架拼装成拱，作为施工钢骨架，然后再浇筑混凝土，将钢骨架浇筑在混凝土内部形成型钢混凝土拱。该方法的优点是可减少施工设备的用钢量，结构整体性好，拱轴线易于控制，施工进度快。

劲性骨架法主要施工步骤为：劲性钢骨架制作、劲性钢骨架安装、拱肋混凝土浇筑。

（1）劲性钢骨架制作

劲性钢骨架采用 16Mn 型钢焊接制成，按照 1∶1 大样分段冷弯成形，在大样架上拼焊成的钢骨架应进行探伤检测。

（2）劲性钢骨架安装

劲性钢骨架的安装关键应保证钢骨架在整个过程中的竖向和横向稳定性。安装时须根据计算要求，设置横向联系，每段骨架采用八字风缆固定。

（3）拱肋混凝土浇筑

拱肋混凝土浇筑的关键是保证钢骨架在浇筑混凝土过程中的稳定性，须根据计算布置足够的横向连接系和横向风缆。拱肋混凝土在浇筑过程中，钢骨架会随浇筑位置发生轴线变形。为适应钢骨架变形，调整时可采用水箱压，避免混凝土开裂，应适当设置变形缝，待混凝土浇筑完成后，采用高强度混凝土填缝。

二、斜拉桥施工技术

斜拉桥的施工包括索塔施工、上梁施工、斜拉索的制作三大部分。由于斜拉桥属于高次超静定结构，所采用的施工方法和安装程序与成桥后的主梁线形、结构恒载内力有密切的联系；在施工阶段随着斜拉桥结构体系和荷载状态的不断变化，结构内力和变形亦随之不断变化。因此，需要对斜拉桥的每一施工阶段进行详细分析、验算，求得斜拉索张拉吨位和主梁挠度、塔柱位移等施工控制参数的理论计算值。对施工的顺序做出明确规定，并在施工中加以有效管理和控制。

（一）斜拉桥主要结构体系

斜拉桥是一种桥面体系受压、支承体系受拉的桥梁，它主要由上部结构的主梁、桥塔和斜拉索以及下部结构的墩台组成。斜拉桥桥面体系由加劲梁构成，支承体系由斜拉索构成。斜拉桥的结构体系可根据主梁、斜拉索、索塔和桥墩的不同形式结合，形成几种不同的结构体系。

1. 漂浮体系——塔墩固结、塔梁分离

主梁除两端有支承外，其余全部由拉索作为支承，成为在纵向可稍作浮动的一根具有多点弹性支撑的单跨梁。地震烈度较高的地区优先采用这种体系。

2. 半漂浮体系——塔墩固结、塔梁分离

在桥墩处主梁下设竖向支撑，半漂浮体系的主梁成为在跨内具有多点弹性支承的连续梁或悬臂梁。在经济上和美观上都优于漂浮体系。

3. 塔梁固结体系——塔梁固结、塔墩分离

塔梁固结并支承在桥墩上，主梁相当于顶面用拉索加强的一根连续梁或悬臂梁，主梁与塔内的内力和挠度同主梁和塔柱的弯曲刚度比值直接相关。该体系一般适用于小跨径斜拉桥。

4. 刚构体——主梁、索塔、桥墩三者互为固结

梁、塔、墩固结，主梁成为在跨内具有多点弹性支承的刚构。该体系适用于地震烈度较低且无抗风要求的地区。

（二）斜拉桥施工

1. 主塔施工

（1）钢主塔施工

钢主塔施工，应对垂直运输、吊装高度、起吊吨位等施工方法做充分考虑。钢主塔在工厂分段立体式拼装合格后方可出厂。主塔在现场安装，常常采用现场焊接接头、高强度螺栓连接、焊接和螺栓混合连接的方式。

经过工厂加工制造和立体式拼装的钢塔，在正式安装时，应予以测量控制，并及时用填板或对螺栓孔进行扩孔，调整轴线和方位，防止加工误差、受力误差、安装误差、温度误差、测量误差的积累。

钢主塔的防锈措施，可用耐候钢材，或采用喷锌层。但绝大部分钢塔都采用油漆涂料，一般可保持的使用年限为 10 年。油漆涂料常采用两层底漆、两层面漆。其中三层由加工厂涂装，最后一道面漆由施工安装单位最终完成。

（2）混凝土主塔施工

混凝土桥塔主要采用就地浇筑法，模板和支架的做法常采用支架法、滑模法、爬模法和大型模板构件法等。

（3）主塔施工测量控制

斜拉桥主塔一般由基础、承台塔座、下塔柱、下横梁、中塔柱、上横梁、上塔柱、塔顶建筑等几大部分或其中几部分组成。由于主塔的建筑造型千姿百态、断面形式各异，在主塔各部位的施工过程中，除了应保证各部位的几何尺寸正确之外，更重要的是应该进行主塔局部测量系统的控制，并与全桥总体测量系统接轨。

主塔局部测量系统的控制基准点，应建立在相对稳定的基准点上，如选择在主塔的承台基础上，进行主塔各部位的空间三维测量定位控制。测量控制的时间，一般应选择当天22：00至次日7：00日照之前的时段内，以减少日照对主塔造成的变形影响。

此外，随着主塔高度不断升高，也应选择风力较小的时机进行测量，并对日照和风力影响予以修正。在主塔八大部位的相关转换点上的测量控制极为重要，以便根据实际施工情况及时进行调整，避免误差的累积。

主塔局部测量系统的量测，一般常采用三维坐标法或天顶法。若主塔局部测量系统的基点选择在相对稳定的承台基础上，随着主塔高度增高及混凝土收缩、徐变、沉降、风荷载、温度等因素的影响，基准点必然会有少量的变化。为此应该在上述八大部位的相关转换点上，与全桥总体测量坐标系统接轨，以便进行总体坐标的修正，进行测量的系统控制。

2. 主梁施工

（1）主梁施工方法

斜拉桥主梁施工方法包括顶推法、平转法、支架法和悬臂法。

（2）斜挂机主梁施工特点

①结构设计由施工内力控制。斜拉桥与其他梁桥相比，主梁高跨比很小、梁体十分纤细、抗弯能力差。由于挂篮重量大，当采用悬臂施工时，如果仍采用梁式桥传统的挂篮施工方法，梁、塔和拉索将由施工内力控制设计，很不经济。因此，考虑施工方法，必须充分利用斜拉桥结构本身特点，在施工阶段充分发挥斜拉索的效用，尽量减轻施工荷载，使结构在施工阶段和运营阶段的受力状态基本一致。

②横截面浇筑方法。对于单索面斜拉桥，一般都须采用箱形断面。若全断面一次浇筑，为减少浇筑重量，要在一个索距内纵向分块，并须额外配置承受施工荷载的预应力束。所以，一般做法是将横断面适当地分解为三个部分，即中箱、边箱和悬臂板。

先完成包含主梁锚固系统的中箱，张拉斜拉索，形成独立稳定结构，然后以中箱和已浇节段的边箱为依托浇筑两侧边箱，最后用悬挑小挂篮浇筑悬臂板，使整体箱梁按品字形向前推进。对于双索面斜拉桥，主梁节段在横断面方向分为两个边箱和中间车行道板三段，边箱安装就位后就张拉斜拉索，利用预埋于梁体内的小钢箱来传递斜拉索的水平分力，使边箱自重分别由两边拉索承担，从而降低了挂篮承重要求，减轻了挂篮自重，最后安装中间桥面板并现浇纵横接缝混凝土。

③塔梁临时固结。为了保证大桥在整个梁部结构架设安装过程中的稳定、可靠、安全，要求施工安装时采取塔梁临时固结措施，以抵抗安装钢梁桥面板及张拉斜拉索过程中可能出现的不平衡弯矩和水平剪力。

④中孔合龙。为保证大桥中孔能顺利合龙，根据以往斜拉桥的成功经验，一般选择自然合龙的方法。

3. 斜拉索施工

成型斜拉索由钢丝或钢绞线组成的钢索和两端的锚具组成。不同种类和构造的斜拉索两端须配装合适的锚具后才能成为可以承受拉力的斜拉索。斜拉索的锚具目前常用的有以下四种：热铸锚、墩头锚、冷铸墩头锚和夹片群锚。

配装热铸锚、冷铸锚、锄头锚的斜拉索，可以事先将锚具装固到钢索两端，预制成斜拉索。

斜拉索可以在专门的工厂制作，然后转运到桥梁工地，或在桥梁工地现场制作，拖拉到桥位直接进行挂索和张拉。斜拉索有单股钢绞式钢缆、半平行钢绞线索、半平行钢丝索、平行钢丝索及平行钢丝股索等。这类斜拉索可称作预制索或成品索。

配装夹片群锚的斜拉索，张拉时直接张拉钢丝，待张拉结束后锚具才发挥作用。因此，配装夹片群锚的平行钢筋索及平行钢绞线索必须在桥梁现场架设过程中制作，故可称为现制。

（1）斜挂索的制作

制索工艺流程一般为：钢丝除锈→调直→应力下料→防护漆→穿锚→镦头→浇锚→烘锚拉索防护→超张拉→标定。

（2）斜拉索的防护

①临时防护。钢丝或钢绞线从出厂到开始做永久防护的一段时间内，所需要的防护称为临时防护。国内目前采用的临时防护法一般是钢丝镀锌，即将钢丝纳入聚乙烯套管内，安装锚头密封后喷防护油，并充氩气，以及涂漆、涂油、涂沥青膏处理等。

具体实施可根据防锈蚀效能、技术经济比较、设备条件及材料种类决定。通常在钢丝或钢绞线穿入套管前，每根钢丝或钢绞线应在水溶性防腐油中浸泡或喷一层防腐油剂。在临时防护中，镀锌钢丝的锌层应均匀连续，附着牢固，不允许有裂纹、裂痕和漏块。此外，不镀锌处理的钢丝，在储存和加工期间应采取其他涂漆、涂油等临时防护措施。

②永久防护。从斜拉索与钢材下料到桥梁建成的长期使用期间，应做永久防护。永久防护应满足防锈蚀、耐日光暴晒、耐老化、耐高温、涂层坚韧、材料易得、价格低廉、生

产工艺成熟、制作运输安装简便、更换容易等要求。永久防护包括内防护与外防护，内防护是直接防止斜拉索锈蚀，外防护是保护内防护材料不致流出、老化等。

内防护所用的材料一般有沥青砂、防锈脂、凡士林、聚乙烯塑料泡沫和水泥浆等。

（3）斜拉索的安装

①放索及索的移动。

放索。为方便运输及运输过程中对索的保护，斜拉索起运前通常采用类似电缆盘的钢结构盘将拉索卷盘，然后运输。对于短索，也有采取自身成盘，捆扎后运输的情况。根据斜拉索不同的卷盘方式，现场常用的有立式转盘放索和水平转盘放索两种方式。

立式转盘放索：钢结构索盘放索时设置一个立式支架，在索盘轴空内穿上圆轴，徐徐转动索盘将索放出。

水平转盘放索：对于自身成盘的索，设置一个水平转盘，将索盘放在转盘上将索放出。

在放索过程中，由于索盘自身的弹性和牵引产生的偏心力，会使转盘转动加速，导致散盘，危及施工人员的安全。所以，一般情况下，要对转盘设制动装置，或者以钢丝绳作尾索，用卷扬机控制放索。

索在桥面上的移动。在放索和挂索过程中，要对斜拉索进行拖移，由于索自身弯曲，或者与桥面直接接触，在移动中就有可能损坏斜拉索的防护层或索股，为避免这些情况的发生，一般采取以下方法，移动时对索进行保护。

若索盘是水上由驳船运来，对于短索一般直接将索盘吊到桥面上，利用放索支架放索，对于长索一般直接在船上设置放索支架放索。采用前者要在梁上放置吊装装备，采用后者则需要梁端设置转向装置以利于索的移动。对于现浇梁，转向装置设在施工挂篮上，若是拼装结构则设在主梁上，并且要求转向装置的半径不小于索盘半径，与梁体保持一定的距离。

辊筒法：在桥面上设置一条辊筒带，当索放出以后，沿辊筒运动。制作辊筒时，要根据斜拉索的布置及刚柔程度，选择适宜的相轴半径，以免辊轴弯折，摩阻增加。平根之间要保持合理的间距，防止斜拉索与桥面接触。辊筒可与桥面固结，也可与斜拉索套筒固结，具体方法依施工现场情况而定。

移动平车法：当斜拉索上桥后，每隔一段距离垫一个平车，由平车载索移动。梁体顶面凹凸不平时会导致平车运动不便，所以平车的轮子不宜太小。与辊筒法一样，平车也要保持合理的间距，避免斜拉索与桥面接触。

导索法：在索塔上部安装一根斜向工作悬索，当斜拉索上桥后，前端连接牵引索，每隔一段距离放置一个吊点，使斜拉索沿着导索运动。这种方法能省去大型牵索设备，可安装成卷的斜拉索。

垫层法：对于一些索径小、自重轻的斜拉索，可在梁面放索线上敷设麻袋、草包、地毯等柔软的垫层，就地拖移。

②斜拉索的塔部安装。

单吊点法：斜拉索上桥面后，从索塔孔道中放下牵引绳，连接斜拉索的前端，离锚具下方一定距离设一个吊点，索塔吊架用型钢组成支架，配置转向滑轮。

当锚头提升到锁孔位置时，采用牵引绳与吊绳相互协调，使锚头尺寸准确。牵引至索塔孔道后，穿入锚头固定。单吊点法施工简便、安装迅速，缺点是起重索所需的拉力大，斜拉索在吊点处弯折角度较大，故一般适用较柔软的短斜拉索。

多吊点法：同前述导索法。只要将导索法中的牵引索从预穿索孔中引出即可。多吊点法吊点分散、弯折小，在统一操作指挥下，可使斜拉索均匀起吊。因吊点较多，易保持索呈直线状态，两端无须用大吨位千斤顶牵引。

起重机安装法：采用索塔施工时的提升起重机，用特制的扁担梁捆扎拉索起吊。拉索前段由索塔孔道内伸出的牵引索，引入索塔斜拉索锚空内，下端用移动式起重机提升。起重机法操作简单快速，不易损坏拉索，但要求起重机有较大的起重能力，故一般适用于重量不大的短索安装。

分步牵引法：根据斜拉索在安装过程中索力递增的特点，分别采用不同的工具，将斜拉索安装到位。第一，用大吨位的卷扬机将索张拉端从桥面提升到预留孔外；第二，用穿心式千斤顶将其牵引至张拉锚固面。

在这个阶段前半部分，采用柔性张拉杆——钢绞线束，利用两套钢绞线夹具，系统交替完成前半部分牵引工作；牵引阶段的后半部，应根据索力逐渐增大的情况，采用刚性张拉杆分步牵引到位。分步牵引法的特点是牵引功率大、辅助施工少、桥面无附加荷载、便于施工。

③斜拉索的梁部安装步骤。

同塔部安装，基本方法有如下两种。

吊点法：在梁上放置转向滑轮，牵引绳从套筒中伸出，用起重机将索吊起后，随锚头逐渐牵入套筒，缓缓放下吊钩，向套筒口平移，直至将锚头牵入套筒内。

拉杆接长法：对于梁部为张拉端的斜拉索安装，采用拉杆接长法比较方便。先加工长度均为 1.0 m 左右的短拉杆与主拉杆连接，使其总长度超过斜拉索套筒加张拉千斤顶的长度。利用千斤顶多次运动，逐渐将张拉端拉出锚固面，并逐渐拆掉多余的短拉杆，安装锚固螺母。运用拉杆接长法，要加工一个组合螺母。采用这个螺母逐步锚固拉杆，直到将锚头拉出锚板后拆除。

（4）斜拉索调索张拉

根据目前的技术水平，国内外斜拉索锚具、千斤顶、斜拉索的设计吨位已达到千吨级水平，大吨位斜拉索整体张拉工艺已经十分成熟。无论是一端张拉还是两端张拉，一般情况下，都须在斜拉索端头接上张拉连接杆，之后使用大吨位穿心式千斤顶实施斜拉索的张拉调索。为方便施工，张拉杆都采用分节接长，而非整根。通常拉锚式斜拉张拉索主要步骤包括以下几点：

第一，对张拉千斤顶和配置液压泵进行标定，同时，对预计的调整值划分级别。根据标定得出的张拉值和液压表读数之间的直线关系，计算并列出每级张拉值的相应的油表读数。

第二，对索力检测仪器进行标定。

第三，计算各级调整值并列出相应的延伸量。

第四，做好索力检测和其他各种观测的准备工作；将张拉工具、设备一一就位。

第五，先将千斤顶撑架用手拉葫芦等固定在斜拉索锚固面上，然后将千斤顶用螺栓连接支承在撑架上；将张拉杆穿过千斤顶和撑架，旋转在斜拉索锚头端，再将长拉杆上的后螺母从张拉杆尾端旋转穿进；将千斤顶与液压泵用油管接好，开动液压泵，使千斤顶活塞空升少许，如调索要求降低索力，可根据情况多升一定量；接着将后螺母旋至与活塞接触紧密处。如调索是在斜拉索锚头还未被牵出锚固面的情况下进行的，则上述过程已在牵索过程完成；如索力检测采用测量张拉杆拉力的方式，则应在张拉杆后螺母间安装穿心式压力传感器，测量张拉力。需要先将传感器从张拉杆后端插入，再将张拉杆后螺母旋入。

第六，按预定级别的相应张拉力，通过电动液压泵进油逐级调整索力。如果是降低索力，则先进油拉动斜拉索，使锚环能够松动，在旋开锚环后可回油使斜拉索索力降低。在调索过程中，如千斤顶达到行程允许伸长量，即可将斜拉索锚头的锚环旋紧，使其临时支承于锚固支承面上，这时千斤顶可回油并进行下一行程的张拉。如果调索是在斜拉索锚头还未牵出其锚固面的情况下进行的，则临时锚固由叠撑在锚环上的张拉杆前螺母，即两半边螺母承担临时锚固张拉调索过程中，应以检测、校核数据，配合液压表读数，共同控制张拉力，并对结果随时观测，以防不正常情况发生。

三、悬索桥施工技术

悬索桥也称吊桥，主要用悬挂在两边塔架上的强大缆索作为主要承重结构。在竖向荷载作用下，通过吊杆使缆索承受很大的拉力，在两岸桥台的后方修筑非常巨大的锚碇结构。悬索桥的钢缆易于运输，结构的组成构件较轻，便于无支架悬吊拼装。对于山岭地区和遭受山洪泥石冲击等威胁的山区河流以及大跨径桥梁，在修建其他桥梁有困难的情况下，往往采用悬索桥。

(一) 悬索桥概述

1. 悬索桥的受力特点

悬索桥的主要受力构件是锚碇、索塔、缆索系统以及加劲梁等。成桥后作用在桥面上的竖向荷载一部分由加劲梁承担，一部分通过吊索传递给主缆。主缆在塔顶由主索鞍提供支撑，并通过主索鞍将荷载传递给索塔，索塔传递给基础。主缆在两端的强大拉力通过锚碇来平衡，并通过锚碇将拉力传递给地基。

悬索桥属于柔性桥梁结构体系，刚度小、变形大，具有较强的非线性受力特征。从构件受力的重要性出发，可将悬索桥的各部件分为第一体系、第二体系、第三体系。

主缆是第一体系的主要承重构件，承担由吊杆传递过来的桥面荷载及恒载，以受拉为主。主缆通过塔顶鞍座悬挂在索塔上，两端锚固于锚体上。主缆是柔性构件，但主缆的恒载拉力提供了强大的重力刚度，使其成桥后的桥梁总体刚度满足桥梁规范的要求。

索塔是第一体系的主要承重构件，主要起支撑主缆的作用。悬索桥的恒载和活载均通过索塔传递给基础。锚碇是主缆的锚固体，属于第一体系的承重结构，它将主缆的拉力传递给地基，通常有重力式锚碇和隧道式锚碇。重力式锚碇依靠巨大的自重来抵抗主缆的竖向分力，水平分力由锚体与地基的摩阻力抵抗。隧道式锚碇是将主缆拉力直接传递给围岩。

悬索桥的加劲梁属于第二体系的承重构件，以受弯为主。其主要功能是提供桥面和防止桥梁发生过大的挠曲变形和扭转变形。加劲梁直接承受桥面荷载。

吊索属于第三体系的构件，作为传力结构，主要受拉。其主要功能是将桥面上的活载以及恒载，通过索夹传递到主缆上。吊索的上端通过索夹与主缆相连，下端与加劲梁相连。

2. 悬索桥的分类

（1）按悬吊跨数划分

根据悬吊跨数不同，悬索桥可分为单跨悬索桥、三跨悬索桥、四跨悬索桥和五跨悬索桥，其中单跨悬索桥和三跨悬索桥最为常用。

①单跨悬索桥。单跨悬索桥常用于高山峡谷地区，两岸地势较高而采用桥墩支撑边跨更为经济，或者道路的接线受到限制，使得平面曲线布置不得不进入大桥边跨的情况。就结构特性而言，单跨悬索桥由于边跨主缆的垂度较小，主缆长度相对较短，对中跨荷载变形控制更为有利。

②三跨悬索桥。三跨悬索桥是目前国际工程实例中应用最多的桥型，世界上大跨度悬

索桥几乎全采用这种形式。不仅是因其结构受力特征较为合理，同时，也因其流畅对称的建筑造型更符合人们的审美观。

③多跨悬索桥。相对于三跨悬索桥而言，四跨和五跨悬索桥又称为多跨悬索桥，这种桥型由于结构柔性大，固有振动频率较低，难以满足特大跨度悬索桥的实力及刚度需要。在建桥条件需要采用连续大跨布置时，可以用两个三跨悬索桥联袂布置，中间共用一座桥的锚碇锚固这两桥的主缆。

（2）按主缆的锚固方式划分

根据主缆的锚固方式的不同，悬索桥可分为地锚式悬索桥和自锚式悬索桥。

①地锚式悬索桥。通常所讲的绝大多数悬索桥都采用地锚式锚固主缆，即主缆通过重力式锚碇或岩隧式锚碇将荷载产生的拉力传至大地来达到全桥的受力平衡，这是大跨度悬索桥最佳的受力模式。

②自锚式悬索桥。在较小跨度的悬索桥中，也有个别以自锚形式锚固主缆的，这种自锚式悬索桥的主缆，在边跨两端将主缆直接锚固于加劲梁上，主缆的水平拉力由加劲梁提供轴压力自相平衡，不需要另外设置锚碇。这种桥式的加劲梁要先于主缆安装施工，实践中因施工困难、经济性差等原因，一般很少采用。

（3）按悬吊方式划分

采用竖直吊索并以钢桁架做加劲梁；采用三角布置的斜吊索，并以扁平流线型钢箱做加劲梁，也有呈交叉形布置的斜吊桥；混合式，即采用竖直吊索、斜吊索和流线型钢箱梁做加劲梁。除了有一般悬索桥的缆索体系外，还设有若干加强的斜拉索。

（4）按支承结构划分

如果按加劲梁的支承结构来分，又可分为单跨两铰加劲梁悬索桥、三跨两铰加劲梁悬索桥及三跨连续加劲梁悬索桥等。

（二）悬索桥施工

1. 塔柱施工工艺

钢塔柱一般用钢板先预制连接成格子形截面的节段，节段在现场吊装拼接成塔柱。早期的钢塔柱无论节段内还是节段间的连接均采用铆接，构件加工精度要求高。随着栓焊技术的发展，钢塔节段在工厂焊接制造，然后将节段运输到工地架设并用高强螺杆来连接。

钢塔柱一般支承在一块厚钢板上，厚钢板与桥墩混凝土栓接并把塔柱压力均匀传递到桥墩中去。现在也有在桥墩混凝土中埋设锚固构架，塔柱用高强螺栓锚固在构架上，通过构架将压力均匀传递到混凝土中去的做法。

混凝土塔柱的施工与斜拉桥塔柱施工相同，一般以就地浇筑为主，采用滑模爬模等技术连续浇筑。

2. 锚碇施工

悬索桥主缆索股锚固形式分为自锚式和地锚式。自锚式是将主缆索股直接锚于加劲梁上，无须使用锚碇结构，一般仅适用于中小跨径悬索桥。地锚式则将主缆索股锚于重力式锚碇、隧道锚碇或直接锚于坚固的岩体上。此处所讨论的锚碇是指地锚式悬索桥锚固主缆的重要结构物。

锚碇是锚块基础、锚块、钢缆的锚碇架及固定装置等的总称。它不仅抵抗来自主缆的竖直反力，而且抵抗主缆的水平力，是悬索桥区别于其他桥梁的独有结构，直接关系到悬索系统的稳定。锚块是直接锚固主缆的结构，它通过锚固系统将主缆索股拉力分散开。锚块与其下面的锚块基础连成一体，用于抵抗因主缆拉力产生的锚碇滑动及倾倒。锚碇主要有重力式锚碇、隧道式锚碇等。目前，世界上已建悬索桥绝大部分采用的是重力式锚碇。这除了与锚碇所处的地形、地质条件有关外，还与主缆架设方法、锚碇施工方法有关。一般而言，若锚碇处有坚实岩层靠近地表，则修建隧道式锚碇（或称岩洞式锚碇）可能比较经济。

3. 主缆施工

（1）主缆架设

悬索桥的钢缆有钢丝绳钢缆和平行线钢缆。钢丝绳钢缆适用于中、小跨度的悬索桥，平行线钢缆适用于主跨为 500 m 以上的大跨悬索桥。平行线钢缆根据架设方法分为空中送丝法和预制索股法两种。

①空中送丝法架设主缆。

架设方法。空中送丝法架设主缆是在桥两岸的索塔和锚碇等都已安装就绪后，沿主缆设计位置，在两岸锚碇之间布置一无端牵引绳，将牵引绳的端头连接起来，形成从这一岸到那岸的长绳圈。其主要架设方法如下：

第一，将送丝轮扣牢在牵引绳上，且将缠满钢丝的卷筒放在一岸的锚碇旁，从卷筒中抽出钢丝头，暂时固定在靴跟处。

第二，继续将钢丝向外抽，由死头、送丝轮和卷筒将正在输送的丝形成一个钢丝套圈，用动力机驱动牵引绳，于是送丝轮就带着钢丝送向对岸。

第三，在钢丝套圈送到对岸时，用人工将套圈从送丝轮上取下，套到其对应的靴跟上。

第四，随着牵引绳的驱动，送丝轮又被带回这岸，取下套圈套在靴跟上，然后又送向对岸。

第五，这样循环进行，当其套在两岸对应靴跟上的丝数达到一根丝股钢丝的设计数目时，就将钢丝"活头"剪断，并将该"活头"与上述暂时固定的"死头"用钢丝连接器连起来，即完成了一根丝股的空中编制。

②预制索股法架设钢缆。

架设方法。预制索股法架设钢缆的目的是使空中架线工作简单化。索股预制股每束61丝、91丝或127丝，再多就过重。两端嵌固热铸锚头在工厂预制，先配置成六角形，然后挤紧成圆形。

索股线形调整步骤：

第一，垂度调整应在夜间温度稳定时进行。温度稳定的条件为：长度方向索股的温差不大于2℃，横截面索股的温差不大于1℃。

第二，绝对垂度调整，应测定基准索股下缘的标高及跨长、塔顶标高及变位、主索鞍预偏量、散索鞍预偏量。主缆垂度和标高的调整量，应在确定气温与索股温度等值后经计算确定。基准索股标高必须连续3 d在夜间温度稳定时进行测量，三次测出结果误差在容许范围内时，应取三次的平均值作为该基准索股的标高。

第三，相对垂度调整，应按与基准索股若即若离的原则进行。

第四，垂度调整允许误差，基准索股中跨跨中为±1/20000跨径；边跨跨中为中跨跨中的两倍；上下游基准索股高差10 mm；一般索股为5~10 mm。

第五，调整合格的索股不得在鞍槽内滑移。索股锚头入锚后应进行临时锚固。索股应设一定的抬高量，抬高量宜为200~300 mm，并做好编号标志。

第六，索力的调整应以设计提供的数据为依据，其调整量应根据调整装置中测力计的读数和锚头移动量双控确定。实际拉力与设计值之间的允许误差应为设计锚固力的3%。

（2）主缆防护

首先，主缆防护应在桥面铺装完成后进行。防护前必须清除主缆表面灰尘、油污和水分等，并设置临时覆盖。待涂装及缠丝时再揭开临时覆盖。其次，主缆涂装应均匀，严禁遗漏。涂装材料应具有良好的防水密封性和防腐性，并应保持柔软状态，不硬化、不脆裂、不霉变。最后，缠丝作业宜在二期恒载作用于主缆之后进行，缠丝材料以选用软质镀锌钢丝为宜。钢丝缠绕应紧密均匀，缠丝张力应符合设计要求。缠丝作业应由电动缠丝机完成。

4. 加劲梁架设

悬索桥的加劲梁一般采用钢结构，早期以钢桁梁为主，个别中小跨度的悬索桥采用钢板梁。

（1）加劲梁断面形式

现阶段，加劲梁主要有钢桁梁和钢箱梁两类。

钢箱梁的抗风性能较好，风阻吸收仅为钢桁梁的 1/4～1/2，且耗钢量较少；钢桁梁在双层桥面的适应性方面远较钢箱梁优越，适用于交通量较大、公铁两用或其他特殊条件下的悬索桥。

（2）加劲梁架设安装顺序

加劲梁的架设安装顺序主要有两种形式：一种是从主跨跨中及两侧桥台向索塔的两侧推进；另一种是从索塔两侧分别向主跨跨中及两侧桥台推进。拼装顺序应能保证塔顶纵向位移尽可能较小，梁段的竖向变位起伏小，并有利于抗风稳定。

随着悬索桥施工实践的日益增多，加劲梁架设顺序也在不断发展。例如，日本的明石海峡大桥分别采用两种顺序进行架设。但无论采用哪种架设顺序，均须考虑主缆变形对加劲梁线形的影响，应在施工前尽可能先做模型试验与必要的计算分析，再结合各桥的特点加以确定。

（3）缆载吊机

加劲梁架设的主要工具是缆载吊机，其由主梁、端梁及各种运行提升机构组成。缆载吊机横跨并支承在两主缆上，其主梁跨度即为两主缆的中心距。

梁段用驳船浮运到安装位置的下方，提升梁上的卷扬机，放下提升钢丝绳。钢丝绳通过平衡梁与加劲梁节段连接。卷扬机将梁段提升到吊索位置后，将吊索下端与梁段上的吊点连接，同时，将本段梁段与相邻梁段临时铰接，然后松开平衡梁，本梁段即吊装完毕。

主缆是柔索结构，当只有部分梁段悬吊在主缆上时挠度很大，已吊装的加劲梁将产生很大的弯曲变形。如果梁段吊装到位后即与相邻梁段连接，加劲梁将承担很大的弯曲应力，容易造成结构破坏。

为此，梁段吊装到位后只在上缘与相邻梁段形成铰接，下缘在吊装期间张开。随着吊装梁段的增加，主缆的局部挠度减小，加劲梁下缘的间隙逐渐闭合，待梁段全部吊装完成或大部分完成后，在相邻节段间永久固结连接。此时，加劲梁恒载完全由主缆承担，加劲梁只承担节段内的局部弯矩。

5. 施工阶段线形及内力控制

悬索桥施工过程中必须对塔柱弯矩、主缆线形及加劲梁线形加以控制，以使成桥时塔柱基本只承担竖向力，主梁线形达到道路线形要求。

在空缆状态下，主缆无论在中跨还是在边跨均为悬链线，当加劲梁安装完毕后，恒载接近于均布荷载，主缆线形接近于二次抛物线。在两种线形之间转换时主缆将向中跨移动，因此，塔顶的索鞍在加劲梁架设期间，必须可以在桥纵向移动，待架设完毕后再与塔顶固结。

主缆的长度是从成桥状态考虑成桥温度后，用无应力法计算得到的。再根据索股在主缆中的位置计算索股的长度，编索时先确定标准丝的长度，其余钢丝按照标准丝定长度。

空缆的形状根据缆索的总长及中跨与边跨主缆水平分力相等的原则确定。空缆线形与成桥线形比较后可以得到索鞍在架设期间移动的距离。有了空缆线形后即可进行加劲梁吊装过程模拟计算，从而得到吊装过程中主缆、加劲梁的线形控制值，结果将用于现场操作控制。现场控制时将现场实测值与计算值比较，控制架设精度。

以上计算都必须考虑几何非线性效应，现在一般通过基于有限位移法的计算机程序进行计算，同时，考虑实测温度与计算温度差的补偿。

参考文献

［1］ 李志农，陈杰，王翠. 风积沙路基公路设计施工与防沙 ［M］. 上海：上海科学技术出版社，2018.

［2］ 蔡梦熊. 公路设计施工管理 ［M］. 杭州：浙江科学技术出版社，1993.

［3］ 张志耕，崔溦，程国义. 高速公路设计与施工关键技术后评价研究 ［M］. 天津：天津大学出版社，2016.

［4］ 彭世古. 沙漠地区公路设计、施工与环保养护 ［M］. 北京：人民交通出版社，2004.

［5］ 张祖德. 低造价农村公路设计与施工研究成果推广应用手册 ［M］. 成都：四川科学技术出版社，2007.

［6］ 武彦芳. 公路工程施工组织设计 ［M］. 重庆：重庆大学出版社，2020.

［7］ 韩常领，夏才初，纳启财. 多年冻土公路隧道设计与施工 ［M］. 上海：上海科学技术出版社，2019.

［8］ 杨雷. 公路机械化施工组织设计 ［M］. 昆明：云南人民出版社，2017.

［9］ 彭军龙. 公路工程设计施工总承包模式管理方法论 ［M］. 北京：北京邮电大学出版社，2017.

［10］ 尹如军，吕西方. 公路路面设计与施工 ［M］. 郑州：黄河水利出版社，2005.

［11］ 王旭东，武彦芳. 公路工程施工组织设计 ［M］. 重庆：重庆大学出版社，2009.

［12］ 孙广建. 公路路基设计与施工实用技术 ［M］. 西安：西安地图出版社，2006.

［13］ 向群. 公路工程施工组织设计与概预算 ［M］. 北京：中国铁道出版社，2008.

［14］ 马尔立. 公路桥梁墩台设计与施工 ［M］. 北京：人民交通出版社，1998.

［15］ 王洪江，符长青. 公路工程施工组织设计编制手册 ［M］. 北京：人民交通出版社，2005.

［16］ 黄维澄. 公路悬崖陡壁大爆破设计与施工 ［M］. 北京：人民交通出版社，1960.

［17］ 王晓谋，袁怀宇. 高等级公路软土地基路堤设计与施工技术 ［M］. 北京：人民交通出版社，2001.

［18］ 张志沛，张武祥，张天军. 煤系地层公路隧道设计与施工技术研究 ［M］. 西安：西

安地图出版社，2005.

[19] 黄新元. 县乡公路手册规划设计施工养护管理［M］. 北京：人民交通出版社，2001.

[20] 郭颖. 新编公路工程勘察设计施工招标投标管理手册上［M］. 北京：光明日报出版社，2002.

[21] 杨人凤，王铁庆，姚泽琛. 橡胶沥青及公路工程应用［M］. 北京：科学出版社，2023.

[22] 乔翔，余长春，陈振雄. 广东省高速公路科学绿化指导手册［M］. 北京：人民交通出版社，2023.

[23] 扈森，陶伟明，李奎. 交通隧道工程设计指南［M］. 北京：人民交通出版社，2023.

[24] 董泽蛟，马宪永，周涛. 沥青混合料多尺度力学行为及损伤特性［M］. 北京：人民交通出版社，2023.

[25] 张小波，丁磊，程秀品. 公路工程设计、施工及经济管理［M］. 武汉：华中科技大学出版社，2022.

[26] 杨光耀，杨新，郑胜利. 公路桥梁施工与维修养护研究［M］. 长春：吉林科学技术出版社，2022.

[27] 潘永辉. 贵阳至黄平高速公路项目论文集［M］. 北京：科学技术文献出版社，2022.

[28] 陈柱. 隧道品质工程质量与安全管理指南：以云南玉溪至楚雄高速公路齐云特长隧道工程为例［M］. 昆明：云南大学出版社，2022.

[29] 张磊，周裔聪，林培进. 公路桥梁施工与项目管理研究［M］. 延吉：延边大学出版社，2022.

[30] 韩莹，李栋. 荒漠区公路交通建筑设计实例［M］. 北京：知识产权出版社，2022.

[31] 鞠金炭，赵欣，陈亚振. 高速公路改扩建交通组织研究与设计［M］. 武汉：武汉理工大学出版社，2022.

[32] 陈辉强，刘明龙. 长大公路隧道沥青路面铺装技术［M］. 重庆：西南师范大学出版社，2022.

[33] 孟华. 职业教育道路运输类专业教材公路施工与养护管理［M］. 北京：人民交通出版社，2022.